INDONESIAN
VOCABULARY

FOR ENGLISH SPEAKERS

ENGLISH-
INDONESIAN

The most useful words
To expand your lexicon and sharpen
your language skills

9000 words

Indonesian vocabulary for English speakers - 9000 words
By Andrey Taranov

T&P Books vocabularies are intended for helping you learn, memorize and review foreign words. The dictionary is divided into themes, covering all major spheres of everyday activities, business, science, culture, etc.

The process of learning words using T&P Books' theme-based dictionaries gives you the following advantages:

- Correctly grouped source information predetermines success at subsequent stages of word memorization
- Availability of words derived from the same root allowing memorization of word units (rather than separate words)
- Small units of words facilitate the process of establishing associative links needed for consolidation of vocabulary
- Level of language knowledge can be estimated by the number of learned words

Copyright © 2016 T&P Books Publishing

All rights reserved. No part of this book may be reproduced or utilized in any form or by any means, electronic or mechanical, including photocopying, recording or by information storage and retrieval system, without permission in writing from the publishers.

T&P Books Publishing
www.tpbooks.com

ISBN: 978-1-78616-479-7

This book is also available in E-book formats.
Please visit www.tpbooks.com or the major online bookstores.

INDONESIAN VOCABULARY
for English speakers

T&P Books vocabularies are intended to help you learn, memorize, and review foreign words. The vocabulary contains over 9000 commonly used words arranged thematically.

- Vocabulary contains the most commonly used words
- Recommended as an addition to any language course
- Meets the needs of beginners and advanced learners of foreign languages
- Convenient for daily use, revision sessions, and self-testing activities
- Allows you to assess your vocabulary

Special features of the vocabulary

- Words are organized according to their meaning, not alphabetically
- Words are presented in three columns to facilitate the reviewing and self-testing processes
- Words in groups are divided into small blocks to facilitate the learning process
- The vocabulary offers a convenient and simple transcription of each foreign word

The vocabulary has 256 topics including:

Basic Concepts, Numbers, Colors, Months, Seasons, Units of Measurement, Clothing & Accessories, Food & Nutrition, Restaurant, Family Members, Relatives, Character, Feelings, Emotions, Diseases, City, Town, Sightseeing, Shopping, Money, House, Home, Office, Working in the Office, Import & Export, Marketing, Job Search, Sports, Education, Computer, Internet, Tools, Nature, Countries, Nationalities and more ...

T&P BOOKS' THEME-BASED DICTIONARIES

The Correct System for Memorizing Foreign Words

Acquiring vocabulary is one of the most important elements of learning a foreign language, because words allow us to express our thoughts, ask questions, and provide answers. An inadequate vocabulary can impede communication with a foreigner and make it difficult to understand a book or movie well.

The pace of activity in all spheres of modern life, including the learning of modern languages, has increased. Today, we need to memorize large amounts of information (grammar rules, foreign words, etc.) within a short period. However, this does not need to be difficult. All you need to do is to choose the right training materials, learn a few special techniques, and develop your individual training system.

Having a system is critical to the process of language learning. Many people fail to succeed in this regard; they cannot master a foreign language because they fail to follow a system comprised of selecting materials, organizing lessons, arranging new words to be learned, and so on. The lack of a system causes confusion and eventually, lowers self-confidence.

T&P Books' theme-based dictionaries can be included in the list of elements needed for creating an effective system for learning foreign words. These dictionaries were specially developed for learning purposes and are meant to help students effectively memorize words and expand their vocabulary.

Generally speaking, the process of learning words consists of three main elements:

- Reception (creation or acquisition) of a training material, such as a word list
- Work aimed at memorizing new words
- Work aimed at reviewing the learned words, such as self-testing

All three elements are equally important since they determine the quality of work and the final result. All three processes require certain skills and a well-thought-out approach.

New words are often encountered quite randomly when learning a foreign language and it may be difficult to include them all in a unified list. As a result, these words remain written on scraps of paper, in book margins, textbooks, and so on. In order to systematize such words, we have to create and continually update a "book of new words." A paper notebook, a netbook, or a tablet PC can be used for these purposes.

This "book of new words" will be your personal, unique list of words. However, it will only contain the words that you came across during the learning process. For example, you might have written down the words "Sunday," "Tuesday," and "Friday." However, there are additional words for days of the week, for example, "Saturday," that are missing, and your list of words would be incomplete. Using a theme dictionary, in addition to the "book of new words," is a reasonable solution to this problem.

The theme-based dictionary may serve as the basis for expanding your vocabulary.

It will be your big "book of new words" containing the most frequently used words of a foreign language already included. There are quite a few theme-based dictionaries available, and you should ensure that you make the right choice in order to get the maximum benefit from your purchase.

Therefore, we suggest using theme-based dictionaries from T&P Books Publishing as an aid to learning foreign words. Our books are specially developed for effective use in the sphere of vocabulary systematization, expansion and review.

Theme-based dictionaries are not a magical solution to learning new words. However, they can serve as your main database to aid foreign-language acquisition. Apart from theme dictionaries, you can have copybooks for writing down new words, flash cards, glossaries for various texts, as well as other resources; however, a good theme dictionary will always remain your primary collection of words.

T&P Books' theme-based dictionaries are specialty books that contain the most frequently used words in a language.

The main characteristic of such dictionaries is the division of words into themes. For example, the *City* theme contains the words "street," "crossroads," "square," "fountain," and so on. The *Talking* theme might contain words like "to talk," "to ask," "question," and "answer".

All the words in a theme are divided into smaller units, each comprising 3–5 words. Such an arrangement improves the perception of words and makes the learning process less tiresome. Each unit contains a selection of words with similar meanings or identical roots. This allows you to learn words in small groups and establish other associative links that have a positive effect on memorization.

The words on each page are placed in three columns: a word in your native language, its translation, and its transcription. Such positioning allows for the use of techniques for effective memorization. After closing the translation column, you can flip through and review foreign words, and vice versa. "This is an easy and convenient method of review – one that we recommend you do often."

Our theme-based dictionaries contain transcriptions for all the foreign words. Unfortunately, none of the existing transcriptions are able to convey the exact nuances of foreign pronunciation. That is why we recommend using the transcriptions only as a supplementary learning aid. Correct pronunciation can only be acquired with the help of sound. Therefore our collection includes audio theme-based dictionaries.

The process of learning words using T&P Books' theme-based dictionaries gives you the following advantages:

- You have correctly grouped source information, which predetermines your success at subsequent stages of word memorization
- Availability of words derived from the same root (lazy, lazily, lazybones), allowing you to memorize word units instead of separate words
- Small units of words facilitate the process of establishing associative links needed for consolidation of vocabulary
- You can estimate the number of learned words and hence your level of language knowledge
- The dictionary allows for the creation of an effective and high-quality revision process
- You can revise certain themes several times, modifying the revision methods and techniques
- Audio versions of the dictionaries help you to work out the pronunciation of words and develop your skills of auditory word perception

The T&P Books' theme-based dictionaries are offered in several variants differing in the number of words: 1.500, 3.000, 5.000, 7.000, and 9.000 words. There are also dictionaries containing 15,000 words for some language combinations. Your choice of dictionary will depend on your knowledge level and goals.

We sincerely believe that our dictionaries will become your trusty assistant in learning foreign languages and will allow you to easily acquire the necessary vocabulary.

TABLE OF CONTENTS

T&P Books' Theme-Based Dictionaries	4
Pronunciation guide	15
Abbreviations	16

BASIC CONCEPTS		17
Basic concepts. Part 1		17
1.	Pronouns	17
2.	Greetings. Salutations. Farewells	17
3.	How to address	18
4.	Cardinal numbers. Part 1	18
5.	Cardinal numbers. Part 2	19
6.	Ordinal numbers	20
7.	Numbers. Fractions	20
8.	Numbers. Basic operations	20
9.	Numbers. Miscellaneous	21
10.	The most important verbs. Part 1	21
11.	The most important verbs. Part 2	22
12.	The most important verbs. Part 3	23
13.	The most important verbs. Part 4	24
14.	Colors	25
15.	Questions	26
16.	Prepositions	27
17.	Function words. Adverbs. Part 1	27
18.	Function words. Adverbs. Part 2	29

Basic concepts. Part 2		31
19.	Weekdays	31
20.	Hours. Day and night	31
21.	Months. Seasons	32
22.	Time. Miscellaneous	34
23.	Opposites	35
24.	Lines and shapes	37
25.	Units of measurement	38
26.	Containers	39
27.	Materials	40
28.	Metals	40

HUMAN BEING 42
Human being. The body 42

29. Humans. Basic concepts 42
30. Human anatomy 42
31. Head 43
32. Human body 44

Clothing & Accessories 45

33. Outerwear. Coats 45
34. Men's & women's clothing 45
35. Clothing. Underwear 46
36. Headwear 46
37. Footwear 46
38. Textile. Fabrics 47
39. Personal accessories 47
40. Clothing. Miscellaneous 48
41. Personal care. Cosmetics 49
42. Jewelry 50
43. Watches. Clocks 50

Food. Nutricion 52

44. Food 52
45. Drinks 54
46. Vegetables 55
47. Fruits. Nuts 55
48. Bread. Candy 56
49. Cooked dishes 57
50. Spices 58
51. Meals 58
52. Table setting 59
53. Restaurant 59

Family, relatives and friends 61

54. Personal information. Forms 61
55. Family members. Relatives 61
56. Friends. Coworkers 62
57. Man. Woman 63
58. Age 64
59. Children 64
60. Married couples. Family life 65

Character. Feelings. Emotions 67

61. Feelings. Emotions 67

62.	Character. Personality	68
63.	Sleep. Dreams	69
64.	Humour. Laughter. Gladness	70
65.	Discussion, conversation. Part 1	71
66.	Discussion, conversation. Part 2	72
67.	Discussion, conversation. Part 3	73
68.	Agreement. Refusal	74
69.	Success. Good luck. Failure	75
70.	Quarrels. Negative emotions	75

Medicine 78

71.	Diseases	78
72.	Symptoms. Treatments. Part 1	79
73.	Symptoms. Treatments. Part 2	80
74.	Symptoms. Treatments. Part 3	81
75.	Doctors	82
76.	Medicine. Drugs. Accessories	82
77.	Smoking. Tobacco products	83

HUMAN HABITAT 84
City 84

78.	City. Life in the city	84
79.	Urban institutions	85
80.	Signs	87
81.	Urban transportation	88
82.	Sightseeing	89
83.	Shopping	89
84.	Money	90
85.	Post. Postal service	91

Dwelling. House. Home 93

86.	House. Dwelling	93
87.	House. Entrance. Lift	94
88.	House. Electricity	94
89.	House. Doors. Locks	94
90.	Country house	95
91.	Villa. Mansion	96
92.	Castle. Palace	96
93.	Apartment	97
94.	Apartment. Cleaning	97
95.	Furniture. Interior	97
96.	Bedding	98
97.	Kitchen	98
98.	Bathroom	100
99.	Household appliances	100
100.	Repairs. Renovation	101

101.	Plumbing	102
102.	Fire. Conflagration	102

HUMAN ACTIVITIES
Job. Business. Part 1

104
104

103.	Office. Working in the office	104
104.	Business processes. Part 1	105
105.	Business processes. Part 2	106
106.	Production. Works	107
107.	Contract. Agreement	109
108.	Import & Export	109
109.	Finances	110
110.	Marketing	111
111.	Advertising	111
112.	Banking	112
113.	Telephone. Phone conversation	113
114.	Cell phone	113
115.	Stationery	114
116.	Various kinds of documents	114
117.	Kinds of business	116

Job. Business. Part 2

118

118.	Show. Exhibition	118
119.	Mass Media	119
120.	Agriculture	120
121.	Building. Building process	121
122.	Science. Research. Scientists	122

Professions and occupations

124

123.	Job search. Dismissal	124
124.	Business people	124
125.	Service professions	126
126.	Military professions and ranks	126
127.	Officials. Priests	127
128.	Agricultural professions	128
129.	Art professions	128
130.	Various professions	129
131.	Occupations. Social status	130

Sports

132

132.	Kinds of sports. Sportspersons	132
133.	Kinds of sports. Miscellaneous	133
134.	Gym	134

135.	Hockey	134
136.	Soccer	134
137.	Alpine skiing	136
138.	Tennis. Golf	137
139.	Chess	137
140.	Boxing	138
141.	Sports. Miscellaneous	138

Education 140

142.	School	140
143.	College. University	141
144.	Sciences. Disciplines	142
145.	Writing system. Orthography	142
146.	Foreign languages	144
147.	Fairy tale characters	145
148.	Zodiac Signs	145

Arts 147

149.	Theater	147
150.	Cinema	148
151.	Painting	149
152.	Literature & Poetry	150
153.	Circus	151
154.	Music. Pop music	151

Rest. Entertainment. Travel 153

155.	Trip. Travel	153
156.	Hotel	154
157.	Books. Reading	154
158.	Hunting. Fishing	156
159.	Games. Billiards	157
160.	Games. Playing cards	157
161.	Casino. Roulette	158
162.	Rest. Games. Miscellaneous	158
163.	Photography	159
164.	Beach. Swimming	160

TECHNICAL EQUIPMENT. TRANSPORTATION 162
Technical equipment 162

165.	Computer	162
166.	Internet. E-mail	163
167.	Electricity	164
168.	Tools	165

Transportation 168

169.	Airplane	168
170.	Train	169
171.	Ship	170
172.	Airport	171
173.	Bicycle. Motorcycle	173

Cars 174

174.	Types of cars	174
175.	Cars. Bodywork	174
176.	Cars. Passenger compartment	176
177.	Cars. Engine	176
178.	Cars. Crash. Repair	177
179.	Cars. Road	178
180.	Traffic signs	179

PEOPLE. LIFE EVENTS 181
Life events 181

181.	Holidays. Event	181
182.	Funerals. Burial	182
183.	War. Soldiers	183
184.	War. Military actions. Part 1	184
185.	War. Military actions. Part 2	185
186.	Weapons	187
187.	Ancient people	188
188.	Middle Ages	189
189.	Leader. Chief. Authorities	191
190.	Road. Way. Directions	191
191.	Breaking the law. Criminals. Part 1	193
192.	Breaking the law. Criminals. Part 2	194
193.	Police. Law. Part 1	195
194.	Police. Law. Part 2	197

NATURE 199
The Earth. Part 1 199

195.	Outer space	199
196.	The Earth	200
197.	Cardinal directions	201
198.	Sea. Ocean	201
199.	Seas' and Oceans' names	202
200.	Mountains	203
201.	Mountains names	204
202.	Rivers	205
203.	Rivers' names	205

| 204. | Forest | 206 |
| 205. | Natural resources | 207 |

The Earth. Part 2 — 209

206.	Weather	209
207.	Severe weather. Natural disasters	210
208.	Noises. Sounds	210
209.	Winter	211

Fauna — 213

210.	Mammals. Predators	213
211.	Wild animals	213
212.	Domestic animals	215
213.	Dogs. Dog breeds	216
214.	Sounds made by animals	216
215.	Young animals	217
216.	Birds	217
217.	Birds. Singing and sounds	218
218.	Fish. Marine animals	219
219.	Amphibians. Reptiles	220
220.	Insects	220
221.	Animals. Body parts	221
222.	Actions of animals	222
223.	Animals. Habitats	222
224.	Animal care	223
225.	Animals. Miscellaneous	223
226.	Horses	224

Flora — 226

227.	Trees	226
228.	Shrubs	227
229.	Mushrooms	227
230.	Fruits. Berries	227
231.	Flowers. Plants	228
232.	Cereals, grains	230
233.	Vegetables. Greens	230

REGIONAL GEOGRAPHY — 232
Countries. Nationalities — 232

234.	Western Europe	232
235.	Central and Eastern Europe	234
236.	Former USSR countries	235
237.	Asia	236

238.	North America	238
239.	Central and South America	239
240.	Africa	240
241.	Australia. Oceania	240
242.	Cities	241
243.	Politics. Government. Part 1	242
244.	Politics. Government. Part 2	244
245.	Countries. Miscellaneous	245
246.	Major religious groups. Confessions	246
247.	Religions. Priests	247
248.	Faith. Christianity. Islam	247

MISCELLANEOUS 250

249.	Various useful words	250
250.	Modifiers. Adjectives. Part 1	251
251.	Modifiers. Adjectives. Part 2	254

MAIN 500 VERBS 257

252.	Verbs A-C	257
253.	Verbs D-G	260
254.	Verbs H-M	262
255.	Verbs N-R	264
256.	Verbs S-W	266

PRONUNCIATION GUIDE

Letter	Indonesian example	T&P phonetic alphabet	English example
Aa	zaman	[a]	shorter than in ask
Bb	besar	[b]	baby, book
Cc	kecil, cepat	[tʃ]	church, French
Dd	dugaan	[d]	day, doctor
Ee	segera, mencium	[e], [ə]	medal, elm
Ff	berfungsi	[f]	face, food
Gg	juga, lagi	[g]	game, gold
Hh	hanya, bahwa	[h]	home, have
Ii	izin, sebagai ganti	[i], [j]	Peter, yard
Jj	setuju, ijin	[dʒ]	jeans, gin
Kk	kemudian, tidak	[k], [ʔ]	kiss, glottal stop
Ll	dilarang	[l]	lace, people
Mm	melihat	[m]	magic, milk
Nn	berenang	[n], [ŋ]	name, ring
Oo	toko roti	[o:]	fall, bomb
Pp	peribahasa	[p]	pencil, private
Qq	Aquarius	[k]	clock, kiss
Rr	ratu, riang	[r]	trilled [r]
Ss	sendok, syarat	[s], [ʃ]	city, machine
Tt	tamu, adat	[t]	tourist, trip
Uu	ambulans	[u]	book
Vv	renovasi	[v]	very, river
Ww	pariwisata	[w]	vase, winter
Xx	boxer	[ks]	box, taxi
Yy	banyak, syarat	[j]	yes, New York
Zz	zamrud	[z]	zebra, please

Combinations of letters

aa	maaf	[aʔa]	a+glottal stop
kh	khawatir	[h]	home, have
th	Gereja Lutheran	[t]	tourist, trip
-k	tidak	[ʔ]	glottal stop

ABBREVIATIONS
used in the vocabulary

English abbreviations

ab.	-	about
adj	-	adjective
adv	-	adverb
anim.	-	animate
as adj	-	attributive noun used as adjective
e.g.	-	for example
etc.	-	et cetera
fam.	-	familiar
fem.	-	feminine
form.	-	formal
inanim.	-	inanimate
masc.	-	masculine
math	-	mathematics
mil.	-	military
n	-	noun
pl	-	plural
pron.	-	pronoun
sb	-	somebody
sing.	-	singular
sth	-	something
v aux	-	auxiliary verb
vi	-	intransitive verb
vi, vt	-	intransitive, transitive verb
vt	-	transitive verb

BASIC CONCEPTS

Basic concepts. Part 1

1. Pronouns

I, me	saya, aku	[saja], [aku]
you	engkau, kamu	[eŋkau], [kamu]
he, she, it	beliau, dia, ia	[beliau], [dia], [ia]
we	kami, kita	[kami], [kita]
you (to a group)	kalian	[kalian]
you (polite, sing.)	Anda	[anda]
you (polite, pl)	Anda sekalian	[anda sekalian]
they	mereka	[mereka]

2. Greetings. Salutations. Farewells

Hello! (fam.)	Halo!	[halo!]
Hello! (form.)	Halo!	[halo!]
Good morning!	Selamat pagi!	[slamat pagi!]
Good afternoon!	Selamat siang!	[slamat siaŋ!]
Good evening!	Selamat sore!	[slamat sore!]
to say hello	menyapa	[mənjapa]
Hi! (hello)	Hai!	[hey!]
greeting (n)	sambutan, salam	[sambutan], [salam]
to greet (vt)	menyambut	[mənjambut]
How are you?	Apa kabar?	[apa kabar?]
What's new?	Apa yang baru?	[apa yaŋ baru?]
Goodbye! (form.)	Selamat tinggal! Selamat jalan!	[slamat tiŋgal!], [slamat dʒ'alan!]
Bye! (fam.)	Dadah!	[dadah!]
See you soon!	Sampai bertemu lagi!	[sampaj bertemu lagi!]
Farewell! (to a friend)	Sampai jumpa!	[sampaj dʒumpa!]
Farewell! (form.)	Selamat tinggal!	[slamat tiŋgal!]
to say goodbye	berpamitan	[berpamitan]
So long!	Sampai nanti!	[sampaj nanti!]
Thank you!	Terima kasih!	[tərima kasih!]
Thank you very much!	Terima kasih banyak!	[tərima kasih banjaʔ!]
You're welcome	Kembali! Sama-sama!	[kembali!], [sama-sama!]

| Don't mention it! | Kembali! | [kembali!] |
| It was nothing | Kembali! | [kembali!] |

| Excuse me! (apology) | Maaf, ... | [ma'af, ...] |
| to excuse (forgive) | memaafkan | [mema'afkan] |

to apologize (vi)	meminta maaf	[meminta ma'af]
My apologies	Maafkan saya	[ma'afkan saja]
I'm sorry!	Maaf!	[ma'af!]
to forgive (vt)	memaafkan	[mema'afkan]
It's okay! (that's all right)	Tidak apa-apa!	[tida' apa-apa!]
please (adv)	tolong	[toloŋ]

Don't forget!	Jangan lupa!	[dʒˈaŋan lupa!]
Certainly!	Tentu!	[tentu!]
Of course not!	Tentu tidak!	[tentu tida'!]
Okay! (I agree)	Baiklah! Baik!	[bajklah!], [baj'!]
That's enough!	Cukuplah!	[tʃukuplah!]

3. How to address

Excuse me, ...	Maaf, ...	[ma'af, ...]
mister, sir	tuan	[tuan]
ma'am	nyonya	[nenja]
miss	nona	[nona]
young man	nak	[na']
young man (little boy, kid)	nak, bocah	[nak], [botʃah]
miss (little girl)	nak	[na']

4. Cardinal numbers. Part 1

0 zero	nol	[nol]
1 one	satu	[satu]
2 two	dua	[dua]
3 three	tiga	[tiga]
4 four	empat	[empat]

5 five	lima	[lima]
6 six	enam	[enam]
7 seven	tujuh	[tudʒˈuh]
8 eight	delapan	[delapan]
9 nine	sembilan	[sembilan]

10 ten	sepuluh	[sepuluh]
11 eleven	sebelas	[sebelas]
12 twelve	dua belas	[dua belas]
13 thirteen	tiga belas	[tiga belas]
14 fourteen	empat belas	[empat belas]

15 fifteen	**lima belas**	[lima belas]
16 sixteen	**enam belas**	[enam belas]
17 seventeen	**tujuh belas**	[tuʤʲuh belas]
18 eighteen	**delapan belas**	[delapan belas]
19 nineteen	**sembilan belas**	[sembilan belas]
20 twenty	**dua puluh**	[dua puluh]
21 twenty-one	**dua puluh satu**	[dua puluh satu]
22 twenty-two	**dua puluh dua**	[dua puluh dua]
23 twenty-three	**dua puluh tiga**	[dua puluh tiga]
30 thirty	**tiga puluh**	[tiga puluh]
31 thirty-one	**tiga puluh satu**	[tiga puluh satu]
32 thirty-two	**tiga puluh dua**	[tiga puluh dua]
33 thirty-three	**tiga puluh tiga**	[tiga puluh tiga]
40 forty	**empat puluh**	[empat puluh]
41 forty-one	**empat puluh satu**	[empat puluh satu]
42 forty-two	**empat puluh dua**	[empat puluh dua]
43 forty-three	**empat puluh tiga**	[empat puluh tiga]
50 fifty	**lima puluh**	[lima puluh]
51 fifty-one	**lima puluh satu**	[lima puluh satu]
52 fifty-two	**lima puluh dua**	[lima puluh dua]
53 fifty-three	**lima puluh tiga**	[lima puluh tiga]
60 sixty	**enam puluh**	[enam puluh]
61 sixty-one	**enam puluh satu**	[enam puluh satu]
62 sixty-two	**enam puluh dua**	[enam puluh dua]
63 sixty-three	**enam puluh tiga**	[enam puluh tiga]
70 seventy	**tujuh puluh**	[tuʤʲuh puluh]
71 seventy-one	**tujuh puluh satu**	[tuʤʲuh puluh satu]
72 seventy-two	**tujuh puluh dua**	[tuʤʲuh puluh dua]
73 seventy-three	**tujuh puluh tiga**	[tuʤʲuh puluh tiga]
80 eighty	**delapan puluh**	[delapan puluh]
81 eighty-one	**delapan puluh satu**	[delapan puluh satu]
82 eighty-two	**delapan puluh dua**	[delapan puluh dua]
83 eighty-three	**delapan puluh tiga**	[delapan puluh tiga]
90 ninety	**sembilan puluh**	[sembilan puluh]
91 ninety-one	**sembulan puluh satu**	[sembulan puluh satu]
92 ninety-two	**sembilan puluh dua**	[sembilan puluh dua]
93 ninety-three	**sembilan puluh tiga**	[sembilan puluh tiga]

5. Cardinal numbers. Part 2

100 one hundred	**seratus**	[seratus]
200 two hundred	**dua ratus**	[dua ratus]

300 three hundred	**tiga ratus**	[tiga ratus]
400 four hundred	**empat ratus**	[empat ratus]
500 five hundred	**lima ratus**	[lima ratus]
600 six hundred	**enam ratus**	[enam ratus]
700 seven hundred	**tujuh ratus**	[tudʒʲuh ratus]
800 eight hundred	**delapan ratus**	[delapan ratus]
900 nine hundred	**sembilan ratus**	[sembilan ratus]
1000 one thousand	**seribu**	[seribu]
2000 two thousand	**dua ribu**	[dua ribu]
3000 three thousand	**tiga ribu**	[tiga ribu]
10000 ten thousand	**sepuluh ribu**	[sepuluh ribu]
one hundred thousand	**seratus ribu**	[seratus ribu]
million	**juta**	[dʒʲuta]
billion	**miliar**	[miliar]

6. Ordinal numbers

first (adj)	**pertama**	[pertama]
second (adj)	**kedua**	[kedua]
third (adj)	**ketiga**	[ketiga]
fourth (adj)	**keempat**	[keempat]
fifth (adj)	**kelima**	[kelima]
sixth (adj)	**keenam**	[keenam]
seventh (adj)	**ketujuh**	[ketudʒʲuh]
eighth (adj)	**kedelapan**	[kedelapan]
ninth (adj)	**kesembilan**	[kesembilan]
tenth (adj)	**kesepuluh**	[kesepuluh]

7. Numbers. Fractions

fraction	**pecahan**	[petʃahan]
one half	**seperdua**	[seperdua]
one third	**sepertiga**	[sepertiga]
one quarter	**seperempat**	[seperempat]
one eighth	**seperdelapan**	[seperdelapan]
one tenth	**sepersepuluh**	[sepersepuluh]
two thirds	**dua pertiga**	[dua pertiga]
three quarters	**tiga perempat**	[tiga perempat]

8. Numbers. Basic operations

subtraction	**pengurangan**	[peŋuraŋan]
to subtract (vi, vt)	**mengurangkan**	[məŋuraŋkan]

| division | pembagian | [pembagian] |
| to divide (vt) | membagi | [membagi] |

addition	penambahan	[penambahan]
to add up (vt)	menambahkan	[mənambahkan]
to add (vi, vt)	menambahkan	[mənambahkan]
multiplication	pengalian	[peŋalian]
to multiply (vt)	mengalikan	[məŋalikan]

9. Numbers. Miscellaneous

digit, figure	angka	[aŋka]
number	nomor	[nomor]
numeral	kata bilangan	[kata bilaŋan]
minus sign	minus	[minus]
plus sign	plus	[plus]
formula	rumus	[rumus]

calculation	perhitungan	[pərhituŋan]
to count (vi, vt)	menghitung	[məŋhituŋ]
to count up	menghitung	[məŋhituŋ]
to compare (vt)	membandingkan	[membandiŋkan]

How much?	Berapa?	[bərapa?]
sum, total	jumlah	[dʒʲumlah]
result	hasil	[hasil]
remainder	sisa, baki	[sisa], [baki]

a few (e.g., ~ years ago)	beberapa	[beberapa]
little (I had ~ time)	sedikit	[sedikit]
the rest	selebihnya, sisanya	[selebihnja], [sisanja]
one and a half	satu setengah	[satu seteŋah]
dozen	lusin	[lusin]

in half (adv)	dua bagian	[dua bagian]
equally (evenly)	rata	[rata]
half	setengah	[seteŋah]
time (three ~s)	kali	[kali]

10. The most important verbs. Part 1

to advise (vt)	menasihati	[mənasihati]
to agree (say yes)	setuju	[setudʒʲu]
to answer (vi, vt)	menjawab	[məndʒʲawab]
to apologize (vi)	meminta maaf	[meminta ma'af]
to arrive (vi)	datang	[dataŋ]
to ask (~ oneself)	bertanya	[bərtanja]
to ask (~ sb to do sth)	meminta	[meminta]

to be (~ a teacher)	ialah, adalah	[ialah], [adalah]
to be (~ on a diet)	sedang	[sedaŋ]
to be afraid	takut	[takut]
to be hungry	lapar	[lapar]
to be interested in ...	menaruh minat pada ...	[mənaruh minat pada ...]
to be needed	dibutuhkan	[dibutuhkan]
to be surprised	heran	[heran]
to be thirsty	haus	[haus]
to begin (vt)	memulai, membuka	[memulaj], [membuka]
to belong to ...	kepunyaan ...	[kepunja'an ...]
to boast (vi)	membual	[membual]
to break (split into pieces)	memecahkan	[memetʃahkan]
to call (~ for help)	memanggil	[memaŋgil]
can (v aux)	bisa	[bisa]
to catch (vt)	menangkap	[mənaŋkap]
to change (vt)	mengubah	[məŋubah]
to choose (select)	memilih	[memilih]
to come down (the stairs)	turun	[turun]
to compare (vt)	membandingkan	[membandiŋkan]
to complain (vi, vt)	mengeluh	[məŋeluh]
to confuse (mix up)	bingung membedakan	[biŋuŋ membedakan]
to continue (vt)	meneruskan	[məneruskan]
to control (vt)	mengontrol	[məŋontrol]
to cook (dinner)	memasak	[memasa']
to cost (vt)	berharga	[bərharga]
to count (add up)	menghitung	[məŋhituŋ]
to count on ...	mengharapkan ...	[məŋharapkan ...]
to create (vt)	menciptakan	[mentʃiptakan]
to cry (weep)	menangis	[mənaŋis]

11. The most important verbs. Part 2

to deceive (vi, vt)	menipu	[mənipu]
to decorate (tree, street)	menghiasi	[məŋhiasi]
to defend (a country, etc.)	membela	[membela]
to demand (request firmly)	menuntut	[mənuntut]
to dig (vt)	menggali	[məŋgali]
to discuss (vt)	membicarakan	[membitʃarakan]
to do (vt)	membuat	[membuat]
to doubt (have doubts)	ragu-ragu	[ragu-ragu]
to drop (let fall)	tercecer	[tərtʃetʃer]
to enter (room, house, etc.)	masuk, memasuki	[masuk], [memasuki]
to excuse (forgive)	memaafkan	[mema'afkan]

to exist (vi)	ada	[ada]
to expect (foresee)	menduga	[mənduga]
to explain (vt)	menjelaskan	[məndʒʲelaskan]
to fall (vi)	jatuh	[dʒʲatuh]
to find (vt)	menemukan	[mənemukan]
to finish (vt)	mengakhiri	[məɲahiri]
to fly (vi)	terbang	[tərbaŋ]
to follow … (come after)	mengikuti …	[məŋikuti …]
to forget (vi, vt)	melupakan	[melupakan]
to forgive (vt)	memaafkan	[mema'afkan]
to give (vt)	memberi	[memberi]
to give a hint	memberi petunjuk	[memberi petundʒʲuʔ]
to go (on foot)	berjalan	[bərdʒʲalan]
to go for a swim	berenang	[berenaŋ]
to go out (for dinner, etc.)	keluar	[keluar]
to guess (the answer)	menerka	[mənerka]
to have (vt)	mempunyai	[mempunjaj]
to have breakfast	sarapan	[sarapan]
to have dinner	makan malam	[makan malam]
to have lunch	makan siang	[makan siaŋ]
to hear (vt)	mendengar	[məndeŋar]
to help (vt)	membantu	[membantu]
to hide (vt)	menyembunyikan	[məɲjembunjikan]
to hope (vi, vt)	berharap	[bərharap]
to hunt (vi, vt)	berburu	[bərburu]
to hurry (vi)	tergesa-gesa	[tərgesa-gesa]

12. The most important verbs. Part 3

to inform (vt)	menginformasikan	[məɲinformasikan]
to insist (vi, vt)	mendesak	[məndesaʔ]
to insult (vt)	menghina	[məŋhina]
to invite (vt)	mengundang	[məŋundaŋ]
to joke (vi)	bergurau	[bərgurau]
to keep (vt)	menyimpan	[məɲjimpan]
to keep silent	diam	[diam]
to kill (vt)	membunuh	[membunuh]
to know (sb)	kenal	[kenal]
to know (sth)	tahu	[tahu]
to laugh (vi)	tertawa	[tərtawa]
to liberate (city, etc.)	membebaskan	[membebaskan]
to like (I like …)	suka	[suka]
to look for … (search)	mencari …	[mentʃari …]

| to love (sb) | mencintai | [mənt͡ʃintaj] |
| to make a mistake | salah | [salah] |

to manage, to run	memimpin	[memimpin]
to mean (signify)	berarti	[bərarti]
to mention (talk about)	menyebut	[mənjebut]
to miss (school, etc.)	absen	[absen]
to notice (see)	memperhatikan	[memperhatikan]

to object (vi, vt)	keberatan	[keberatan]
to observe (see)	mengamati	[məŋamati]
to open (vt)	membuka	[membuka]
to order (meal, etc.)	memesan	[memesan]
to order (mil.)	memerintahkan	[memerintahkan]
to own (possess)	memiliki	[memiliki]

to participate (vi)	turut serta	[turut serta]
to pay (vi, vt)	membayar	[membajar]
to permit (vt)	mengizinkan	[məŋizinkan]
to plan (vt)	merencanakan	[merent͡ʃanakan]
to play (children)	bermain	[bərmajn]

to pray (vi, vt)	bersembahyang, berdoa	[bərsembahjaŋ], [bərdoa]
to prefer (vt)	lebih suka	[lebih suka]
to promise (vt)	berjanji	[bərd͡ʒʲand͡ʒi]
to pronounce (vt)	melafalkan	[melafalkan]
to propose (vt)	mengusulkan	[məŋusulkan]
to punish (vt)	menghukum	[məŋhukum]

13. The most important verbs. Part 4

to read (vi, vt)	membaca	[membat͡ʃa]
to recommend (vt)	merekomendasi	[merekomendasi]
to refuse (vi, vt)	menolak	[mənolaʔ]
to regret (be sorry)	menyesal	[mənjesal]
to rent (sth from sb)	menyewa	[mənjewa]

to repeat (say again)	mengulangi	[məŋulaŋi]
to reserve, to book	memesan	[memesan]
to run (vi)	lari	[lari]
to save (rescue)	menyelamatkan	[mənjelamatkan]
to say (~ thank you)	berkata	[bərkata]

to scold (vt)	memarahi, menegur	[memarahi], [menegur]
to see (vt)	melihat	[melihat]
to sell (vt)	menjual	[mənd͡ʒʲual]
to send (vt)	mengirim	[məŋirim]
to shoot (vi)	menembak	[mənembaʔ]
to shout (vi)	berteriak	[bərteriaʔ]
to show (vt)	menunjukkan	[mənund͡ʒʲuʔkan]

| to sign (document) | menandatangani | [mənandataŋani] |
| to sit down (vi) | duduk | [duduʔ] |

to smile (vi)	tersenyum	[tərsenyum]
to speak (vi, vt)	berbicara	[bərbitʃara]
to steal (money, etc.)	mencuri	[məntʃuri]
to stop (for pause, etc.)	berhenti	[bərhenti]
to stop (please ~ calling me)	menghentikan	[məŋhentikan]

to study (vt)	mempelajari	[mempeladʒʲari]
to swim (vi)	berenang	[bərenaŋ]
to take (vt)	mengambil	[məŋambil]
to think (vi, vt)	berpikir	[bərpikir]
to threaten (vt)	mengancam	[məŋantʃam]

to touch (with hands)	menyentuh	[mənjentuh]
to translate (vt)	menerjemahkan	[mənerdʒʲemahkan]
to trust (vt)	mempercayai	[mempertʃajaj]
to try (attempt)	mencoba	[məntʃoba]
to turn (e.g., ~ left)	membelok	[membeloʔ]

to underestimate (vt)	meremehkan	[meremehkan]
to understand (vt)	mengerti	[məŋerti]
to unite (vt)	menyatukan	[mənjatukan]
to wait (vt)	menunggu	[mənuŋgu]

to want (wish, desire)	mau, ingin	[mau], [iŋin]
to warn (vt)	memperingatkan	[memperiŋatkan]
to work (vi)	bekerja	[bekerdʒʲa]
to write (vt)	menulis	[mənulis]
to write down	mencatat	[məntʃatat]

14. Colors

color	warna	[warna]
shade (tint)	nuansa	[nuansa]
hue	warna	[warna]
rainbow	pelangi	[pelaŋi]

white (adj)	putih	[putih]
black (adj)	hitam	[hitam]
gray (adj)	kelabu	[kelabu]

green (adj)	hijau	[hidʒʲau]
yellow (adj)	kuning	[kuniŋ]
red (adj)	merah	[merah]

| blue (adj) | biru | [biru] |
| light blue (adj) | biru muda | [biru muda] |

pink (adj)	pink	[pinʔ]
orange (adj)	oranye, jingga	[oranje], [dʒiŋga]
violet (adj)	violet, ungu muda	[violet], [uŋu muda]
brown (adj)	cokelat	[tʃokelat]

| golden (adj) | keemasan | [keemasan] |
| silvery (adj) | keperakan | [keperakan] |

beige (adj)	abu-abu kecokelatan	[abu-abu ketʃokelatan]
cream (adj)	krem	[krem]
turquoise (adj)	pirus	[pirus]
cherry red (adj)	merah tua	[merah tua]
lilac (adj)	ungu	[uŋu]
crimson (adj)	merah lembayung	[merah lembajuŋ]

light (adj)	terang	[teraŋ]
dark (adj)	gelap	[gelap]
bright, vivid (adj)	terang	[teraŋ]

colored (pencils)	berwarna	[bərwarna]
color (e.g., ~ film)	warna	[warna]
black-and-white (adj)	hitam-putih	[hitam-putih]
plain (one-colored)	polos, satu warna	[polos], [satu warna]
multicolored (adj)	berwarna-warni	[bərwarna-warni]

15. Questions

Who?	Siapa?	[siapa?]
What?	Apa?	[apa?]
Where? (at, in)	Di mana?	[di mana?]
Where (to)?	Ke mana?	[ke mana?]
From where?	Dari mana?	[dari mana?]

When?	Kapan?	[kapan?]
Why? (What for?)	Mengapa?	[məŋapa?]
Why? (~ are you crying?)	Mengapa?	[məŋapa?]

What for?	Untuk apa?	[untuʔ apa?]
How? (in what way)	Bagaimana?	[bagajmana?]
What? (What kind of ...?)	Apa? Yang mana?	[apa?], [yaŋ mana?]
Which?	Yang mana?	[yaŋ mana?]

To whom?	Kepada siapa? Untuk siapa?	[kepada siapa?], [untuʔ siapa?]
About whom?	Tentang siapa?	[tentaŋ siapa?]
About what?	Tentang apa?	[tentaŋ apa?]
With whom?	Dengan siapa?	[deŋan siapa?]

| How many? How much? | Berapa? | [bərapa?] |
| Whose? | Milik siapa? | [miliʔ siapa?] |

16. Prepositions

with (accompanied by)	**dengan**	[deŋan]
without	**tanpa**	[tanpa]
to (indicating direction)	**ke**	[ke]
about (talking ~ ...)	**tentang ...**	[tentaŋ ...]
before (in time)	**sebelum**	[sebelum]
in front of ...	**di depan ...**	[di depan ...]
under (beneath, below)	**di bawah**	[di bawah]
above (over)	**di atas**	[di atas]
on (atop)	**di atas**	[di atas]
from (off, out of)	**dari**	[dari]
of (made from)	**dari**	[dari]
in (e.g., ~ ten minutes)	**dalam**	[dalam]
over (across the top of)	**melalui**	[melalui]

17. Function words. Adverbs. Part 1

Where? (at, in)	**Di mana?**	[di mana?]
here (adv)	**di sini**	[di sini]
there (adv)	**di sana**	[di sana]
somewhere (to be)	**di suatu tempat**	[di suatu tempat]
nowhere (not anywhere)	**tak ada di mana pun**	[taʔ ada di mana pun]
by (near, beside)	**dekat**	[dekat]
by the window	**dekat jendela**	[dekat dʒʲendela]
Where (to)?	**Ke mana?**	[ke mana?]
here (e.g., come ~!)	**ke sini**	[ke sini]
there (e.g., to go ~)	**ke sana**	[ke sana]
from here (adv)	**dari sini**	[dari sini]
from there (adv)	**dari sana**	[dari sana]
close (adv)	**dekat**	[dekat]
far (adv)	**jauh**	[dʒʲauh]
near (e.g., ~ Paris)	**dekat**	[dekat]
nearby (adv)	**dekat**	[dekat]
not far (adv)	**tidak jauh**	[tidaʔ dʒʲauh]
left (adj)	**kiri**	[kiri]
on the left	**di kiri**	[di kiri]
to the left	**ke kiri**	[ke kiri]
right (adj)	**kanan**	[kanan]
on the right	**di kanan**	[di kanan]

to the right	ke kanan	[ke kanan]
in front (adv)	di depan	[di depan]
front (as adj)	depan	[depan]
ahead (the kids ran ~)	ke depan	[ke depan]
behind (adv)	di belakang	[di belakaŋ]
from behind	dari belakang	[dari belakaŋ]
back (towards the rear)	mundur	[mundur]
middle	tengah	[teŋah]
in the middle	di tengah	[di teŋah]
at the side	di sisi, di samping	[di sisi], [di sampiŋ]
everywhere (adv)	di mana-mana	[di mana-mana]
around (in all directions)	di sekitar	[di sekitar]
from inside	dari dalam	[dari dalam]
somewhere (to go)	ke suatu tempat	[ke suatu tempat]
straight (directly)	terus	[terus]
back (e.g., come ~)	kembali	[kembali]
from anywhere	dari mana pun	[dari mana pun]
from somewhere	dari suatu tempat	[dari suatu tempat]
firstly (adv)	pertama	[pərtama]
secondly (adv)	kedua	[kedua]
thirdly (adv)	ketiga	[ketiga]
suddenly (adv)	tiba-tiba	[tiba-tiba]
at first (in the beginning)	mula-mula	[mula-mula]
for the first time	untuk pertama kalinya	[untuʔ pərtama kalinja]
long before ...	jauh sebelum ...	[dʒ'auh sebelum ...]
anew (over again)	kembali	[kembali]
for good (adv)	untuk selama-lamanya	[untuʔ selama-lamanja]
never (adv)	tidak pernah	[tidaʔ pərnah]
again (adv)	lagi, kembali	[lagi], [kembali]
now (adv)	sekarang	[sekaraŋ]
often (adv)	sering, seringkali	[seriŋ], [seriŋkali]
then (adv)	ketika itu	[ketika itu]
urgently (quickly)	segera	[segera]
usually (adv)	biasanya	[biasanja]
by the way, ...	ngomong-ngomong ...	[ŋomoŋ-ŋomoŋ ...]
possible (that is ~)	mungkin	[muŋkin]
probably (adv)	mungkin	[muŋkin]
maybe (adv)	mungkin	[muŋkin]
besides ...	selain itu ...	[selajn itu ...]
that's why ...	karena itu ...	[karena itu ...]
in spite of ...	meskipun ...	[meskipun ...]
thanks to ...	berkat ...	[berkat ...]
what (pron.)	apa	[apa]

that (conj.)	bahwa	[bahwa]
something	sesuatu	[sesuatu]
anything (something)	sesuatu	[sesuatu]
nothing	tidak sesuatu pun	[tidaʾ sesuatu pun]

who (pron.)	siapa	[siapa]
someone	seseorang	[seseoraŋ]
somebody	seseorang	[seseoraŋ]

nobody	tidak seorang pun	[tidaʾ seoraŋ pun]
nowhere (a voyage to ~)	tidak ke mana pun	[tidaʾ ke mana pun]
nobody's	tidak milik siapa pun	[tidaʾ miliʾ siapa pun]
somebody's	milik seseorang	[miliʾ seseoraŋ]

so (I'm ~ glad)	sangat	[saŋat]
also (as well)	juga	[dʒʲuga]
too (as well)	juga	[dʒʲuga]

18. Function words. Adverbs. Part 2

Why?	Mengapa?	[məŋapa?]
for some reason	entah mengapa	[entah məŋapa]
because ...	karena ...	[karena ...]
for some purpose	untuk tujuan tertentu	[untuʾ tudʒʲuan tertentu]

and	dan	[dan]
or	atau	[atau]
but	tetapi, namun	[tetapi], [namun]
for (e.g., ~ me)	untuk	[untuʾ]

too (~ many people)	terlalu	[terlalu]
only (exclusively)	hanya	[hanja]
exactly (adv)	tepat	[tepat]
about (more or less)	sekitar	[sekitar]

approximately (adv)	kira-kira	[kira-kira]
approximate (adj)	kira-kira	[kira-kira]
almost (adv)	hampir	[hampir]
the rest	selebihnya, sisanya	[selebihnja], [sisanja]

the other (second)	kedua	[kedua]
other (different)	lain	[lain]
each (adj)	setiap	[setiap]
any (no matter which)	sebarang	[sebaraŋ]
many, much (a lot of)	banyak	[banjaʾ]
many people	banyak orang	[banjaʾ oraŋ]
all (everyone)	semua	[semua]

| in return for ... | sebagai ganti ... | [sebagaj ganti ...] |
| in exchange (adv) | sebagai gantinya | [sebagaj gantinja] |

| by hand (made) | dengan tangan | [deŋan taŋan] |
| hardly (negative opinion) | hampir tidak | [hampir tidaʔ] |

probably (adv)	mungkin	[muŋkin]
on purpose (intentionally)	sengaja	[seŋadʒʲa]
by accident (adv)	tidak sengaja	[tidaʔ seŋadʒʲa]

very (adv)	sangat	[saŋat]
for example (adv)	misalnya	[misalnja]
between	antara	[antara]
among	di antara	[di antara]
so much (such a lot)	banyak sekali	[banjaʔ sekali]
especially (adv)	terutama	[tərutama]

Basic concepts. Part 2

19. Weekdays

Monday	Hari Senin	[hari senin]
Tuesday	Hari Selasa	[hari selasa]
Wednesday	Hari Rabu	[hari rabu]
Thursday	Hari Kamis	[hari kamis]
Friday	Hari Jumat	[hari dʒʲumat]
Saturday	Hari Sabtu	[hari sabtu]
Sunday	Hari Minggu	[hari miŋgu]

today (adv)	hari ini	[hari ini]
tomorrow (adv)	besok	[besoʔ]
the day after tomorrow	besok lusa	[besoʔ lusa]
yesterday (adv)	kemarin	[kemarin]
the day before yesterday	kemarin dulu	[kemarin dulu]

day	hari	[hari]
working day	hari kerja	[hari kerdʒʲa]
public holiday	hari libur	[hari libur]
day off	hari libur	[hari libur]
weekend	akhir pekan	[ahir pekan]

all day long	seharian	[seharian]
the next day (adv)	hari berikutnya	[hari berikutnja]
two days ago	dua hari lalu	[dua hari lalu]
the day before	hari sebelumnya	[hari sebelumnja]
daily (adj)	harian	[harian]
every day (adv)	tiap hari	[tiap hari]

week	minggu	[miŋgu]
last week (adv)	minggu lalu	[miŋgu lalu]
next week (adv)	minggu berikutnya	[miŋgu berikutnja]
weekly (adj)	mingguan	[miŋguan]
every week (adv)	tiap minggu	[tiap miŋgu]
twice a week	dua kali seminggu	[dua kali semiŋgu]
every Tuesday	tiap Hari Selasa	[tiap hari selasa]

20. Hours. Day and night

morning	pagi	[pagi]
in the morning	pada pagi hari	[pada pagi hari]
noon, midday	tengah hari	[teŋah hari]

in the afternoon	pada sore hari	[pada sore hari]
evening	sore, malam	[sore], [malam]
in the evening	waktu sore	[waktu sore]
night	malam	[malam]
at night	pada malam hari	[pada malam hari]
midnight	tengah malam	[teŋah malam]
second	detik	[detiʔ]
minute	menit	[menit]
hour	jam	[dʒʲam]
half an hour	setengah jam	[seteŋah dʒʲam]
a quarter-hour	seperempat jam	[seperempat dʒʲam]
fifteen minutes	lima belas menit	[lima belas menit]
24 hours	siang-malam	[siaŋ-malam]
sunrise	matahari terbit	[matahari tərbit]
dawn	subuh	[subuh]
early morning	dini pagi	[dini pagi]
sunset	matahari terbenam	[matahari tərbenam]
early in the morning	pagi-pagi	[pagi-pagi]
this morning	pagi ini	[pagi ini]
tomorrow morning	besok pagi	[besoʔ pagi]
this afternoon	sore ini	[sore ini]
in the afternoon	pada sore hari	[pada sore hari]
tomorrow afternoon	besok sore	[besoʔ sore]
tonight (this evening)	sore ini	[sore ini]
tomorrow night	besok malam	[besoʔ malam]
at 3 o'clock sharp	pukul 3 tepat	[pukul tiga tepat]
about 4 o'clock	sekitar pukul 4	[sekitar pukul empat]
by 12 o'clock	pada pukul 12	[pada pukul belas]
in 20 minutes	dalam 20 menit	[dalam dua puluh menit]
in an hour	dalam satu jam	[dalam satu dʒʲam]
on time (adv)	tepat waktu	[tepat waktu]
a quarter of ...	... kurang seperempat	[... kuraŋ seperempat]
within an hour	selama sejam	[selama sedʒʲam]
every 15 minutes	tiap 15 menit	[tiap lima belas menit]
round the clock	siang-malam	[siaŋ-malam]

21. Months. Seasons

January	Januari	[dʒʲanuari]
February	Februari	[februari]
March	Maret	[maret]
April	April	[april]
May	Mei	[mei]
June	Juni	[dʒʲuni]

July	**Juli**	[dʒˈuli]
August	**Augustus**	[augustus]
September	**September**	[september]
October	**Oktober**	[oktober]
November	**November**	[november]
December	**Desember**	[desember]
spring	**musim semi**	[musim semi]
in spring	**pada musim semi**	[pada musim semi]
spring (as adj)	**musim semi**	[musim semi]
summer	**musim panas**	[musim panas]
in summer	**pada musim panas**	[pada musim panas]
summer (as adj)	**musim panas**	[musim panas]
fall	**musim gugur**	[musim gugur]
in fall	**pada musim gugur**	[pada musim gugur]
fall (as adj)	**musim gugur**	[musim gugur]
winter	**musim dingin**	[musim diŋin]
in winter	**pada musim dingin**	[pada musim diŋin]
winter (as adj)	**musim dingin**	[musim diŋin]
month	**bulan**	[bulan]
this month	**bulan ini**	[bulan ini]
next month	**bulan depan**	[bulan depan]
last month	**bulan lalu**	[bulan lalu]
a month ago	**sebulan lalu**	[sebulan lalu]
in a month (a month later)	**dalam satu bulan**	[dalam satu bulan]
in 2 months (2 months later)	**dalam 2 bulan**	[dalam dua bulan]
the whole month	**sepanjang bulan**	[sepandʒˈaŋ bulan]
all month long	**sebulan penuh**	[sebulan penuh]
monthly (~ magazine)	**bulanan**	[bulanan]
monthly (adv)	**tiap bulan**	[tiap bulan]
every month	**tiap bulan**	[tiap bulan]
twice a month	**dua kali sebulan**	[dua kali sebulan]
year	**tahun**	[tahun]
this year	**tahun ini**	[tahun ini]
next year	**tahun depan**	[tahun depan]
last year	**tahun lalu**	[tahun lalu]
a year ago	**setahun lalu**	[setahun lalu]
in a year	**dalam satu tahun**	[dalam satu tahun]
in two years	**dalam 2 tahun**	[dalam dua tahun]
the whole year	**sepanjang tahun**	[sepandʒˈaŋ tahun]
all year long	**setahun penuh**	[setahun penuh]
every year	**tiap tahun**	[tiap tahun]

annual (adj)	tahunan	[tahunan]
annually (adv)	tiap tahun	[tiap tahun]
4 times a year	empat kali setahun	[empat kali setahun]
date (e.g., today's ~)	tanggal	[taŋgal]
date (e.g., ~ of birth)	tanggal	[taŋgal]
calendar	kalender	[kalender]
half a year	setengah tahun	[seteŋah tahun]
six months	enam bulan	[enam bulan]
season (summer, etc.)	musim	[musim]
century	abad	[abad]

22. Time. Miscellaneous

time	waktu	[waktu]
moment	sekejap	[sekedʒʲap]
instant (n)	saat, waktu	[sa'at], [waktu]
instant (adj)	seketika	[seketika]
lapse (of time)	jangka waktu	[dʒʲaŋka waktu]
life	kehidupan, hidup	[kehidupan], [hidup]
eternity	keabadiaan	[keabadia'an]
epoch	zaman	[zaman]
era	era	[era]
cycle	siklus	[siklus]
period	periode, kurun waktu	[pəriode], [kurun waktu]
term (short-~)	jangka waktu	[dʒʲaŋka waktu]
the future	masa depan	[masa depan]
future (as adj)	yang akan datang	[yaŋ akan dataŋ]
next time	lain kali	[lain kali]
the past	masa lalu	[masa lalu]
past (recent)	lalu	[lalu]
last time	terakhir kali	[tərahir kali]
later (adv)	kemudian	[kemudian]
after (prep.)	sesudah	[sesudah]
nowadays (adv)	sekarang	[sekaraŋ]
now (adv)	saat ini	[sa'at ini]
immediately (adv)	segera	[segera]
soon (adv)	segera	[segera]
in advance (beforehand)	sebelumnya	[sebelumnja]
a long time ago	dahulu kala	[dahulu kala]
recently (adv)	baru-baru ini	[baru-baru ini]
destiny	nasib	[nasib]
memories (childhood ~)	kenang-kenangan	[kenaŋ-kenaŋan]
archives	arsip	[arsip]
during ...	selama ...	[selama ...]

long, a long time (adv)	**lama**	[lama]
not long (adv)	**tidak lama**	[tidaʔ lama]
early (in the morning)	**pagi-pagi**	[pagi-pagi]
late (not early)	**terlambat**	[tərlambat]
forever (for good)	**untuk selama-lamanya**	[untuʔ selama-lamanja]
to start (begin)	**memulai**	[memulaj]
to postpone (vt)	**menunda**	[mənunda]
at the same time	**serentak**	[serentaʔ]
permanently (adv)	**tetap**	[tetap]
constant (noise, pain)	**terus menerus**	[terus menerus]
temporary (adj)	**sementara**	[sementara]
sometimes (adv)	**kadang-kadang**	[kadaŋ-kadaŋ]
rarely (adv)	**jarang**	[dʒʲaraŋ]
often (adv)	**sering, seringkali**	[seriŋ], [seriŋkali]

23. Opposites

rich (adj)	**kaya**	[kaja]
poor (adj)	**miskin**	[miskin]
ill, sick (adj)	**sakit**	[sakit]
well (not sick)	**sehat**	[sehat]
big (adj)	**besar**	[besar]
small (adj)	**kecil**	[ketʃil]
quickly (adv)	**cepat**	[tʃepat]
slowly (adv)	**perlahan-lahan**	[pərlahan-lahan]
fast (adj)	**cepat**	[tʃepat]
slow (adj)	**lambat**	[lambat]
glad (adj)	**riang**	[riaŋ]
sad (adj)	**sedih**	[sedih]
together (adv)	**bersama**	[bərsama]
separately (adv)	**terpisah**	[tərpisah]
aloud (to read)	**dengan keras**	[deŋan keras]
silently (to oneself)	**dalam hati**	[dalam hati]
tall (adj)	**tinggi**	[tiŋgi]
low (adj)	**rendah**	[rendah]
deep (adj)	**dalam**	[dalam]
shallow (adj)	**dangkal**	[daŋkal]
yes	**ya**	[ya]

no	**tidak**	[tidaʔ]
distant (in space)	**jauh**	[dʒʲauh]
nearby (adj)	**dekat**	[dekat]
far (adv)	**jauh**	[dʒʲauh]
nearby (adv)	**dekat**	[dekat]
long (adj)	**panjang**	[pandʒʲaŋ]
short (adj)	**pendek**	[pendeʔ]
good (kindhearted)	**baik hati**	[bajʔ hati]
evil (adj)	**jahat**	[dʒʲahat]
married (adj)	**menikah**	[mənikah]
single (adj)	**bujang**	[budʒʲaŋ]
to forbid (vt)	**melarang**	[melaraŋ]
to permit (vt)	**mengizinkan**	[məɲizinkan]
end	**akhir**	[ahir]
beginning	**permulaan**	[pərmulaʔan]
left (adj)	**kiri**	[kiri]
right (adj)	**kanan**	[kanan]
first (adj)	**pertama**	[pərtama]
last (adj)	**terakhir**	[tərahir]
crime	**kejahatan**	[kedʒʲahatan]
punishment	**hukuman**	[hukuman]
to order (vt)	**memerintahkan**	[memerintahkan]
to obey (vi, vt)	**mematuhi**	[mematuhi]
straight (adj)	**lurus**	[lurus]
curved (adj)	**melengkung**	[meleŋkuŋ]
paradise	**surga**	[surga]
hell	**neraka**	[neraka]
to be born	**lahir**	[lahir]
to die (vi)	**mati, meninggal**	[mati], [meniŋgal]
strong (adj)	**kuat**	[kuat]
weak (adj)	**lemah**	[lemah]
old (adj)	**tua**	[tua]
young (adj)	**muda**	[muda]
old (adj)	**tua**	[tua]
new (adj)	**baru**	[baru]

hard (adj)	keras	[keras]
soft (adj)	lunak	[lunaʔ]
warm (tepid)	hangat	[haŋat]
cold (adj)	dingin	[diŋin]
fat (adj)	gemuk	[gemuʔ]
thin (adj)	kurus	[kurus]
narrow (adj)	sempit	[sempit]
wide (adj)	lebar	[lebar]
good (adj)	baik	[bajʔ]
bad (adj)	buruk	[buruʔ]
brave (adj)	pemberani	[pemberani]
cowardly (adj)	penakut	[penakut]

24. Lines and shapes

square	bujur sangkar	[budʑur saŋkar]
square (as adj)	persegi	[pərsegi]
circle	lingkaran	[liŋkaran]
round (adj)	bundar	[bundar]
triangle	segi tiga	[segi tiga]
triangular (adj)	segi tiga	[segi tiga]
oval	oval	[oval]
oval (as adj)	oval	[oval]
rectangle	segi empat	[segi empat]
rectangular (adj)	siku-siku	[siku-siku]
pyramid	piramida	[piramida]
rhombus	rombus	[rombus]
trapezoid	trapesium	[trapesium]
cube	kubus	[kubus]
prism	prisma	[prisma]
circumference	lingkar	[liŋkar]
sphere	bulatan	[bulatan]
ball (solid sphere)	bola	[bola]
diameter	diameter	[diameter]
radius	radius, jari-jari	[radius], [dʑari-dʑari]
perimeter (circle's ~)	perimeter	[pərimeter]
center	pusat	[pusat]
horizontal (adj)	horizontal, mendatar	[horizontal], [mendatar]
vertical (adj)	vertikal, tegak lurus	[vertikal], [tegaʔ lurus]
parallel (n)	sejajar	[sedʑadʑar]
parallel (as adj)	sejajar	[sedʑadʑar]

line	garis	[garis]
stroke	garis	[garis]
straight line	garis lurus	[garis lurus]
curve (curved line)	garis lengkung	[garis leŋkuŋ]
thin (line, etc.)	tipis	[tipis]
contour (outline)	kontur	[kontur]
intersection	titik potong	[titiʔ potoŋ]
right angle	sudut siku-siku	[sudut siku-siku]
segment	segmen	[segmen]
sector	sektor	[sektor]
side (of triangle)	segi	[segi]
angle	sudut	[sudut]

25. Units of measurement

weight	berat	[berat]
length	panjang	[pandʒʲaŋ]
width	lebar	[lebar]
height	ketinggian	[ketiŋgian]
depth	kedalaman	[kedalaman]
volume	volume, isi	[volume], [isi]
area	luas	[luas]
gram	gram	[gram]
milligram	miligram	[miligram]
kilogram	kilogram	[kilogram]
ton	ton	[ton]
pound	pon	[pon]
ounce	ons	[ons]
meter	meter	[meter]
millimeter	milimeter	[milimeter]
centimeter	sentimeter	[sentimeter]
kilometer	kilometer	[kilometer]
mile	mil	[mil]
inch	inci	[intʃi]
foot	kaki	[kaki]
yard	yard	[yard]
square meter	meter persegi	[meter pərsegi]
hectare	hektar	[hektar]
liter	liter	[liter]
degree	derajat	[deradʒʲat]
volt	volt	[volt]
ampere	ampere	[ampere]
horsepower	tenaga kuda	[tenaga kuda]
quantity	kuantitas	[kuantitas]

a little bit of ...	sedikit ...	[sedikit ...]
half	setengah	[setengah]
dozen	lusin	[lusin]
piece (item)	buah	[buah]
size	ukuran	[ukuran]
scale (map ~)	skala	[skala]
minimal (adj)	minimal	[minimal]
the smallest (adj)	terkecil	[tərketʃil]
medium (adj)	sedang	[sedaŋ]
maximal (adj)	maksimal	[maksimal]
the largest (adj)	terbesar	[tərbesar]

26. Containers

canning jar (glass ~)	gelas	[gelas]
can	kaleng	[kaleŋ]
bucket	ember	[ember]
barrel	tong	[toŋ]
wash basin (e.g., plastic ~)	baskom	[baskom]
tank (100L water ~)	tangki	[taŋki]
hip flask	pelples	[pelples]
jerrycan	jeriken	[dʒʲeriken]
tank (e.g., tank car)	tangki	[taŋki]
mug	mangkuk	[maŋkuʔ]
cup (of coffee, etc.)	cangkir	[tʃaŋkir]
saucer	alas cangkir	[alas tʃaŋkir]
glass (tumbler)	gelas	[gelas]
wine glass	gelas anggur	[gelas aŋgur]
stock pot (soup pot)	panci	[pantʃi]
bottle (~ of wine)	botol	[botol]
neck (of the bottle, etc.)	leher	[leher]
carafe (decanter)	karaf	[karaf]
pitcher	kendi	[kendi]
vessel (container)	wadah	[wadah]
pot (crock, stoneware ~)	pot	[pot]
vase	vas	[vas]
bottle (perfume ~)	botol	[botol]
vial, small bottle	botol kecil	[botol ketʃil]
tube (of toothpaste)	tabung	[tabuŋ]
sack (bag)	karung	[karuŋ]
bag (paper ~, plastic ~)	kantong	[kantoŋ]
pack (of cigarettes, etc.)	bungkus	[buŋkus]

box (e.g., shoebox)	**kotak, kardus**	[kotak], [kardus]
crate	**kotak**	[kotaʔ]
basket	**bakul**	[bakul]

27. Materials

material	**bahan**	[bahan]
wood (n)	**kayu**	[kaju]
wood-, wooden (adj)	**kayu**	[kaju]
glass (n)	**kaca**	[katʃa]
glass (as adj)	**kaca**	[katʃa]
stone (n)	**batu**	[batu]
stone (as adj)	**batu**	[batu]
plastic (n)	**plastik**	[plastiʔ]
plastic (as adj)	**plastik**	[plastiʔ]
rubber (n)	**karet**	[karet]
rubber (as adj)	**karet**	[karet]
cloth, fabric (n)	**kain**	[kain]
fabric (as adj)	**kain**	[kain]
paper (n)	**kertas**	[kertas]
paper (as adj)	**kertas**	[kertas]
cardboard (n)	**karton**	[karton]
cardboard (as adj)	**karton**	[karton]
polyethylene	**polietilena**	[polietilena]
cellophane	**selofana**	[selofana]
linoleum	**linoleum**	[linoleum]
plywood	**kayu lapis**	[kaju lapis]
porcelain (n)	**porselen**	[porselen]
porcelain (as adj)	**porselen**	[porselen]
clay (n)	**tanah liat**	[tanah liat]
clay (as adj)	**gerabah**	[gerabah]
ceramic (n)	**keramik**	[keramiʔ]
ceramic (as adj)	**keramik**	[keramiʔ]

28. Metals

metal (n)	**logam**	[logam]
metal (as adj)	**logam**	[logam]
alloy (n)	**aloi, lakur**	[aloy], [lakur]

gold (n)	**emas**	[emas]
gold, golden (adj)	**emas**	[emas]
silver (n)	**perak**	[peraʔ]
silver (as adj)	**perak**	[peraʔ]
iron (n)	**besi**	[besi]
iron-, made of iron (adj)	**besi**	[besi]
steel (n)	**baja**	[badʒʲa]
steel (as adj)	**baja**	[badʒʲa]
copper (n)	**tembaga**	[tembaga]
copper (as adj)	**tembaga**	[tembaga]
aluminum (n)	**aluminium**	[aluminium]
aluminum (as adj)	**aluminium**	[aluminium]
bronze (n)	**perunggu**	[peruŋgu]
bronze (as adj)	**perunggu**	[peruŋgu]
brass	**kuningan**	[kuniŋan]
nickel	**nikel**	[nikel]
platinum	**platinum**	[platinum]
mercury	**air raksa**	[air raksa]
tin	**timah**	[timah]
lead	**timbal**	[timbal]
zinc	**seng**	[seŋ]

HUMAN BEING

Human being. The body

29. Humans. Basic concepts

human being	manusia	[manusia]
man (adult male)	laki-laki, pria	[laki-laki], [pria]
woman	perempuan, wanita	[pərempuan], [wanita]
child	anak	[ana']
girl	anak perempuan	[ana' pərempuan]
boy	anak laki-laki	[ana' laki-laki]
teenager	remaja	[remadʒʲa]
old man	lelaki tua	[lelaki tua]
old woman	perempuan tua	[pərempuan tua]

30. Human anatomy

organism (body)	organisme	[organisme]
heart	jantung	[dʒʲantuŋ]
blood	darah	[darah]
artery	arteri, pembuluh darah	[arteri], [pembuluh darah]
vein	vena	[vena]
brain	otak	[ota']
nerve	saraf	[saraf]
nerves	saraf	[saraf]
vertebra	ruas	[ruas]
spine (backbone)	tulang belakang	[tulaŋ belakaŋ]
stomach (organ)	lambung	[lambuŋ]
intestines, bowels	usus	[usus]
intestine (e.g., large ~)	usus	[usus]
liver	hati	[hati]
kidney	ginjal	[gindʒʲal]
bone	tulang	[tulaŋ]
skeleton	skelet, rangka	[skelet], [raŋka]
rib	tulang rusuk	[tulaŋ rusu']
skull	tengkorak	[teŋkora']
muscle	otot	[otot]
biceps	bisep	[bisep]

triceps	trisep	[trisep]
tendon	tendon	[tendon]
joint	sendi	[sendi]
lungs	paru-paru	[paru-paru]
genitals	kemaluan	[kemaluan]
skin	kulit	[kulit]

31. Head

head	kepala	[kepala]
face	wajah	[wadʒˈah]
nose	**hidung**	[hiduŋ]
mouth	mulut	[mulut]

eye	mata	[mata]
eyes	mata	[mata]
pupil	pupil, biji mata	[pupil], [bidʒi mata]
eyebrow	alis	[alis]
eyelash	bulu mata	[bulu mata]
eyelid	kelopak mata	[kelopaʔ mata]

tongue	lidah	[lidah]
tooth	gigi	[gigi]
lips	bibir	[bibir]
cheekbones	tulang pipi	[tulaŋ pipi]
gum	gusi	[gusi]
palate	langit-langit mulut	[laŋit-laŋit mulut]

nostrils	lubang hidung	[lubaŋ hiduŋ]
chin	dagu	[dagu]
jaw	rahang	[rahaŋ]
cheek	pipi	[pipi]

forehead	dahi	[dahi]
temple	pelipis	[pelipis]
ear	telinga	[teliŋa]
back of the head	tengkuk	[teŋkuʔ]
neck	leher	[leher]
throat	tenggorok	[teŋgoroʔ]

hair	rambut	[rambut]
hairstyle	tatanan rambut	[tatanan rambut]
haircut	potongan rambut	[potoŋan rambut]
wig	wig, rambut palsu	[wig], [rambut palsu]

mustache	kumis	[kumis]
beard	janggut	[dʒˈaŋgut]
to have (a beard, etc.)	memelihara	[memelihara]
braid	kepang	[kepaŋ]
sideburns	brewok	[brewoʔ]

red-haired (adj)	merah pirang	[merah piraŋ]
gray (hair)	beruban	[beruban]
bald (adj)	botak, plontos	[botak], [plontos]
bald patch	botak	[botaʔ]
ponytail	ekor kuda	[ekor kuda]
bangs	poni rambut	[poni rambut]

32. Human body

hand	tangan	[taŋan]
arm	lengan	[leŋan]
finger	jari	[dʒʲari]
toe	jari	[dʒʲari]
thumb	jempol	[dʒʲempol]
little finger	jari kelingking	[dʒʲari peliŋkiŋ]
nail	kuku	[kuku]
fist	kepalan tangan	[kepalan taŋan]
palm	telapak	[telapaʔ]
wrist	pergelangan	[pergelaŋan]
forearm	lengan bawah	[leŋan bawah]
elbow	siku	[siku]
shoulder	bahu	[bahu]
leg	kaki	[kaki]
foot	telapak kaki	[telapaʔ kaki]
knee	lutut	[lutut]
calf (part of leg)	betis	[betis]
hip	paha	[paha]
heel	tumit	[tumit]
body	tubuh	[tubuh]
stomach	perut	[perut]
chest	dada	[dada]
breast	payudara	[pajudara]
flank	rusuk	[rusuʔ]
back	punggung	[puŋguŋ]
lower back	pinggang bawah	[piŋgaŋ bawah]
waist	pinggang	[piŋgaŋ]
navel (belly button)	pusar	[pusar]
buttocks	pantat	[pantat]
bottom	pantat	[pantat]
beauty mark	tanda lahir	[tanda lahir]
birthmark (café au lait spot)	tanda lahir	[tanda lahir]
tattoo	tato	[tato]
scar	parut luka	[parut luka]

Clothing & Accessories

33. Outerwear. Coats

clothes	**pakaian**	[pakajan]
outerwear	**pakaian luar**	[pakajan luar]
winter clothing	**pakaian musim dingin**	[pakajan musim diŋin]
coat (overcoat)	**mantel**	[mantel]
fur coat	**mantel bulu**	[mantel bulu]
fur jacket	**jaket bulu**	[dʒʲaket bulu]
down coat	**jaket bulu halus**	[dʒʲaket bulu halus]
jacket (e.g., leather ~)	**jaket**	[dʒʲaket]
raincoat (trenchcoat, etc.)	**jas hujan**	[dʒʲas hudʒʲan]
waterproof (adj)	**kedap air**	[kedap air]

34. Men's & women's clothing

shirt (button shirt)	**kemeja**	[kemedʒʲa]
pants	**celana**	[tʃelana]
jeans	**celana jins**	[tʃelana dʒins]
suit jacket	**jas**	[dʒʲas]
suit	**setelan**	[setelan]
dress (frock)	**gaun**	[gaun]
skirt	**rok**	[roʔ]
blouse	**blus**	[blus]
knitted jacket (cardigan, etc.)	**jaket wol**	[dʒʲaket wol]
jacket (of woman's suit)	**jaket**	[dʒʲaket]
T-shirt	**baju kaus**	[badʒʲu kaus]
shorts (short trousers)	**celana pendek**	[tʃelana pendeʔ]
tracksuit	**pakaian olahraga**	[pakajan olahraga]
bathrobe	**jubah mandi**	[dʒʲubah mandi]
pajamas	**piyama**	[piyama]
sweater	**sweter**	[sweter]
pullover	**pulover**	[pulover]
vest	**rompi**	[rompi]
tailcoat	**jas berbuntut**	[dʒʲas bərbuntut]
tuxedo	**jas malam**	[dʒʲas malam]

uniform	seragam	[seragam]
workwear	pakaian kerja	[pakajan kerdʲa]
overalls	baju monyet	[badʒʲu monjet]
coat (e.g., doctor's smock)	jas	[dʒʲas]

35. Clothing. Underwear

underwear	pakaian dalam	[pakajan dalam]
boxers, briefs	celana dalam lelaki	[tʃelana dalam lelaki]
panties	celana dalam wanita	[tʃelana dalam wanita]
undershirt (A-shirt)	singlet	[siŋlet]
socks	kaus kaki	[kaus kaki]

nightgown	baju tidur	[badʒʲu tidur]
bra	beha	[beha]
knee highs (knee-high socks)	kaus kaki selutut	[kaus kaki selutut]
pantyhose	pantihos	[pantihos]
stockings (thigh highs)	kaus kaki panjang	[kaus kaki pandʒʲaŋ]
bathing suit	baju renang	[badʒʲu renaŋ]

36. Headwear

hat	topi	[topi]
fedora	topi bulat	[topi bulat]
baseball cap	topi bisbol	[topi bisbol]
flatcap	topi pet	[topi pet]

beret	baret	[baret]
hood	kerudung kepala	[keruduŋ kepala]
panama hat	topi panama	[topi panama]
knit cap (knitted hat)	topi rajut	[topi radʒʲut]

headscarf	tudung kepala	[tuduŋ kepala]
women's hat	topi wanita	[topi wanita]
hard hat	topi baja	[topi badʒʲa]
garrison cap	topi lipat	[topi lipat]
helmet	helm	[helm]

| derby | topi bulat | [topi bulat] |
| top hat | topi tinggi | [topi tiŋgi] |

37. Footwear

| footwear | sepatu | [sepatu] |
| shoes (men's shoes) | sepatu bot | [sepatu bot] |

shoes (women's shoes)	sepatu wanita	[sepatu wanita]
boots (e.g., cowboy ~)	sepatu lars	[sepatu lars]
slippers	pantofel	[pantofel]
tennis shoes (e.g., Nike ~)	sepatu tenis	[sepatu tenis]
sneakers (e.g., Converse ~)	sepatu kets	[sepatu kets]
sandals	sandal	[sandal]
cobbler (shoe repairer)	tukang sepatu	[tukaŋ sepatu]
heel	tumit	[tumit]
pair (of shoes)	sepasang	[sepasaŋ]
shoestring	tali sepatu	[tali sepatu]
to lace (vt)	mengikat tali	[məŋikat tali]
shoehorn	sendok sepatu	[sendoʔ sepatu]
shoe polish	semir sepatu	[semir sepatu]

38. Textile. Fabrics

cotton (n)	katun	[katun]
cotton (as adj)	katun	[katun]
flax (n)	linen	[linen]
flax (as adj)	linen	[linen]
silk (n)	sutra	[sutra]
silk (as adj)	sutra	[sutra]
wool (n)	wol	[wol]
wool (as adj)	wol	[wol]
velvet	beledu	[beledu]
suede	suede	[suede]
corduroy	korduroi	[korduroy]
nylon (n)	nilon	[nilon]
nylon (as adj)	nilon	[nilon]
polyester (n)	poliester	[poliester]
polyester (as adj)	poliester	[poliester]
leather (n)	kulit	[kulit]
leather (as adj)	kulit	[kulit]
fur (n)	kulit berbulu	[kulit bərbulu]
fur (e.g., ~ coat)	bulu	[bulu]

39. Personal accessories

| gloves | sarung tangan | [saruŋ taŋan] |
| mittens | sarung tangan | [saruŋ taŋan] |

scarf (muffler)	selendang	[selendaŋ]
glasses (eyeglasses)	kacamata	[katʃamata]
frame (eyeglass ~)	bingkai	[biŋkaj]
umbrella	payung	[pajuŋ]
walking stick	tongkat jalan	[toŋkat dʒʲalan]
hairbrush	sikat rambut	[sikat rambut]
fan	kipas	[kipas]
tie (necktie)	dasi	[dasi]
bow tie	dasi kupu-kupu	[dasi kupu-kupu]
suspenders	bretel	[bretel]
handkerchief	sapu tangan	[sapu taŋan]
comb	sisir	[sisir]
barrette	jepit rambut	[dʒʲepit rambut]
hairpin	harnal	[harnal]
buckle	gesper	[gesper]
belt	sabuk	[sabuʔ]
shoulder strap	tali tas	[tali tas]
bag (handbag)	tas	[tas]
purse	tas tangan	[tas taŋan]
backpack	ransel	[ransel]

40. Clothing. Miscellaneous

fashion	mode	[mode]
in vogue (adj)	modis	[modis]
fashion designer	perancang busana	[perantʃaŋ busana]
collar	kerah	[kerah]
pocket	saku	[saku]
pocket (as adj)	saku	[saku]
sleeve	lengan	[leŋan]
hanging loop	tali kait	[tali kait]
fly (on trousers)	golbi	[golbi]
zipper (fastener)	ritsleting	[ritsletiŋ]
fastener	kancing	[kantʃiŋ]
button	kancing	[kantʃiŋ]
buttonhole	lubang kancing	[lubaŋ kantʃiŋ]
to come off (ab. button)	terlepas	[terlepas]
to sew (vi, vt)	menjahit	[mendʒʲahit]
to embroider (vi, vt)	membordir	[membordir]
embroidery	bordiran	[bordiran]
sewing needle	jarum	[dʒʲarum]
thread	benang	[benaŋ]
seam	setik	[setiʔ]

to get dirty (vi)	kena kotor	[kena kotor]
stain (mark, spot)	bercak	[bertʃaʔ]
to crease, crumple (vi)	kumal	[kumal]
to tear, to rip (vt)	merobek	[merobeʔ]
clothes moth	ngengat	[ŋeŋat]

41. Personal care. Cosmetics

toothpaste	**pasta gigi**	[pasta gigi]
toothbrush	**sikat gigi**	[sikat gigi]
to brush one's teeth	**menggosok gigi**	[məŋgosoʔ gigi]
razor	**pisau cukur**	[pisau tʃukur]
shaving cream	**krim cukur**	[krim tʃukur]
to shave (vi)	**bercukur**	[bərtʃukur]
soap	**sabun**	[sabun]
shampoo	**sampo**	[sampo]
scissors	**gunting**	[guntiŋ]
nail file	**kikir kuku**	[kikir kuku]
nail clippers	**pemotong kuku**	[pemotoŋ kuku]
tweezers	**pinset**	[pinset]
cosmetics	**kosmetik**	[kosmetiʔ]
face mask	**masker**	[masker]
manicure	**manikur**	[manikur]
to have a manicure	**melakukan manikur**	[melakukan manikur]
pedicure	**pedi**	[pedi]
make-up bag	**tas kosmetik**	[tas kosmetiʔ]
face powder	**bedak**	[bedaʔ]
powder compact	**kotak bedak**	[kotaʔ bedaʔ]
blusher	**perona pipi**	[pərona pipi]
perfume (bottled)	**parfum**	[parfum]
toilet water (lotion)	**minyak wangi**	[minjaʔ waɲi]
lotion	**losion**	[losjon]
cologne	**kolonye**	[kolone]
eyeshadow	**pewarna mata**	[pewarna mata]
eyeliner	**pensil alis**	[pensil alis]
mascara	**celak**	[tʃelaʔ]
lipstick	**lipstik**	[lipstiʔ]
nail polish, enamel	**kuteks, cat kuku**	[kuteks], [tʃat kuku]
hair spray	**semprotan rambut**	[semprotan rambut]
deodorant	**deodoran**	[deodoran]
cream	**krim**	[krim]
face cream	**krim wajah**	[krim wadʒʲah]

hand cream	krim tangan	[krim taŋan]
anti-wrinkle cream	krim antikerut	[krim antikerut]
day cream	krim siang	[krim siaŋ]
night cream	krim malam	[krim malam]
day (as adj)	siang	[siaŋ]
night (as adj)	malam	[malam]

tampon	tampon	[tampon]
toilet paper (toilet roll)	kertas toilet	[kertas toylet]
hair dryer	pengering rambut	[peŋeriŋ rambut]

42. Jewelry

jewelry	perhiasan	[pərhiasan]
precious (e.g., ~ stone)	mulia, berharga	[mulia], [berharga]
hallmark stamp	tanda kadar	[tanda kadar]

ring	cincin	[tʃintʃin]
wedding ring	cincin kawin	[tʃintʃin kawin]
bracelet	gelang	[gelaŋ]

earrings	anting-anting	[antiŋ-antiŋ]
necklace (~ of pearls)	kalung	[kaluŋ]
crown	mahkota	[mahkota]
bead necklace	kalung manik-manik	[kaluŋ maniʔ-maniʔ]

diamond	berlian	[berlian]
emerald	zamrud	[zamrud]
ruby	batu mirah delima	[batu mirah delima]
sapphire	nilakandi	[nilakandi]
pearl	mutiara	[mutiara]
amber	batu amber	[batu amber]

43. Watches. Clocks

watch (wristwatch)	arloji	[arlodʒi]
dial	piringan jam	[piriŋan dʒʲam]
hand (of clock, watch)	jarum	[dʒʲarum]
metal watch band	rantai arloji	[rantaj arlodʒi]
watch strap	tali arloji	[tali arlodʒi]

battery	baterai	[bateraj]
to be dead (battery)	mati	[mati]
to change a battery	mengganti baterai	[məŋganti bateraj]
to run fast	cepat	[tʃepat]
to run slow	terlambat	[terlambat]
wall clock	jam dinding	[dʒʲam dindiŋ]
hourglass	jam pasir	[dʒʲam pasir]

sundial	**jam matahari**	[dʒʲam matahari]
alarm clock	**weker**	[weker]
watchmaker	**tukang jam**	[tukaŋ dʒʲam]
to repair (vt)	**mereparasi, memperbaiki**	[mereparasi], [memperbajki]

Food. Nutricion

44. Food

meat	daging	[dagiŋ]
chicken	ayam	[ajam]
Rock Cornish hen (poussin)	anak ayam	[anaʔ ajam]
duck	bebek	[bebeʔ]
goose	angsa	[aŋsa]
game	binatang buruan	[binataŋ buruan]
turkey	kalkun	[kalkun]
pork	daging babi	[dagiŋ babi]
veal	daging anak sapi	[dagiŋ anaʔ sapi]
lamb	daging domba	[dagiŋ domba]
beef	daging sapi	[dagiŋ sapi]
rabbit	kelinci	[kelintʃi]
sausage (bologna, pepperoni, etc.)	sosis	[sosis]
vienna sausage (frankfurter)	sosis	[sosis]
bacon	bakon	[beykon]
ham	ham, daging kornet	[ham], [dagiŋ kornet]
gammon	ham	[ham]
pâté	pasta	[pasta]
liver	hati	[hati]
hamburger (ground beef)	daging giling	[dagiŋ giliŋ]
tongue	lidah	[lidah]
egg	telur	[telur]
eggs	telur	[telur]
egg white	putih telur	[putih telur]
egg yolk	kuning telur	[kuniŋ telur]
fish	ikan	[ikan]
seafood	makanan laut	[makanan laut]
crustaceans	krustasea	[krustasea]
caviar	caviar	[kaviar]
crab	kepiting	[kepitiŋ]
shrimp	udang	[udaŋ]
oyster	tiram	[tiram]
spiny lobster	lobster berduri	[lobster berduri]

octopus	gurita	[gurita]
squid	cumi-cumi	[ʧumi-ʧumi]
sturgeon	ikan sturgeon	[ikan sturdʒʲen]
salmon	salmon	[salmon]
halibut	ikan turbot	[ikan turbot]
cod	ikan kod	[ikan kod]
mackerel	ikan kembung	[ikan kembuŋ]
tuna	tuna	[tuna]
eel	belut	[belut]
trout	ikan forel	[ikan forel]
sardine	sarden	[sarden]
pike	ikan pike	[ikan paik]
herring	ikan haring	[ikan hariŋ]
bread	roti	[roti]
cheese	keju	[kedʒʲu]
sugar	gula	[gula]
salt	garam	[garam]
rice	beras, nasi	[beras], [nasi]
pasta (macaroni)	makaroni	[makaroni]
noodles	mi	[mi]
butter	mentega	[mentega]
vegetable oil	minyak nabati	[minjaʔ nabati]
sunflower oil	minyak bunga matahari	[minjaʔ buŋa matahari]
margarine	margarin	[margarin]
olives	buah zaitun	[buah zajtun]
olive oil	minyak zaitun	[minjaʔ zajtun]
milk	susu	[susu]
condensed milk	susu kental	[susu kental]
yogurt	yogurt	[yogurt]
sour cream	krim asam	[krim asam]
cream (of milk)	krim, kepala susu	[krim], [kepala susu]
mayonnaise	mayones	[majones]
buttercream	krim	[krim]
cereal grains (wheat, etc.)	menir	[menir]
flour	tepung	[tepuŋ]
canned food	makanan kalengan	[makanan kaleŋan]
cornflakes	emping jagung	[empiŋ dʒʲaguŋ]
honey	madu	[madu]
jam	selai	[selaj]
chewing gum	permen karet	[permen karet]

45. Drinks

water	air	[air]
drinking water	air minum	[air minum]
mineral water	air mineral	[air mineral]
still (adj)	tanpa gas	[tanpa gas]
carbonated (adj)	berkarbonasi	[bərkarbonasi]
sparkling (adj)	bergas	[bərgas]
ice	es	[es]
with ice	dengan es	[deŋan es]
non-alcoholic (adj)	tanpa alkohol	[tanpa alkohol]
soft drink	minuman ringan	[minuman riŋan]
refreshing drink	minuman penygar	[minuman penigar]
lemonade	limun	[limun]
liquors	minoman beralkohol	[minoman bəralkohol]
wine	anggur	[aŋgur]
white wine	anggur putih	[aŋgur putih]
red wine	anggur merah	[aŋgur merah]
liqueur	likeur	[likeur]
champagne	sampanye	[sampanje]
vermouth	vermouth	[vermut]
whiskey	wiski	[wiski]
vodka	vodka	[vodka]
gin	jin, jenewer	[dʒin], [dʒʲenewer]
cognac	konyak	[konjaʔ]
rum	rum	[rum]
coffee	kopi	[kopi]
black coffee	kopi pahit	[kopi pahit]
coffee with milk	kopi susu	[kopi susu]
cappuccino	cappuccino	[kaputʃino]
instant coffee	kopi instan	[kopi instan]
milk	susu	[susu]
cocktail	koktail	[koktajl]
milkshake	susu kocok	[susu kotʃoʔ]
juice	jus	[dʒʲus]
tomato juice	jus tomat	[dʒʲus tomat]
orange juice	jus jeruk	[dʒʲus dʒʲeruʔ]
freshly squeezed juice	jus peras	[dʒʲus peras]
beer	bir	[bir]
light beer	bir putih	[bir putih]
dark beer	bir hitam	[bir hitam]
tea	teh	[teh]

| black tea | teh hitam | [teh hitam] |
| green tea | teh hijau | [teh hidʒʲau] |

46. Vegetables

| vegetables | sayuran | [sajuran] |
| greens | sayuran hijau | [sajuran hidʒʲau] |

tomato	tomat	[tomat]
cucumber	mentimun, ketimun	[məntimun], [ketimun]
carrot	wortel	[wortel]
potato	kentang	[kentaŋ]
onion	bawang	[bawaŋ]
garlic	bawang putih	[bawaŋ putih]

cabbage	kol	[kol]
cauliflower	kembang kol	[kembaŋ kol]
Brussels sprouts	kol Brussels	[kol brusels]
broccoli	brokoli	[brokoli]

beetroot	ubi bit merah	[ubi bit merah]
eggplant	terung, terong	[teruŋ], [teroŋ]
zucchini	labu siam	[labu siam]
pumpkin	labu	[labu]
turnip	turnip	[turnip]

parsley	peterseli	[peterseli]
dill	adas sowa	[adas sowa]
lettuce	selada	[selada]
celery	seledri	[seledri]
asparagus	asparagus	[asparagus]
spinach	bayam	[bajam]

pea	kacang polong	[katʃaŋ poloŋ]
beans	kacang-kacangan	[katʃaŋ-katʃaŋan]
corn (maize)	jagung	[dʒʲaguŋ]
kidney bean	kacang buncis	[katʃaŋ buntʃis]

bell pepper	cabai	[tʃabaj]
radish	radis	[radis]
artichoke	artisyok	[artiʃoʔ]

47. Fruits. Nuts

fruit	buah	[buah]
apple	apel	[apel]
pear	pir	[pir]
lemon	jeruk sitrun	[dʒʲeruʔ sitrun]

| orange | jeruk manis | [dʒʲeruʔ manis] |
| strawberry (garden ~) | stroberi | [stroberi] |

mandarin	jeruk mandarin	[dʒʲeruʔ mandarin]
plum	plum	[plum]
peach	persik	[persiʔ]
apricot	aprikot	[aprikot]
raspberry	buah frambus	[buah frambus]
pineapple	nanas	[nanas]

banana	pisang	[pisaŋ]
watermelon	semangka	[semaŋka]
grape	buah anggur	[buah aŋgur]
sour cherry	buah ceri asam	[buah tʃeri asam]
sweet cherry	buah ceri manis	[buah tʃeri manis]
melon	melon	[melon]

grapefruit	jeruk Bali	[dʒʲeruʔ bali]
avocado	avokad	[avokad]
papaya	pepaya	[pepaja]
mango	mangga	[maŋga]
pomegranate	buah delima	[buah delima]

redcurrant	redcurrant	[redkaren]
blackcurrant	blackcurrant	[bleʔkaren]
gooseberry	buah arbei hijau	[buah arbei hidʒʲau]
bilberry	buah bilberi	[buah bilberi]
blackberry	beri hitam	[beri hitam]

raisin	kismis	[kismis]
fig	buah ara	[buah ara]
date	buah kurma	[buah kurma]

peanut	kacang tanah	[katʃaŋ tanah]
almond	badam	[badam]
walnut	buah walnut	[buah walnut]
hazelnut	kacang hazel	[katʃaŋ hazel]
coconut	buah kelapa	[buah kelapa]
pistachios	badam hijau	[badam hidʒʲau]

48. Bread. Candy

bakers' confectionery (pastry)	kue-mue	[kue-mue]
bread	roti	[roti]
cookies	biskuit	[biskuit]

chocolate (n)	cokelat	[tʃokelat]
chocolate (as adj)	cokelat	[tʃokelat]
candy (wrapped)	permen	[permen]

cake (e.g., cupcake)	kue	[kue]
cake (e.g., birthday ~)	kue tar	[kue tar]
pie (e.g., apple ~)	pai	[pai]
filling (for cake, pie)	inti	[inti]
jam (whole fruit jam)	selai buah utuh	[selaj buah utuh]
marmalade	marmelade	[marmelade]
waffles	wafel	[wafel]
ice-cream	es krim	[es krim]
pudding	puding	[pudiŋ]

49. Cooked dishes

course, dish	masakan, hidangan	[masakan], [hidaŋan]
cuisine	masakan	[masakan]
recipe	resep	[resep]
portion	porsi	[porsi]
salad	salada	[salada]
soup	sup	[sup]
clear soup (broth)	kaldu	[kaldu]
sandwich (bread)	roti lapis	[roti lapis]
fried eggs	telur mata sapi	[telur mata sapi]
hamburger (beefburger)	hamburger	[hamburger]
beefsteak	bistik	[bistiʔ]
side dish	lauk	[lauʔ]
spaghetti	spageti	[spageti]
mashed potatoes	kentang tumbuk	[kentaŋ tumbuʔ]
pizza	piza	[piza]
porridge (oatmeal, etc.)	bubur	[bubur]
omelet	telur dadar	[telur dadar]
boiled (e.g., ~ beef)	rebus	[rebus]
smoked (adj)	asap	[asap]
fried (adj)	goreng	[goreŋ]
dried (adj)	kering	[keriŋ]
frozen (adj)	beku	[beku]
pickled (adj)	marinade	[marinade]
sweet (sugary)	manis	[manis]
salty (adj)	asin	[asin]
cold (adj)	dingin	[diŋin]
hot (adj)	panas	[panas]
bitter (adj)	pahit	[pahit]
tasty (adj)	enak	[enaʔ]
to cook in boiling water	merebus	[merebus]

to cook (dinner)	memasak	[memasaʔ]
to fry (vt)	menggoreng	[məŋgoreŋ]
to heat up (food)	memanaskan	[memanaskan]
to salt (vt)	menggarami	[məŋgarami]
to pepper (vt)	membubuh merica	[membubuh meritʃa]
to grate (vt)	memarut	[memarut]
peel (n)	kulit	[kulit]
to peel (vt)	mengupas	[məŋupas]

50. Spices

salt	garam	[garam]
salty (adj)	asin	[asin]
to salt (vt)	menggarami	[məŋgarami]
black pepper	merica	[meritʃa]
red pepper (milled ~)	cabai merah	[tʃabaj merah]
mustard	mustar	[mustar]
horseradish	lobak pedas	[lobaʔ pedas]
condiment	bumbu	[bumbu]
spice	rempah-rempah	[rempah-rempah]
sauce	saus	[saus]
vinegar	cuka	[tʃuka]
anise	adas manis	[adas manis]
basil	selasih	[selasih]
cloves	cengkih	[tʃeŋkih]
ginger	jahe	[dʒʲahe]
coriander	ketumbar	[ketumbar]
cinnamon	kayu manis	[kaju manis]
sesame	wijen	[widʒʲen]
bay leaf	daun salam	[daun salam]
paprika	cabai	[tʃabaj]
caraway	jintan	[dʒintan]
saffron	kuma-kuma	[kuma-kuma]

51. Meals

food	makanan	[makanan]
to eat (vi, vt)	makan	[makan]
breakfast	makan pagi, sarapan	[makan pagi], [sarapan]
to have breakfast	sarapan	[sarapan]
lunch	makan siang	[makan siaŋ]
to have lunch	makan siang	[makan siaŋ]

dinner	**makan malam**	[makan malam]
to have dinner	**makan malam**	[makan malam]
appetite	**nafsu makan**	[nafsu makan]
Enjoy your meal!	**Selamat makan!**	[selamat makan!]
to open (~ a bottle)	**membuka**	[membuka]
to spill (liquid)	**menumpahkan**	[mənumpahkan]
to boil (vi)	**mendidih**	[məndidih]
to boil (vt)	**mendidihkan**	[məndidihkan]
boiled (~ water)	**masak**	[masaʔ]
to chill, cool down (vt)	**mendinginkan**	[məndiŋinkan]
to chill (vi)	**mendingin**	[məndiŋin]
taste, flavor	**rasa**	[rasa]
aftertaste	**nuansa rasa**	[nuansa rasa]
to slim down (lose weight)	**berdiet**	[berdiet]
diet	**diet, pola makan**	[diet], [pola makan]
vitamin	**vitamin**	[vitamin]
calorie	**kalori**	[kalori]
vegetarian (n)	**vegetarian**	[vegetarian]
vegetarian (adj)	**vegetarian**	[vegetarian]
fats (nutrient)	**lemak**	[lemaʔ]
proteins	**protein**	[protein]
carbohydrates	**karbohidrat**	[karbohidrat]
slice (of lemon, ham)	**irisan**	[irisan]
piece (of cake, pie)	**potongan**	[potoŋan]
crumb (of bread, cake, etc.)	**remah**	[remah]

52. Table setting

spoon	**sendok**	[sendoʔ]
knife	**pisau**	[pisau]
fork	**garpu**	[garpu]
cup (e.g., coffee ~)	**cangkir**	[ʧaŋkir]
plate (dinner ~)	**piring**	[piriŋ]
saucer	**alas cangkir**	[alas ʧaŋkir]
napkin (on table)	**serbet**	[serbet]
toothpick	**tusuk gigi**	[tusuʔ gigi]

53. Restaurant

restaurant	**restoran**	[restoran]
coffee house	**warung kopi**	[waruŋ kopi]

pub, bar	bar	[bar]
tearoom	warung teh	[waruŋ teh]
waiter	pelayan lelaki	[pelajan lelaki]
waitress	pelayan perempuan	[pelajan pərempuan]
bartender	pelayan bar	[pelajan bar]
menu	menu	[menu]
wine list	daftar anggur	[daftar aŋgur]
to book a table	memesan meja	[memesan medʒ'a]
course, dish	masakan, hidangan	[masakan], [hidaŋan]
to order (meal)	memesan	[memesan]
to make an order	memesan	[memesan]
aperitif	aperitif	[aperitif]
appetizer	makanan ringan	[makanan riŋan]
dessert	hidangan penutup	[hidaŋan penutup]
check	bon	[bon]
to pay the check	membayar bon	[membajar bon]
to give change	memberikan uang kembalian	[memberikan uaŋ kembalian]
tip	tip	[tip]

Family, relatives and friends

54. Personal information. Forms

name (first name)	nama, nama depan	[nama], [nama depan]
surname (last name)	nama keluarga	[nama keluarga]
date of birth	tanggal lahir	[taŋgal lahir]
place of birth	tempat lahir	[tempat lahir]
nationality	kebangsaan	[kebaŋsa'an]
place of residence	tempat tinggal	[tempat tiŋgal]
country	negara, negeri	[negara], [negeri]
profession (occupation)	profesi	[profesi]
gender, sex	jenis kelamin	[dʒienis kelamin]
height	tinggi badan	[tiŋgi badan]
weight	berat	[berat]

55. Family members. Relatives

mother	ibu	[ibu]
father	ayah	[ajah]
son	anak lelaki	[ana' lelaki]
daughter	anak perempuan	[ana' pərempuan]
younger daughter	anak perempuan bungsu	[ana' pərempuan buŋsu]
younger son	anak lelaki bungsu	[ana' lelaki buŋsu]
eldest daughter	anak perempuan sulung	[ana' pərempuan suluŋ]
eldest son	anak lelaki sulung	[ana' lelaki suluŋ]
brother	saudara lelaki	[saudara lelaki]
elder brother	kakak lelaki	[kaka' lelaki]
younger brother	adik lelaki	[adi' lelaki]
sister	saudara perempuan	[saudara pərempuan]
elder sister	kakak perempuan	[kaka' pərempuan]
younger sister	adik perempuan	[adi' pərempuan]
cousin (masc.)	sepupu lelaki	[sepupu lelaki]
cousin (fem.)	sepupu perempuan	[sepupu pərempuan]
mom, mommy	mama, ibu	[mama], [ibu]
dad, daddy	papa, ayah	[papa], [ajah]
parents	orang tua	[oraŋ tua]
child	anak	[ana']
children	anak-anak	[ana'-ana']

grandmother	nenek	[neneʔ]
grandfather	kakek	[kakeʔ]
grandson	cucu laki-laki	[ʧuʧu laki-laki]
granddaughter	cucu perempuan	[ʧuʧu pərempuan]
grandchildren	cucu	[ʧuʧu]
uncle	paman	[paman]
aunt	bibi	[bibi]
nephew	keponakan laki-laki	[keponakan laki-laki]
niece	keponakan perempuan	[keponakan pərempuan]
mother-in-law (wife's mother)	ibu mertua	[ibu mertua]
father-in-law (husband's father)	ayah mertua	[ajah mertua]
son-in-law (daughter's husband)	menantu laki-laki	[mənantu laki-laki]
stepmother	ibu tiri	[ibu tiri]
stepfather	ayah tiri	[ajah tiri]
infant	bayi	[baji]
baby (infant)	bayi	[baji]
little boy, kid	bocah cilik	[boʧah ʧiliʔ]
wife	istri	[istri]
husband	suami	[suami]
spouse (husband)	suami	[suami]
spouse (wife)	istri	[istri]
married (masc.)	menikah, beristri	[mənikah], [bəristri]
married (fem.)	menikah, bersuami	[mənikah], [bərsuami]
single (unmarried)	bujang	[buʤʲaŋ]
bachelor	bujang	[buʤʲaŋ]
divorced (masc.)	bercerai	[bərʧeraj]
widow	janda	[ʤʲanda]
widower	duda	[duda]
relative	kerabat	[kerabat]
close relative	kerabat dekat	[kerabat dekat]
distant relative	kerabat jauh	[kerabat ʤʲauh]
relatives	kerabat, sanak saudara	[kerabat], [sana' saudara]
orphan (boy or girl)	yatim piatu	[yatim piatu]
guardian (of a minor)	wali	[wali]
to adopt (a boy)	mengadopsi	[məŋadopsi]
to adopt (a girl)	mengadopsi	[məŋadopsi]

56. Friends. Coworkers

friend (masc.)	sahabat	[sahabat]
friend (fem.)	sahabat	[sahabat]

| friendship | persahabatan | [persahabatan] |
| to be friends | bersahabat | [bersahabat] |

buddy (masc.)	teman	[teman]
buddy (fem.)	teman	[teman]
partner	mitra	[mitra]

chief (boss)	atasan	[atasan]
superior (n)	atasan	[atasan]
owner, proprietor	pemilik	[pemiliʔ]
subordinate (n)	bawahan	[bawahan]
colleague	kolega	[kolega]

acquaintance (person)	kenalan	[kenalan]
fellow traveler	rekan seperjalanan	[rekan seperdʒialanan]
classmate	teman sekelas	[teman sekelas]

neighbor (masc.)	tetangga	[tetaŋga]
neighbor (fem.)	tetangga	[tetaŋga]
neighbors	para tetangga	[para tetaŋga]

57. Man. Woman

woman	perempuan, wanita	[perempuan], [wanita]
girl (young woman)	gadis	[gadis]
bride	mempelai perempuan	[mempelaj perempuan]

beautiful (adj)	cantik	[tʃantiʔ]
tall (adj)	tinggi	[tiŋgi]
slender (adj)	ramping	[rampiŋ]
short (adj)	pendek	[pendeʔ]

| blonde (n) | orang berambut pirang | [oraŋ berambut piraŋ] |
| brunette (n) | orang berambut cokelat | [oraŋ berambut tʃokelat] |

ladies' (adj)	wanita	[wanita]
virgin (girl)	perawan	[perawan]
pregnant (adj)	hamil	[hamil]

man (adult male)	laki-laki, pria	[laki-laki], [pria]
blond (n)	orang berambut pirang	[oraŋ berambut piraŋ]
brunet (n)	orang berambut cokelat	[oraŋ berambut tʃokelat]
tall (adj)	tinggi	[tiŋgi]
short (adj)	pendek	[pendeʔ]

rude (rough)	kasar	[kasar]
stocky (adj)	kekar	[kekar]
robust (adj)	tegap	[tegap]
strong (adj)	kuat	[kuat]
strength	kekuatan	[kekuatan]

stout, fat (adj)	gemuk	[gemuʔ]
swarthy (adj)	berkulit hitam	[bərkulit hitam]
slender (well-built)	ramping	[rampiŋ]
elegant (adj)	anggun	[aŋgun]

58. Age

age	umur	[umur]
youth (young age)	usia muda	[usia muda]
young (adj)	muda	[muda]

younger (adj)	lebih muda	[lebih muda]
older (adj)	lebih tua	[lebih tua]

young man	pemuda	[pemuda]
teenager	remaja	[remadʒʲa]
guy, fellow	cowok	[tʃowoʔ]

old man	lelaki tua	[lelaki tua]
old woman	perempuan tua	[pərempuan tua]

adult (adj)	dewasa	[dewasa]
middle-aged (adj)	paruh baya	[paruh baja]
elderly (adj)	lansia	[lansia]
old (adj)	tua	[tua]

retirement	pensiun	[pensiun]
to retire (from job)	pensiun	[pensiun]
retiree	pensiunan	[pensiunan]

59. Children

child	anak	[anaʔ]
children	anak-anak	[anaʔ-anaʔ]
twins	kembar	[kembar]

cradle	buaian	[buajan]
rattle	ocehan	[otʃehan]
diaper	popok	[popoʔ]

pacifier	dot	[dot]
baby carriage	kereta bayi	[kereta baji]
kindergarten	taman kanak-kanak	[taman kanaʔ-kanaʔ]
babysitter	pengasuh anak	[peŋasuh anaʔ]

childhood	masa kanak-kanak	[masa kanaʔ-kanaʔ]
doll	boneka	[boneka]
toy	mainan	[majnan]

construction set (toy)	alat permainan bongkah	[alat pərmajnan boŋkah]
well-bred (adj)	beradab	[bəradab]
ill-bred (adj)	biadab	[biadab]
spoiled (adj)	manja	[mandʒʲa]

to be naughty	nakal	[nakal]
mischievous (adj)	nakal	[nakal]
mischievousness	kenakalan	[kenakalan]
mischievous child	anak nakal	[ana' nakal]

| obedient (adj) | patuh | [patuh] |
| disobedient (adj) | tidak patuh | [tida' patuh] |

docile (adj)	penurut	[penurut]
clever (smart)	pandai, pintar	[pandaj], [pintar]
child prodigy	anak ajaib	[ana' adʒʲajb]

60. Married couples. Family life

to kiss (vt)	mencium	[mənt͡ʃium]
to kiss (vi)	berciuman	[bərt͡ʃiuman]
family (n)	keluarga	[keluarga]
family (as adj)	keluarga	[keluarga]
couple	pasangan	[pasaŋan]
marriage (state)	pernikahan	[pərnikahan]
hearth (home)	rumah tangga	[rumah taŋga]
dynasty	dinasti	[dinasti]

| date | kencan | [kent͡ʃan] |
| kiss | ciuman | [t͡ʃiuman] |

love (for sb)	cinta	[t͡ʃinta]
to love (sb)	mencintai	[mənt͡ʃintaj]
beloved	kekasih	[kekasih]

tenderness	kelembutan	[kelembutan]
tender (affectionate)	lembut	[lembut]
faithfulness	kesetiaan	[kesetia'an]
faithful (adj)	setia	[setia]
care (attention)	perhatian	[pərhatian]
caring (~ father)	penuh perhatian	[penuh pərhatian]

newlyweds	pengantin baru	[peŋantin baru]
honeymoon	bulan madu	[bulan madu]
to get married (ab. woman)	menikah, bersuami	[mənikah], [bərsuami]
to get married (ab. man)	menikah, beristri	[mənikah], [bəristri]

| wedding | pernikahan | [pərnikahan] |
| golden wedding | pernikahan emas | [pərnikahan emas] |

anniversary	hari jadi, HUT	[hari dʒ¹adi], [ha-u-te]
lover (masc.)	pria idaman lain	[pria idaman lajn]
mistress (lover)	wanita idaman lain	[wanita idaman lajn]
adultery	perselingkuhan	[pərseliŋkuhan]
to cheat on ... (commit adultery)	berselingkuh dari ...	[bərseliŋkuh dari ...]
jealous (adj)	cemburu	[tʃemburu]
to be jealous	cemburu	[tʃemburu]
divorce	perceraian	[pərtʃerajan]
to divorce (vi)	bercerai	[bərtʃeraj]
to quarrel (vi)	bertengkar	[bərteŋkar]
to be reconciled (after an argument)	berdamai	[bərdamaj]
together (adv)	bersama	[bərsama]
sex	seks	[seks]
happiness	kebahagiaan	[kebahagia'an]
happy (adj)	berbahagia	[bərbahagia]
misfortune (accident)	kemalangan	[kemalaŋan]
unhappy (adj)	malang	[malaŋ]

Character. Feelings. Emotions

61. Feelings. Emotions

feeling (emotion)	**perasaan**	[pərasa'an]
feelings	**perasaan**	[pərasa'an]
to feel (vt)	**merasa**	[merasa]
hunger	**kelaparan**	[kelaparan]
to be hungry	**lapar**	[lapar]
thirst	**kehausan**	[kehausan]
to be thirsty	**haus**	[haus]
sleepiness	**kantuk**	[kantu']
to feel sleepy	**mengantuk**	[məŋantu']
tiredness	**rasa lelah**	[rasa lelah]
tired (adj)	**lelah**	[lelah]
to get tired	**lelah**	[lelah]
mood (humor)	**suasana hati**	[suasana hati]
boredom	**kebosanan**	[kebosanan]
to be bored	**bosan**	[bosan]
seclusion	**kesendirian**	[kesendirian]
to seclude oneself	**menyendiri**	[mənjendiri]
to worry (make anxious)	**membuat khawatir**	[membuat hawatir]
to be worried	**khawatir**	[hawatir]
worrying (n)	**kekhawatiran**	[kehawatiran]
anxiety	**kegelisahan**	[kegelisahan]
preoccupied (adj)	**prihatin**	[prihatin]
to be nervous	**gugup, gelisah**	[gugup], [gelisah]
to panic (vi)	**panik**	[pani']
hope	**harapan**	[harapan]
to hope (vi, vt)	**berharap**	[bərharap]
certainty	**kepastian**	[kepastian]
certain, sure (adj)	**pasti**	[pasti]
uncertainty	**ketidakpastian**	[ketidakpastian]
uncertain (adj)	**tidak pasti**	[tida' pasti]
drunk (adj)	**mabuk**	[mabu']
sober (adj)	**sadar, tidak mabuk**	[sadar], [tida' mabu']
weak (adj)	**lemah**	[lemah]
happy (adj)	**berbahagia**	[bərbahagia]
to scare (vt)	**menakuti**	[mənakuti]

| fury (madness) | kemarahan | [kemarahan] |
| rage (fury) | kemarahan | [kemarahan] |

depression	depresi	[depresi]
discomfort (unease)	ketidaknyamanan	[ketidaknjamanan]
comfort	kenyamanan	[kenjamanan]
to regret (be sorry)	menyesal	[mənjesal]
regret	penyesalan	[penjesalan]
bad luck	kesialan	[kesialan]
sadness	kekesalan	[kekesalan]

shame (remorse)	rasa malu	[rasa malu]
gladness	kegirangan	[kegiraŋan]
enthusiasm, zeal	antusiasme	[antusiasme]
enthusiast	antusias	[antusias]
to show enthusiasm	memperlihatkan antusiasme	[memperlihatkan antusiasme]

62. Character. Personality

character	watak	[wataʔ]
character flaw	kepincangan	[kepintʃaŋan]
mind	otak	[otaʔ]
reason	akal	[akal]

conscience	nurani	[nurani]
habit (custom)	kebiasaan	[kebiasa'an]
ability (talent)	kemampuan, bakat	[kemampuan], [bakat]
can (e.g., ~ swim)	dapat	[dapat]

patient (adj)	sabar	[sabar]
impatient (adj)	tidak sabar	[tida' sabar]
curious (inquisitive)	ingin tahu	[iŋin tahu]
curiosity	rasa ingin tahu	[rasa iŋin tahu]

modesty	kerendahan hati	[kerendahan hati]
modest (adj)	rendah hati	[rendah hati]
immodest (adj)	tidak tahu malu	[tida' tahu malu]

laziness	kemalasan	[kemalasan]
lazy (adj)	malas	[malas]
lazy person (masc.)	pemalas	[pemalas]

cunning (n)	kelicikan	[kelitʃikan]
cunning (as adj)	licik	[litʃiʔ]
distrust	ketidakpercayaan	[ketidakpertʃaja'an]
distrustful (adj)	tidak percaya	[tida' pertʃaja]

| generosity | kemurahan hati | [kemurahan hati] |
| generous (adj) | murah hati | [murah hati] |

talented (adj)	berbakat	[bərbakat]
talent	bakat	[bakat]
courageous (adj)	berani	[bərani]
courage	keberanian	[keberanian]
honest (adj)	jujur	[dʒʲudʒʲur]
honesty	kejujuran	[kedʒʲudʒʲuran]
careful (cautious)	berhati-hati	[bərhati-hati]
brave (courageous)	berani	[bərani]
serious (adj)	serius	[serius]
strict (severe, stern)	keras	[keras]
decisive (adj)	tegas	[tegas]
indecisive (adj)	ragu-ragu	[ragu-ragu]
shy, timid (adj)	malu	[malu]
shyness, timidity	sifat pemalu	[sifat pemalu]
confidence (trust)	kepercayaan	[kepertʃajaʔan]
to believe (trust)	percaya	[pertʃaja]
trusting (credulous)	mudah percaya	[mudah pertʃaja]
sincerely (adv)	ikhlas	[ihlas]
sincere (adj)	ikhlas	[ihlas]
sincerity	keikhlasan	[keihlasan]
open (person)	terbuka	[tərbuka]
calm (adj)	tenang	[tenaŋ]
frank (sincere)	terus terang	[terus teraŋ]
naïve (adj)	naif	[naif]
absent-minded (adj)	lalai	[lalaj]
funny (odd)	lucu	[lutʃu]
greed	kerakusan	[kerakusan]
greedy (adj)	rakus	[rakus]
stingy (adj)	pelit, kikir	[pelit], [kikir]
evil (adj)	jahat	[dʒʲahat]
stubborn (adj)	keras kepala, degil	[keras kepala], [degil]
unpleasant (adj)	tidak menyenangkan	[tidaʔ menjenaŋkan]
selfish person (masc.)	egois	[egois]
selfish (adj)	egoistis	[egoistis]
coward	penakut	[penakut]
cowardly (adj)	penakut	[penakut]

63. Sleep. Dreams

to sleep (vi)	tidur	[tidur]
sleep, sleeping	tidur	[tidur]
dream	mimpi	[mimpi]

| to dream (in sleep) | bermimpi | [bərmimpi] |
| sleepy (adj) | mengantuk | [məŋantuʔ] |

bed	ranjang	[randʒʲaŋ]
mattress	kasur	[kasur]
blanket (comforter)	selimut	[selimut]
pillow	bantal	[bantal]
sheet	seprai	[sepraj]

insomnia	insomnia	[insomnia]
sleepless (adj)	tanpa tidur	[tanpa tidur]
sleeping pill	obat tidur	[obat tidur]
to take a sleeping pill	meminum obat tidur	[meminum obat tidur]

to feel sleepy	mengantuk	[məŋantuʔ]
to yawn (vi)	menguap	[məŋuap]
to go to bed	tidur	[tidur]
to make up the bed	menyiapkan ranjang	[mənjiapkan randʒʲaŋ]
to fall asleep	tertidur	[tərtidur]

nightmare	mimpi buruk	[mimpi buruʔ]
snore, snoring	dengkuran	[deŋkuran]
to snore (vi)	berdengkur	[bərdeŋkur]

alarm clock	weker	[weker]
to wake (vt)	membangunkan	[membaŋunkan]
to wake up	bangun	[baŋun]
to get up (vi)	bangun	[baŋun]
to wash up (wash face)	mencuci muka	[mənt͡ʃut͡ʃi muka]

64. Humour. Laughter. Gladness

humor (wit, fun)	humor	[humor]
sense of humor	rasa humor	[rasa humor]
to enjoy oneself	bersukaria	[bərsukaria]
cheerful (merry)	riang, gembira	[riaŋ], [gembira]
merriment (gaiety)	keriangan, kegembiraan	[keriaŋan], [kegembiraʔan]

smile	senyuman	[senyuman]
to smile (vi)	tersenyum	[tərsenyum]
to start laughing	tertawa	[tərtawa]
to laugh (vi)	tertawa	[tərtawa]
laugh, laughter	gelak tawa	[gelaʔ tawa]

anecdote	anekdot, lelucon	[anekdot], [lelut͡ʃon]
funny (anecdote, etc.)	lucu	[lut͡ʃu]
funny (odd)	lucu	[lut͡ʃu]

| to joke (vi) | bergurau | [bərgurau] |
| joke (verbal) | lelucon | [lelut͡ʃon] |

joy (emotion)	kegembiraan	[kegembira'an]
to rejoice (vi)	bergembira	[bərgembira]
joyful (adj)	gembira	[gembira]

65. Discussion, conversation. Part 1

| communication | komunikasi | [komunikasi] |
| to communicate | berkomunikasi | [bərkomunikasi] |

conversation	pembicaraan	[pembitʃara'an]
dialog	dialog	[dialog]
discussion (discourse)	diskusi	[diskusi]
dispute (debate)	perdebatan	[pərdebatan]
to dispute	berdebat	[bərdebat]

interlocutor	lawan bicara	[lawan bitʃara]
topic (theme)	topik, tema	[topik], [tema]
point of view	sudut pandang	[sudut pandaŋ]
opinion (point of view)	opini, pendapat	[opini], [pendapat]
speech (talk)	pidato, tuturan	[pidato], [tuturan]

discussion (of report, etc.)	pembicaraan	[pembitʃara'an]
to discuss (vt)	membicarakan	[membitʃarakan]
talk (conversation)	pembicaraan	[pembitʃara'an]
to talk (to chat)	berbicara	[bərbitʃara]
meeting	pertemuan	[pertemuan]
to meet (vi, vt)	bertemu	[bertemu]

proverb	peribahasa	[pəribahasa]
saying	peribahasa	[pəribahasa]
riddle (poser)	teka-teki	[teka-teki]
to pose a riddle	memberi teka-teki	[memberi teka-teki]
password	kata sandi	[kata sandi]
secret	rahasia	[rahasia]

oath (vow)	sumpah	[sumpah]
to swear (an oath)	bersumpah	[bersumpah]
promise	janji	[dʒʲandʒi]
to promise (vt)	berjanji	[berdʒʲandʒi]

advice (counsel)	nasihat	[nasihat]
to advise (vt)	menasihati	[mənasihati]
to follow one's advice	mengikuti nasihat	[məŋikuti nasihat]
to listen to ... (obey)	mendengar ...	[məndeŋar ...]

news	berita	[berita]
sensation (news)	sensasi	[sensasi]
information (data)	data, informasi	[data], [informasi]
conclusion (decision)	kesimpulan	[kesimpulan]
voice	suara	[suara]

| compliment | pujian | [pudʒian] |
| kind (nice) | ramah | [ramah] |

word	kata	[kata]
phrase	frasa	[frasa]
answer	jawaban	[dʒʲawaban]

| truth | kebenaran | [kebenaran] |
| lie | kebohongan | [kebohoŋan] |

thought	pikiran	[pikiran]
idea (inspiration)	ide	[ide]
fantasy	fantasi	[fantasi]

66. Discussion, conversation. Part 2

respected (adj)	terhormat	[tərhormat]
to respect (vt)	menghormati	[məŋhormati]
respect	penghormatan	[peŋhormatan]
Dear ... (letter)	Yth. ... (Yang Terhormat)	[yaŋ tərhormat]

| to introduce (sb to sb) | memperkenalkan | [memperkenalkan] |
| to make acquaintance | berkenalan | [bərkenalan] |

intention	niat	[niat]
to intend (have in mind)	berniat	[bərniat]
wish	pengharapan	[peŋharapan]
to wish (~ good luck)	mengharapkan	[məŋharapkan]

surprise (astonishment)	keheranan	[keheranan]
to surprise (amaze)	mengherankan	[məŋherankan]
to be surprised	heran	[heran]

to give (vt)	memberi	[memberi]
to take (get hold of)	mengambil	[məŋambil]
to give back	mengembalikan	[məŋembalikan]
to return (give back)	mengembalikan	[məŋembalikan]

to apologize (vi)	meminta maaf	[meminta ma'af]
apology	permintaan maaf	[pərminta'an ma'af]
to forgive (vt)	memaafkan	[mema'afkan]

to talk (speak)	berbicara	[bərbitʃara]
to listen (vi)	mendengarkan	[məndeŋarkan]
to hear out	mendengar	[məndeŋar]
to understand (vt)	mengerti	[məŋerti]

to show (to display)	menunjukkan	[mənundʒʲu'kan]
to look at ...	melihat ...	[melihat ...]
to call (yell for sb)	memanggil	[memaŋgil]

to distract (disturb)	**mengganggu**	[məŋgaŋgu]
to disturb (vt)	**mengganggu**	[məŋgaŋgu]
to pass (to hand sth)	**menyampaikan**	[mənjampajkan]
demand (request)	**permintaan**	[pərminta'an]
to request (ask)	**meminta**	[meminta]
demand (firm request)	**tuntutan**	[tuntutan]
to demand (request firmly)	**menuntut**	[mənuntut]
to tease (call names)	**mengejek**	[məŋedʒie']
to mock (make fun of)	**mencemooh**	[mentʃemooh]
mockery, derision	**cemoohan**	[tʃemoohan]
nickname	**nama panggilan**	[nama paŋgilan]
insinuation	**isyarat**	[iʃarat]
to insinuate (imply)	**mengisyaratkan**	[məŋiʃaratkan]
to mean (vt)	**berarti**	[bərarti]
description	**penggambaran**	[peŋgambaran]
to describe (vt)	**menggambarkan**	[məŋgambarkan]
praise (compliments)	**pujian**	[pudʒian]
to praise (vt)	**memuji**	[memudʒi]
disappointment	**kekecewaan**	[keketʃewa'an]
to disappoint (vt)	**mengecewakan**	[məŋetʃewakan]
to be disappointed	**kecewa**	[ketʃewa]
supposition	**dugaan**	[duga'an]
to suppose (assume)	**menduga**	[mənduga]
warning (caution)	**peringatan**	[pəriŋatan]
to warn (vt)	**memperingatkan**	[memperiŋatkan]

67. Discussion, conversation. Part 3

to talk into (convince)	**meyakinkan**	[meyakinkan]
to calm down (vt)	**menenangkan**	[mənenaŋkan]
silence (~ is golden)	**kebisuan**	[kebisuan]
to be silent (not speaking)	**membisu**	[membisu]
to whisper (vi, vt)	**berbisik**	[bərbisi']
whisper	**bisikan**	[bisikan]
frankly, sincerely (adv)	**terus terang**	[terus teraŋ]
in my opinion ...	**menurut saya ...**	[mənurut saja ...]
detail (of the story)	**detail, perincian**	[detajl], [pərintʃian]
detailed (adj)	**mendetail**	[məndetajl]
in detail (adv)	**dengan mendetail**	[deŋan mendetajl]
hint, clue	**petunjuk**	[petundʒiu']
to give a hint	**memberi petunjuk**	[memberi petundʒiu']

look (glance)	melihat	[melihat]
to have a look	melihat	[melihat]
fixed (look)	kaku	[kaku]
to blink (vi)	berkedip	[bərkedip]
to wink (vi)	mengedipkan mata	[məŋedipkan mata]
to nod (in assent)	mengangguk	[məŋaŋguʔ]

sigh	desah	[desah]
to sigh (vi)	mendesah	[məndesah]
to shudder (vi)	tersentak	[tərsentaʔ]
gesture	gerak tangan	[geraʔ taŋan]
to touch (one's arm, etc.)	menyentuh	[mənjentuh]
to seize (e.g., ~ by the arm)	memegang	[memegaŋ]
to tap (on the shoulder)	menepuk	[mənepuʔ]

Look out!	Awas! Hati-hati!	[awas!], [hati-hati!]
Really?	Sungguh?	[suŋguh?]
Are you sure?	Kamu yakin?	[kamu yakin?]
Good luck!	Semoga behasil!	[semoga behasil!]
I see!	Begitu!	[begitu!]
What a pity!	Sayang sekali!	[sajaŋ sekali!]

68. Agreement. Refusal

consent	persetujuan	[pərsetudʒʲuan]
to consent (vi)	setuju, ijin	[setudʒʲu], [idʒin]
approval	persetujuan	[pərsetudʒʲuan]
to approve (vt)	menyetujui	[mənjetudʒʲui]
refusal	penolakan	[penolakan]
to refuse (vi, vt)	menolak	[mənolaʔ]

Great!	Bagus!	[bagus!]
All right!	Baiklah! Baik!	[bajklah!], [bajʔ!]
Okay! (I agree)	Baiklah! Baik!	[bajklah!], [bajʔ!]

forbidden (adj)	larangan	[laraŋan]
it's forbidden	dilarang	[dilaraŋ]
it's impossible	mustahil	[mustahil]
incorrect (adj)	salah	[salah]

to reject (~ a demand)	menolak	[mənolaʔ]
to support (cause, idea)	mendukung	[məndukuŋ]
to accept (~ an apology)	menerima	[mənerima]

to confirm (vt)	mengonfirmasi	[məŋonfirmasi]
confirmation	konfirmasi	[konfirmasi]
permission	izin	[izin]
to permit (vt)	mengizinkan	[məŋizinkan]
decision	keputusan	[keputusan]

to say nothing (hold one's tongue)	membisu	[membisu]
condition (term)	syarat	[ʃarat]
excuse (pretext)	alasan, dalih	[alasan], [dalih]
praise (compliments)	pujian	[pudʒian]
to praise (vt)	memuji	[memudʒi]

69. Success. Good luck. Failure

success	sukses, berhasil	[sukses], [berhasil]
successfully (adv)	dengan sukses	[deŋan sukses]
successful (adj)	sukses, berhasil	[sukses], [berhasil]
luck (good luck)	keberuntungan	[keberuntuŋan]
Good luck!	Semoga behasil!	[semoga behasil!]
lucky (e.g., ~ day)	beruntung	[beruntuŋ]
lucky (fortunate)	beruntung	[beruntuŋ]
failure	kegagalan	[kegagalan]
misfortune	kesialan	[kesialan]
bad luck	kesialan	[kesialan]
unsuccessful (adj)	gagal	[gagal]
catastrophe	gagal total	[gagal total]
pride	kebanggaan	[kebaŋga'an]
proud (adj)	bangga	[baŋga]
to be proud	bangga	[baŋga]
winner	pemenang	[pemenaŋ]
to win (vi)	menang	[menaŋ]
to lose (not win)	kalah	[kalah]
try	percobaan	[pertʃoba'an]
to try (vi)	mencoba	[mentʃoba]
chance (opportunity)	kans, peluang	[kans], [peluaŋ]

70. Quarrels. Negative emotions

shout (scream)	teriakan	[teriakan]
to shout (vi)	berteriak	[berteria']
to start to cry out	berteriak	[berteria']
quarrel	pertengkaran	[perteŋkaran]
to quarrel (vi)	bertengkar	[berteŋkar]
fight (squabble)	pertengkaran	[perteŋkaran]
to make a scene	bertengkar	[berteŋkar]
conflict	konflik	[konfli']
misunderstanding	kesalahpahaman	[kesalahpahaman]
insult	penghinaan	[peŋhina'an]

to insult (vt)	menghina	[məŋhina]
insulted (adj)	terhina	[tərhina]
resentment	perasaan tersinggung	[pərasaʔan tərsiŋguŋ]
to offend (vt)	menyinggung	[mənjiŋguŋ]
to take offense	tersinggung	[tərsiŋguŋ]
indignation	kemarahan	[kemarahan]
to be indignant	marah	[marah]
complaint	komplain, pengaduan	[kompleyn], [peŋaduan]
to complain (vi, vt)	mengeluh	[məŋeluh]
apology	permintaan maaf	[pərmintaʔan maʔaf]
to apologize (vi)	meminta maaf	[meminta maʔaf]
to beg pardon	minta maaf	[minta maʔaf]
criticism	kritik	[kritiʔ]
to criticize (vt)	mengkritik	[məŋkritiʔ]
accusation	tuduhan	[tuduhan]
to accuse (vt)	menuduh	[mənuduh]
revenge	dendam	[dendam]
to avenge (get revenge)	membalas dendam	[membalas dendam]
to pay back	membalas	[membalas]
disdain	penghinaan	[peŋhinaʔan]
to despise (vt)	benci, membenci	[bentʃi], [membentʃi]
hatred, hate	rasa benci	[rasa bentʃi]
to hate (vt)	membenci	[membentʃi]
nervous (adj)	gugup, grogi	[gugup], [grogi]
to be nervous	gugup, gelisah	[gugup], [gelisah]
angry (mad)	marah	[marah]
to make angry	membuat marah	[membuat marah]
humiliation	penghinaan	[peŋhinaʔan]
to humiliate (vt)	merendahkan	[merendahkan]
to humiliate oneself	merendahkan diri sendiri	[merendahkan diri sendiri]
shock	keterkejutan	[keterkedʒʲutan]
to shock (vt)	mengejutkan	[məŋedʒʲutkan]
trouble (e.g., serious ~)	kesulitan	[kesulitan]
unpleasant (adj)	tidak menyenangkan	[tidaʔ menjenaŋkan]
fear (dread)	ketakutan	[ketakutan]
terrible (storm, heat)	dahsyat	[dahʃat]
scary (e.g., ~ story)	menakutkan	[mənakutkan]
horror	horor, ketakutan	[horor], [ketakutan]
awful (crime, news)	buruk, parah	[buruk], [parah]
to begin to tremble	gemetar	[gemetar]
to cry (weep)	menangis	[mənaŋis]

| to start crying | menangis | [mənaŋis] |
| tear | air mata | [air mata] |

fault	kesalahan	[kesalahan]
guilt (feeling)	rasa bersalah	[rasa bərsalah]
dishonor (disgrace)	aib	[aib]
protest	protes	[protes]
stress	stres	[stres]

to disturb (vt)	mengganggu	[məŋgaŋgu]
to be furious	marah	[marah]
mad, angry (adj)	marah	[marah]
to end (~ a relationship)	menghentikan	[məɲhentikan]
to swear (at sb)	menyumpahi	[mənyumpahi]

to scare (become afraid)	takut	[takut]
to hit (strike with hand)	memukul	[memukul]
to fight (street fight, etc.)	berkelahi	[berkelahi]

to settle (a conflict)	menyelesaikan	[mənjelesajkan]
discontented (adj)	tidak puas	[tidaʔ puas]
furious (adj)	garam	[garam]

| It's not good! | Tidak baik! | [tidaʔ baiʔ!] |
| It's bad! | Jelek! Buruk! | [dʒˈeleʔ!], [buruʔ!] |

Medicine

71. Diseases

sickness	penyakit	[penjakit]
to be sick	sakit	[sakit]
health	kesehatan	[kesehatan]
runny nose (coryza)	hidung meler	[hiduŋ meler]
tonsillitis	radang tonsil	[radaŋ tonsil]
cold (illness)	pilek, selesma	[pilek], [selesma]
to catch a cold	masuk angin	[masuʔ aŋin]
bronchitis	bronkitis	[bronkitis]
pneumonia	radang paru-paru	[radaŋ paru-paru]
flu, influenza	flu	[flu]
nearsighted (adj)	rabun jauh	[rabun dʒʲauh]
farsighted (adj)	rabun dekat	[rabun dekat]
strabismus (crossed eyes)	mata juling	[mata dʒʲuliŋ]
cross-eyed (adj)	bermata juling	[bermata dʒʲuliŋ]
cataract	katarak	[kataraʔ]
glaucoma	glaukoma	[glaukoma]
stroke	stroke	[stroke]
heart attack	infark	[infarʔ]
myocardial infarction	serangan jantung	[seraŋan dʒʲantuŋ]
paralysis	kelumpuhan	[kelumpuhan]
to paralyze (vt)	melumpuhkan	[melumpuhkan]
allergy	alergi	[alergi]
asthma	asma	[asma]
diabetes	diabetes	[diabetes]
toothache	sakit gigi	[sakit gigi]
caries	karies	[karies]
diarrhea	diare	[diare]
constipation	konstipasi, sembelit	[konstipasi], [sembelit]
stomach upset	gangguan pencernaan	[gaŋuan pentʃarnaʔan]
food poisoning	keracunan makanan	[keratʃunan makanan]
to get food poisoning	keracunan makanan	[keratʃunan makanan]
arthritis	artritis	[artritis]
rickets	rakitis	[rakitis]
rheumatism	rematik	[rematiʔ]

atherosclerosis	aterosklerosis	[aterosklerosis]
gastritis	radang perut	[radaŋ pərut]
appendicitis	apendisitis	[apendisitis]
cholecystitis	radang pundi empedu	[radaŋ pundi empedu]
ulcer	tukak lambung	[tuka' lambuŋ]
measles	penyakit campak	[penjakit ʧampa']
rubella (German measles)	penyakit campak Jerman	[penjakit ʧampa' dʒjerman]
jaundice	sakit kuning	[sakit kuniŋ]
hepatitis	hepatitis	[hepatitis]
schizophrenia	skizofrenia	[skizofrenia]
rabies (hydrophobia)	rabies	[rabies]
neurosis	neurosis	[neurosis]
concussion	gegar otak	[gegar ota']
cancer	kanker	[kanker]
sclerosis	sklerosis	[sklerosis]
multiple sclerosis	sklerosis multipel	[sklerosis multipel]
alcoholism	alkoholisme	[alkoholisme]
alcoholic (n)	alkoholik	[alkoholi']
syphilis	sifilis	[sifilis]
AIDS	AIDS	[ajds]
tumor	tumor	[tumor]
malignant (adj)	ganas	[ganas]
benign (adj)	jinak	[dʒina']
fever	demam	[demam]
malaria	malaria	[malaria]
gangrene	gangren	[gaŋren]
seasickness	mabuk laut	[mabu' laut]
epilepsy	epilepsi	[epilepsi]
epidemic	epidemi	[epidemi]
typhus	tifus	[tifus]
tuberculosis	tuberkulosis	[tuberkulosis]
cholera	kolera	[kolera]
plague (bubonic ~)	penyakit pes	[penjakit pes]

72. Symptoms. Treatments. Part 1

symptom	gejala	[gedʒjala]
temperature	temperatur, suhu	[temperatur], [suhu]
high temperature (fever)	temperatur tinggi	[temperatur tiŋgi]
pulse	denyut nadi	[denyut nadi]
dizziness (vertigo)	rasa pening	[rasa peniŋ]
hot (adj)	panas	[panas]

shivering	menggigil	[məŋgigil]
pale (e.g., ~ face)	pucat	[putʃat]
cough	batuk	[batuʔ]
to cough (vi)	batuk	[batuʔ]
to sneeze (vi)	bersin	[bersin]
faint	pingsan	[piŋsan]
to faint (vi)	jatuh pingsan	[dʒatuh piŋsan]
bruise (hématome)	luka memar	[luka memar]
bump (lump)	bengkak	[beŋkaʔ]
to bang (bump)	terantuk	[tərantuʔ]
contusion (bruise)	luka memar	[luka memar]
to get a bruise	kena luka memar	[kena luka memar]
to limp (vi)	pincang	[pintʃaŋ]
dislocation	keseleo	[keseleo]
to dislocate (vt)	keseleo	[keseleo]
fracture	fraktura, patah tulang	[fraktura], [patah tulaŋ]
to have a fracture	patah tulang	[patah tulaŋ]
cut (e.g., paper ~)	teriris	[təriris]
to cut oneself	teriris	[təriris]
bleeding	perdarahan	[pərdarahan]
burn (injury)	luka bakar	[luka bakar]
to get burned	menderita luka bakar	[mənderita luka bakar]
to prick (vt)	menusuk	[mənusuʔ]
to prick oneself	tertusuk	[tərtusuʔ]
to injure (vt)	melukai	[melukaj]
injury	cedera	[tʃedera]
wound	luka	[luka]
trauma	trauma	[trauma]
to be delirious	mengigau	[məŋigau]
to stutter (vi)	gagap	[gagap]
sunstroke	sengatan matahari	[seŋatan matahari]

73. Symptoms. Treatments. Part 2

pain, ache	sakit	[sakit]
splinter (in foot, etc.)	selumbar	[selumbar]
sweat (perspiration)	keringat	[keriŋat]
to sweat (perspire)	berkeringat	[bərkeriŋat]
vomiting	muntah	[muntah]
convulsions	kram	[kram]
pregnant (adj)	hamil	[hamil]
to be born	lahir	[lahir]

delivery, labor	persalinan	[pərsalinan]
to deliver (~ a baby)	melahirkan	[melahirkan]
abortion	aborsi	[aborsi]

breathing, respiration	pernapasan	[pərnapasan]
in-breath (inhalation)	tarikan napas	[tarikan napas]
out-breath (exhalation)	napas keluar	[napas keluar]
to exhale (breathe out)	mengembuskan napas	[məŋembuskan napas]
to inhale (vi)	menarik napas	[mənari' napas]

disabled person	penderita cacat	[penderita tʃatʃat]
cripple	penderita cacat	[penderita tʃatʃat]
drug addict	pecandu narkoba	[petʃandu narkoba]

deaf (adj)	tunarungu	[tunaruŋu]
mute (adj)	tunawicara	[tunawitʃara]
deaf mute (adj)	tunarungu-wicara	[tunaruŋu-witʃara]

mad, insane (adj)	gila	[gila]
madman (demented person)	lelaki gila	[lelaki gila]
madwoman	perempuan gila	[pərempuan gila]
to go insane	menggila	[məŋgila]

gene	gen	[gen]
immunity	imunitas	[imunitas]
hereditary (adj)	turun-temurun	[turun-temurun]
congenital (adj)	bawaan	[bawa'an]

virus	virus	[virus]
microbe	mikroba	[mikroba]
bacterium	bakteri	[bakteri]
infection	infeksi	[infeksi]

74. Symptoms. Treatments. Part 3

| hospital | rumah sakit | [rumah sakit] |
| patient | pasien | [pasien] |

diagnosis	diagnosis	[diagnosis]
cure	perawatan	[pərawatan]
medical treatment	pengobatan medis	[peŋobatan medis]
to get treatment	berobat	[bərobat]
to treat (~ a patient)	merawat	[merawat]
to nurse (look after)	merawat	[merawat]
care (nursing ~)	pengasuhan	[peŋasuhan]

operation, surgery	operasi, pembedahan	[operasi], [pembedahan]
to bandage (head, limb)	membalut	[membalut]
bandaging	pembalutan	[pembalutan]

vaccination	vaksinasi	[vaksinasi]
to vaccinate (vt)	memvaksinasi	[memvaksinasi]
injection, shot	suntikan	[suntikan]
to give an injection	menyuntik	[mənyuntiʔ]

attack	serangan	[seraŋan]
amputation	amputasi	[amputasi]
to amputate (vt)	mengamputasi	[məŋamputasi]
coma	koma	[koma]
to be in a coma	dalam keadaan koma	[dalam keada'an koma]
intensive care	perawatan intensif	[pərawatan intensif]

to recover (~ from flu)	sembuh	[sembuh]
condition (patient's ~)	keadaan	[keada'an]
consciousness	kesadaran	[kesadaran]
memory (faculty)	memori, daya ingat	[memori], [daja iŋat]

to pull out (tooth)	mencabut	[məntʃabut]
filling	tambalan	[tambalan]
to fill (a tooth)	menambal	[mənambal]

| hypnosis | hipnosis | [hipnosis] |
| to hypnotize (vt) | menghipnosis | [məŋhipnosis] |

75. Doctors

doctor	dokter	[dokter]
nurse	suster, juru rawat	[suster], [dʒʲuru rawat]
personal doctor	dokter pribadi	[dokter pribadi]

dentist	dokter gigi	[dokter gigi]
eye doctor	dokter mata	[dokter mata]
internist	ahli penyakit dalam	[ahli penjakit dalam]
surgeon	dokter bedah	[dokter bedah]

psychiatrist	psikiater	[psikiater]
pediatrician	dokter anak	[dokter anaʔ]
psychologist	psikolog	[psikolog]
gynecologist	ginekolog	[ginekolog]
cardiologist	kardiolog	[kardiolog]

76. Medicine. Drugs. Accessories

medicine, drug	obat	[obat]
remedy	obat	[obat]
to prescribe (vt)	meresepkan	[meresepkan]
prescription	resep	[resep]
tablet, pill	pil, tablet	[pil], [tablet]

ointment	salep	[salep]
ampule	ampul	[ampul]
mixture	obat cair	[obat tʃajr]
syrup	sirop	[sirop]
pill	pil	[pil]
powder	bubuk	[buburʔ]

gauze bandage	perban	[perban]
cotton wool	kapas	[kapas]
iodine	iodium	[iodium]

Band-Aid	plester obat	[plester obat]
eyedropper	tetes mata	[tetes mata]
thermometer	termometer	[tərmometər]
syringe	alat suntik	[alat suntiʔ]

| wheelchair | kursi roda | [kursi roda] |
| crutches | kruk | [kruʔ] |

painkiller	obat bius	[obat bius]
laxative	laksatif, obat pencuci perut	[laksatif], [obat pentʃutʃi pərut]
spirits (ethanol)	spiritus, alkohol	[spiritus], [alkohol]
medicinal herbs	tanaman obat	[tanaman obat]
herbal (~ tea)	herbal	[herbal]

77. Smoking. Tobacco products

tobacco	tembakau	[tembakau]
cigarette	rokok	[rokoʔ]
cigar	cerutu	[tʃerutu]
pipe	pipa	[pipa]
pack (of cigarettes)	bungkus	[buŋkus]

matches	korek api	[koreʔ api]
matchbox	kotak korek api	[kotaʔ koreʔ api]
lighter	pemantik	[pemantiʔ]
ashtray	asbak	[asbaʔ]
cigarette case	selepa	[selepa]
cigarette holder	pemegang rokok	[pemegaŋ rokoʔ]
filter (cigarette tip)	filter	[filter]

to smoke (vi, vt)	merokok	[merokoʔ]
to light a cigarette	menyulut rokok	[mənyulut rokoʔ]
smoking	merokok	[merokoʔ]
smoker	perokok	[pərokoʔ]

stub, butt (of cigarette)	puntung rokok	[puntuŋ rokoʔ]
smoke, fumes	asap	[asap]
ash	abu	[abu]

HUMAN HABITAT

City

78. City. Life in the city

city, town	kota	[kota]
capital city	ibu kota	[ibu kota]
village	desa	[desa]
city map	peta kota	[peta kota]
downtown	pusat kota	[pusat kota]
suburb	pinggir kota	[piŋgir kota]
suburban (adj)	pinggir kota	[piŋgir kota]
outskirts	pinggir	[piŋgir]
environs (suburbs)	daerah sekitarnya	[daerah sekitarnja]
city block	blok	[bloʔ]
residential block (area)	blok perumahan	[bloʔ pərumahan]
traffic	lalu lintas	[lalu lintas]
traffic lights	lampu lalu lintas	[lampu lalu lintas]
public transportation	angkot	[aŋkot]
intersection	persimpangan	[pərsimpaŋan]
crosswalk	penyeberangan	[penjeberaŋan]
pedestrian underpass	terowongan penyeberangan	[tərowoŋan penjeberaŋan]
to cross (~ the street)	menyeberang	[mənjeberaŋ]
pedestrian	pejalan kaki	[pedʒʲalan kaki]
sidewalk	trotoar	[trotoar]
bridge	jembatan	[dʒʲembatan]
embankment (river walk)	tepi sungai	[tepi suŋaj]
fountain	air mancur	[air mantʃur]
allée (garden walkway)	jalan kecil	[dʒʲalan ketʃil]
park	taman	[taman]
boulevard	bulevar, adimarga	[bulevar], [adimarga]
square	lapangan	[lapaŋan]
avenue (wide street)	jalan raya	[dʒʲalan raja]
street	jalan	[dʒʲalan]
side street	gang	[gaŋ]
dead end	jalan buntu	[dʒʲalan buntu]
house	rumah	[rumah]

| building | gedung | [geduŋ] |
| skyscraper | pencakar langit | [pentʃakar laŋit] |

facade	bagian depan	[bagian depan]
roof	atap	[atap]
window	jendela	[dʒʲendela]
arch	lengkungan	[leŋkuŋan]
column	pilar	[pilar]
corner	sudut	[sudut]

store window	etalase	[etalase]
signboard (store sign, etc.)	papan nama	[papan nama]
poster	poster	[poster]
advertising poster	poster iklan	[poster iklan]
billboard	papan iklan	[papan iklan]

garbage, trash	sampah	[sampah]
trashcan (public ~)	tong sampah	[toŋ sampah]
to litter (vi)	menyampah	[mənjampah]
garbage dump	tempat pemrosesan akhir (TPA)	[tempat pemrosesan ahir]

phone booth	gardu telepon umum	[gardu telepon umum]
lamppost	tiang lampu	[tiaŋ lampu]
bench (park ~)	bangku	[baŋku]

police officer	polisi	[polisi]
police	polisi, kepolisian	[polisi], [kepolisian]
beggar	pengemis	[peŋemis]
homeless (n)	tuna wisma	[tuna wisma]

79. Urban institutions

store	toko	[toko]
drugstore, pharmacy	apotek, toko obat	[apotek], [toko obat]
eyeglass store	optik	[optiʔ]
shopping mall	toserba	[toserba]
supermarket	pasar swalayan	[pasar swalajan]

bakery	toko roti	[toko roti]
baker	pembuat roti	[pembuat roti]
pastry shop	toko kue	[toko kue]
grocery store	toko pangan	[toko paŋan]
butcher shop	toko daging	[toko daŋiŋ]

| produce store | toko sayur | [toko sajur] |
| market | pasar | [pasar] |

| coffee house | warung kopi | [waruŋ kopi] |
| restaurant | restoran | [restoran] |

pub, bar	kedai bir	[kedaj bir]
pizzeria	kedai piza	[kedaj piza]
hair salon	salon rambut	[salon rambut]
post office	kantor pos	[kantor pos]
dry cleaners	penatu kimia	[penatu kimia]
photo studio	studio foto	[studio foto]
shoe store	toko sepatu	[toko sepatu]
bookstore	toko buku	[toko buku]
sporting goods store	toko alat olahraga	[toko alat olahraga]
clothes repair shop	reparasi pakaian	[reparasi pakajan]
formal wear rental	rental pakaian	[rental pakajan]
video rental store	rental film	[rental film]
circus	sirkus	[sirkus]
zoo	kebun binatang	[kebun binataŋ]
movie theater	bioskop	[bioskop]
museum	museum	[museum]
library	perpustakaan	[pərpustaka'an]
theater	teater	[teater]
opera (opera house)	opera	[opera]
nightclub	klub malam	[klub malam]
casino	kasino	[kasino]
mosque	masjid	[masdʒid]
synagogue	sinagoga, kanisah	[sinagoga], [kanisah]
cathedral	katedral	[katedral]
temple	kuil, candi	[kuil], [tʃandi]
church	gereja	[geredʒ'a]
college	institut, perguruan tinggi	[institut], [pərguruan tiŋgi]
university	universitas	[universitas]
school	sekolah	[sekolah]
prefecture	prefektur, distrik	[prefektur], [distri']
city hall	balai kota	[balaj kota]
hotel	hotel	[hotel]
bank	bank	[ban']
embassy	kedutaan besar	[keduta'an besar]
travel agency	kantor pariwisata	[kantor pariwisata]
information office	kantor penerangan	[kantor peneraŋan]
currency exchange	kantor penukaran uang	[kantor penukaran uaŋ]
subway	kereta api bawah tanah	[kereta api bawah tanah]
hospital	rumah sakit	[rumah sakit]
gas station	SPBU, stasiun bensin	[es-pe-be-u], [stasjun bensin]
parking lot	tempat parkir	[tempat parkir]

80. Signs

signboard (store sign, etc.)	**papan nama**	[papan nama]
notice (door sign, etc.)	**tulisan**	[tulisan]
poster	**poster**	[poster]
direction sign	**penunjuk arah**	[penundʒʲuʔ arah]
arrow (sign)	**anak panah**	[anaʔ panah]
caution	**peringatan**	[pəriŋatan]
warning sign	**tanda peringatan**	[tanda pəriŋatan]
to warn (vt)	**memperingatkan**	[məmpəriŋatkan]
rest day (weekly ~)	**hari libur**	[hari libur]
timetable (schedule)	**jadwal**	[dʒʲadwal]
opening hours	**jam buka**	[dʒʲam buka]
WELCOME!	**SELAMAT DATANG!**	[selamat dataŋ!]
ENTRANCE	**MASUK**	[masuʔ]
EXIT	**KELUAR**	[keluar]
PUSH	**DORONG**	[doroŋ]
PULL	**TARIK**	[tariʔ]
OPEN	**BUKA**	[buka]
CLOSED	**TUTUP**	[tutup]
WOMEN	**WANITA**	[wanita]
MEN	**PRIA**	[pria]
DISCOUNTS	**DISKON**	[diskon]
SALE	**OBRAL**	[obral]
NEW!	**BARU!**	[baru!]
FREE	**GRATIS**	[gratis]
ATTENTION!	**PERHATIAN!**	[pərhatian!]
NO VACANCIES	**PENUH**	[penuh]
RESERVED	**DIRESERVASI**	[direservasi]
ADMINISTRATION	**ADMINISTRASI**	[administrasi]
STAFF ONLY	**KHUSUS STAF**	[husus staf]
BEWARE OF THE DOG!	**AWAS, ANJING GALAK!**	[awas], [andʒiŋ galaʔ!]
NO SMOKING	**DILARANG MEROKOK!**	[dilaraŋ merokoʔ!]
DO NOT TOUCH!	**JANGAN SENTUH!**	[dʒʲaŋan sentuh!]
DANGEROUS	**BERBAHAYA**	[bərbahaja]
DANGER	**BAHAYA**	[bahaja]
HIGH VOLTAGE	**TEGANGAN TINGGI**	[tegaŋan tiŋgi]
NO SWIMMING!	**DILARANG BERENANG!**	[dilaraŋ bərenaŋ!]
OUT OF ORDER	**RUSAK**	[rusaʔ]
FLAMMABLE	**BAHAN MUDAH TERBAKAR**	[bahan mudah terbakar]

FORBIDDEN	DILARANG	[dilaraŋ]
NO TRESPASSING!	DILARANG MASUK!	[dilaraŋ masuʔ!]
WET PAINT	AWAS CAT BASAH	[awas ʧat basah]

81. Urban transportation

bus	bus	[bus]
streetcar	trem	[trem]
trolley bus	bus listrik	[bus listriʔ]
route (of bus, etc.)	trayek	[traeʔ]
number (e.g., bus ~)	nomor	[nomor]
to go by ...	naik ...	[naiʔ ...]
to get on (~ the bus)	naik	[naiʔ]
to get off ...	turun ...	[turun ...]
stop (e.g., bus ~)	halte, pemberhentian	[halte], [pemberhentian]
next stop	halte berikutnya	[halte bərikutnja]
terminus	halte terakhir	[halte tərahir]
schedule	jadwal	[dʒʲadwal]
to wait (vt)	menunggu	[mənuŋgu]
ticket	tiket	[tiket]
fare	harga karcis	[harga karʧis]
cashier (ticket seller)	kasir	[kasir]
ticket inspection	pemeriksaan tiket	[pemeriksaʔan tiket]
ticket inspector	kondektur	[kondektur]
to be late (for ...)	terlambat ...	[tərlambat ...]
to miss (~ the train, etc.)	ketinggalan	[ketiŋgalan]
to be in a hurry	tergesa-gesa	[tərgesa-gesa]
taxi, cab	taksi	[taksi]
taxi driver	sopir taksi	[sopir taksi]
by taxi	naik taksi	[naiʔ taksi]
taxi stand	pangkalan taksi	[paŋkalan taksi]
to call a taxi	memanggil taksi	[memaŋgil taksi]
to take a taxi	menaiki taksi	[mənajki taksi]
traffic	lalu lintas	[lalu lintas]
traffic jam	kemacetan lalu lintas	[kemaʧetan lalu lintas]
rush hour	jam sibuk	[dʒʲam sibuʔ]
to park (vi)	parkir	[parkir]
to park (vt)	memarkir	[memarkir]
parking lot	tempat parkir	[tempat parkir]
subway	kereta api bawah tanah	[kereta api bawah tanah]
station	stasiun	[stasiun]
to take the subway	naik kereta api bawah tanah	[naiʔ kereta api bawah tanah]

train	**kereta api**	[kereta api]
train station	**stasiun kereta api**	[stasiun kereta api]

82. Sightseeing

monument	**monumen, patung**	[monumen], [patuŋ]
fortress	**benteng**	[benteŋ]
palace	**istana**	[istana]
castle	**kastil**	[kastil]
tower	**menara**	[mənara]
mausoleum	**mausoleum**	[mausoleum]
architecture	**arsitektur**	[arsitektur]
medieval (adj)	**abad pertengahan**	[abad pertəŋahan]
ancient (adj)	**kuno**	[kuno]
national (adj)	**nasional**	[nasional]
famous (monument, etc.)	**terkenal**	[tərkenal]
tourist	**turis, wisatawan**	[turis], [wisatawan]
guide (person)	**pemandu wisata**	[pemandu wisata]
excursion, sightseeing tour	**ekskursi**	[ekskursi]
to show (vt)	**menunjukkan**	[mənundʒiuʔkan]
to tell (vt)	**menceritakan**	[mentʃeritakan]
to find (vt)	**mendapatkan**	[məndapatkan]
to get lost (lose one's way)	**tersesat**	[tərsesat]
map (e.g., subway ~)	**denah**	[denah]
map (e.g., city ~)	**peta**	[peta]
souvenir, gift	**suvenir**	[suvenir]
gift shop	**toko suvenir**	[toko suvenir]
to take pictures	**memotret**	[memotret]
to have one's picture taken	**berfoto**	[bərfoto]

83. Shopping

to buy (purchase)	**membeli**	[membeli]
purchase	**belanjaan**	[belandʒiaʔan]
to go shopping	**berbelanja**	[bərbelandʒia]
shopping	**berbelanja**	[bərbelandʒia]
to be open (ab. store)	**buka**	[buka]
to be closed	**tutup**	[tutup]
footwear, shoes	**sepatu**	[sepatu]
clothes, clothing	**pakaian**	[pakajan]
cosmetics	**kosmetik**	[kosmetiʔ]
food products	**produk makanan**	[produʔ makanan]

gift, present	hadiah	[hadiah]
salesman	pramuniaga	[pramuniaga]
saleswoman	pramuniaga perempuan	[pramuniaga perempuan]
check out, cash desk	kas	[kas]
mirror	cermin	[tʃermin]
counter (store ~)	konter	[konter]
fitting room	kamar pas	[kamar pas]
to try on	mengepas	[məŋepas]
to fit (ab. dress, etc.)	pas, cocok	[pas], [tʃotʃo']
to like (I like ...)	suka	[suka]
price	harga	[harga]
price tag	label harga	[label harga]
to cost (vt)	berharga	[berharga]
How much?	Berapa?	[bərapa?]
discount	diskon	[diskon]
inexpensive (adj)	tidak mahal	[tida' mahal]
cheap (adj)	murah	[murah]
expensive (adj)	mahal	[mahal]
It's expensive	Ini mahal	[ini mahal]
rental (n)	rental, persewaan	[rental], [pərsewa'an]
to rent (~ a tuxedo)	menyewa	[mənjewa]
credit (trade credit)	kredit	[kredit]
on credit (adv)	secara kredit	[setʃara kredit]

84. Money

money	uang	[uaŋ]
currency exchange	pertukaran mata uang	[pərtukaran mata uaŋ]
exchange rate	nilai tukar	[nilaj tukar]
ATM	Anjungan Tunai Mandiri, ATM	[andʒʲuŋan tunaj mandiri], [a-te-em]
coin	koin	[koin]
dollar	dolar	[dolar]
euro	euro	[euro]
lira	lira	[lira]
Deutschmark	Mark Jerman	[mar' dʒʲerman]
franc	franc	[frantʃ]
pound sterling	poundsterling	[paundsterliŋ]
yen	yen	[yen]
debt	utang	[utaŋ]
debtor	pengutang	[peŋutaŋ]
to lend (money)	meminjamkan	[memindʒʲamkan]

to borrow (vi, vt)	meminjam	[memindʒiam]
bank	bank	[banʔ]
account	rekening	[rekeniŋ]
to deposit (vt)	memasukkan	[memasuʔkan]
to deposit into the account	memasukkan ke rekening	[memasuʔkan ke rekeniŋ]
to withdraw (vt)	menarik uang	[mənariʔ uaŋ]
credit card	kartu kredit	[kartu kredit]
cash	uang kontan, uang tunai	[uaŋ kontan], [uaŋ tunaj]
check	cek	[tʃeʔ]
to write a check	menulis cek	[mənulis tʃeʔ]
checkbook	buku cek	[buku tʃeʔ]
wallet	dompet	[dompet]
change purse	dompet, pundi-pundi	[dompet], [pundi-pundi]
safe	brankas	[brankas]
heir	pewaris	[pewaris]
inheritance	warisan	[warisan]
fortune (wealth)	kekayaan	[kekajaʔan]
lease	sewa	[sewa]
rent (money)	uang sewa	[uaŋ sewa]
to rent (sth from sb)	menyewa	[mənjewa]
price	harga	[harga]
cost	harga	[harga]
sum	jumlah	[dʒiumlah]
to spend (vt)	menghabiskan	[məŋhabiskan]
expenses	ongkos	[oŋkos]
to economize (vi, vt)	menghemat	[məŋhemat]
economical	hemat	[hemat]
to pay (vi, vt)	membayar	[membajar]
payment	pembayaran	[pembajaran]
change (give the ~)	kembalian	[kembalian]
tax	pajak	[padʒia']
fine	denda	[denda]
to fine (vt)	mendenda	[məndenda]

85. Post. Postal service

post office	kantor pos	[kantor pos]
mail (letters, etc.)	surat	[surat]
mailman	tukang pos	[tukaŋ pos]
opening hours	jam buka	[dʒiam buka]
letter	surat	[surat]

registered letter	**surat tercatat**	[surat tertʃatat]
postcard	**kartu pos**	[kartu pos]
telegram	**telegram**	[telegram]
package (parcel)	**parsel, paket pos**	[parsel], [paket pos]
money transfer	**wesel pos**	[wesel pos]
to receive (vt)	**menerima**	[mənerima]
to send (vt)	**mengirim**	[məŋirim]
sending	**pengiriman**	[peŋiriman]
address	**alamat**	[alamat]
ZIP code	**kode pos**	[kode pos]
sender	**pengirim**	[peŋirim]
receiver	**penerima**	[penerima]
name (first name)	**nama**	[nama]
surname (last name)	**nama keluarga**	[nama keluarga]
postage rate	**tarif**	[tarif]
standard (adj)	**biasa, standar**	[biasa], [standar]
economical (adj)	**ekonomis**	[ekonomis]
weight	**berat**	[berat]
to weigh (~ letters)	**menimbang**	[mənimbaŋ]
envelope	**amplop**	[amplop]
postage stamp	**prangko**	[praŋko]
to stamp an envelope	**menempelkan prangko**	[mənempelkan praŋko]

Dwelling. House. Home

86. House. Dwelling

house	rumah	[rumah]
at home (adv)	di rumah	[di rumah]
yard	pekarangan	[pekaraŋan]
fence (iron ~)	pagar	[pagar]
brick (n)	bata, batu bata	[bata], [batu bata]
brick (as adj)	bata, batu bata	[bata], [batu bata]
stone (n)	batu	[batu]
stone (as adj)	batu	[batu]
concrete (n)	beton	[beton]
concrete (as adj)	beton	[beton]
new (new-built)	baru	[baru]
old (adj)	tua	[tua]
decrepit (house)	reyot	[reyot]
modern (adj)	modern	[modern]
multistory (adj)	susun	[susun]
tall (~ building)	tinggi	[tiŋgi]
floor, story	lantai	[lantaj]
single-story (adj)	berlantai satu	[berlantaj satu]
1st floor	lantai bawah	[lantaj bawah]
top floor	lantai atas	[lantaj atas]
roof	atap	[atap]
chimney	cerobong	[tʃeroboŋ]
roof tiles	genting	[gentiŋ]
tiled (adj)	bergenting	[bergentiŋ]
attic (storage place)	loteng	[loteŋ]
window	jendela	[dʒʲendela]
glass	kaca	[katʃa]
window ledge	ambang jendela	[ambaŋ dʒʲendela]
shutters	daun jendela	[daun dʒʲendela]
wall	dinding	[dindiŋ]
balcony	balkon	[balkon]
downspout	pipa talang	[pipa talaŋ]
upstairs (to be ~)	di atas	[di atas]
to go upstairs	naik	[naiʔ]
to come down (the stairs)	turun	[turun]
to move (to new premises)	pindah	[pindah]

87. House. Entrance. Lift

entrance	pintu masuk	[pintu masuʔ]
stairs (stairway)	tangga	[taŋga]
steps	anak tangga	[anaʔ taŋga]
banister	pegangan tangan	[pegaŋan taŋan]
lobby (hotel ~)	lobi, ruang depan	[lobi], [ruaŋ depan]

mailbox	kotak pos	[kotaʔ pos]
garbage can	tong sampah	[toŋ sampah]
trash chute	saluran pembuangan sampah	[saluran pembuaŋan sampah]

elevator	elevator	[elevator]
freight elevator	lift barang	[lift baraŋ]
elevator cage	kabin lift	[kabin lift]
to take the elevator	naik elevator	[naiʔ elevator]

apartment	apartemen	[apartemen]
residents (~ of a building)	penghuni	[peŋhuni]
neighbor (masc.)	tetangga	[tetaŋga]
neighbor (fem.)	tetangga	[tetaŋga]
neighbors	para tetangga	[para tetaŋga]

88. House. Electricity

electricity	listrik	[listriʔ]
light bulb	bohlam	[bohlam]
switch	sakelar	[sakelar]
fuse (plug fuse)	sekring	[sekriŋ]

cable, wire (electric ~)	kabel, kawat	[kabel], [kawat]
wiring	rangkaian kabel	[raŋkajan kabel]
electricity meter	meteran listrik	[meteran listriʔ]
readings	pencatatan	[pentʃatatan]

89. House. Doors. Locks

door	pintu	[pintu]
gate (vehicle ~)	pintu gerbang	[pintu gerbaŋ]
handle, doorknob	gagang pintu	[gagaŋ pintu]
to unlock (unbolt)	membuka kunci	[membuka kuntʃi]
to open (vt)	membuka	[membuka]
to close (vt)	menutup	[menutup]

key	kunci	[kuntʃi]
bunch (of keys)	serangkaian kunci	[seraŋkajan kuntʃi]

to creak (door, etc.)	bergerit	[bərgerit]
creak	gerit	[gerit]
hinge (door ~)	engsel	[eŋsel]
doormat	tikar	[tikar]

door lock	kunci pintu	[kuntʃi pintu]
keyhole	lubang kunci	[lubaŋ kuntʃi]
crossbar (sliding bar)	gerendel	[gerendel]
door latch	gerendel	[gerendel]
padlock	gembok	[gemboʔ]

to ring (~ the door bell)	membunyikan	[membunjikan]
ringing (sound)	dering	[deriŋ]
doorbell	bel	[bel]
doorbell button	kenop	[kenop]
knock (at the door)	ketukan	[ketukan]
to knock (vi)	mengetuk	[məŋetuʔ]

code	kode	[kode]
combination lock	gembok berkode	[gemboʔ bərkode]
intercom	interkom	[interkom]
number (on the door)	nomor	[nomor]
doorplate	papan tanda	[papan tanda]
peephole	lubang intip	[lubaŋ intip]

90. Country house

village	desa	[desa]
vegetable garden	kebun sayur	[kebun sajur]
fence	pagar	[pagar]

| picket fence | pagar | [pagar] |
| wicket gate | pintu pagar | [pintu pagar] |

| granary | lumbung | [lumbuŋ] |
| root cellar | kelder | [kelder] |

| shed (garden ~) | gubuk | [gubuʔ] |
| well (water) | sumur | [sumur] |

| stove (wood-fired ~) | tungku | [tuŋku] |
| to stoke the stove | menyalakan tungku | [mənjalakan tuŋku] |

| firewood | kayu bakar | [kaju bakar] |
| log (firewood) | potongan kayu bakar | [potoŋan kaju bakar] |

veranda	beranda	[bəranda]
deck (terrace)	teras	[teras]
stoop (front steps)	anjungan depan	[andʒ'uŋan depan]
swing (hanging seat)	ayunan	[ajunan]

91. Villa. Mansion

country house	rumah luar kota	[rumah luar kota]
villa (seaside ~)	vila	[vila]
wing (~ of a building)	sayap	[sajap]

garden	kebun	[kebun]
park	taman	[taman]
tropical greenhouse	rumah kaca	[rumah katʃa]
to look after (garden, etc.)	memelihara	[memelihara]

swimming pool	kolam renang	[kolam renaŋ]
gym (home gym)	gym	[dʒim]
tennis court	lapangan tenis	[lapaŋan tenis]
home theater (room)	bioskop rumah	[bioskop rumah]
garage	garasi	[garasi]

private property	milik pribadi	[miliʔ pribadi]
private land	tanah pribadi	[tanah pribadi]

warning (caution)	peringatan	[pəriŋatan]
warning sign	tanda peringatan	[tanda pəriŋatan]

security	keamanan	[keamanan]
security guard	satpam, pengawal	[satpam], [peŋawal]
burglar alarm	alarm antirampok	[alarm antirampoʔ]

92. Castle. Palace

castle	kastil	[kastil]
palace	istana	[istana]
fortress	benteng	[benteŋ]

wall (round castle)	tembok	[temboʔ]
tower	menara	[mənara]
keep, donjon	menara utama	[mənara utama]

portcullis	jeruji pintu kota	[dʒʲerudʒi pintu kota]
underground passage	jalan bawah tanah	[dʒʲalan bawah tanah]
moat	parit	[parit]

chain	rantai	[rantaj]
arrow loop	laras panah, lop panah	[laras panah], [lop panah]

magnificent (adj)	megah	[megah]
majestic (adj)	megah sekali	[megah sekali]

impregnable (adj)	sulit dicapai	[sulit ditʃapaj]
medieval (adj)	abad pertengahan	[abad pertəŋahan]

93. Apartment

apartment	**apartemen**	[apartemen]
room	**kamar**	[kamar]
bedroom	**kamar tidur**	[kamar tidur]
dining room	**ruang makan**	[ruaŋ makan]
living room	**ruang tamu**	[ruaŋ tamu]
study (home office)	**ruang kerja**	[ruaŋ kerdʲa]
entry room	**ruang depan**	[ruaŋ depan]
bathroom (room with a bath or shower)	**kamar mandi**	[kamar mandi]
half bath	**kamar kecil**	[kamar ketʃil]
ceiling	**plafon, langit-langit**	[plafon], [laŋit-laŋit]
floor	**lantai**	[lantaj]
corner	**sudut**	[sudut]

94. Apartment. Cleaning

to clean (vi, vt)	**membereskan**	[membereskan]
to put away (to stow)	**meletakkan**	[meletaʔkan]
dust	**debu**	[debu]
dusty (adj)	**debu**	[debu]
to dust (vt)	**menyapu debu**	[meɲapu debu]
vacuum cleaner	**pengisap debu**	[peŋisap debu]
to vacuum (vt)	**membersihkan dengan pengisap debu**	[membersihkan deŋan peŋisap debu]
to sweep (vi, vt)	**menyapu**	[meɲapu]
sweepings	**sampah**	[sampah]
order	**kerapian**	[kerapian]
disorder, mess	**berantakan**	[berantakan]
mop	**kain pel**	[kain pel]
dust cloth	**lap**	[lap]
short broom	**sapu lidi**	[sapu lidi]
dustpan	**pengki**	[peŋki]

95. Furniture. Interior

furniture	**mebel**	[mebel]
table	**meja**	[medʲa]
chair	**kursi**	[kursi]
bed	**ranjang**	[randʲaŋ]
couch, sofa	**dipan**	[dipan]

armchair	kursi malas	[kursi malas]
bookcase	lemari buku	[lemari buku]
shelf	rak	[ra⁷]

wardrobe	lemari pakaian	[lemari pakajan]
coat rack (wall-mounted ~)	kapstok	[kapsto⁷]
coat stand	kapstok berdiri	[kapsto⁷ berdiri]

| bureau, dresser | lemari laci | [lemari latʃi] |
| coffee table | meja kopi | [medʒ¡a kopi] |

mirror	cermin	[tʃermin]
carpet	permadani	[permadani]
rug, small carpet	karpet kecil	[karpet ketʃil]

fireplace	perapian	[perapian]
candle	lilin	[lilin]
candlestick	kaki lilin	[kaki lilin]

drapes	gorden	[gorden]
wallpaper	kertas dinding	[kertas dindiŋ]
blinds (jalousie)	kerai	[keraj]

table lamp	lampu meja	[lampu medʒ¡a]
wall lamp (sconce)	lampu dinding	[lampu dindiŋ]
floor lamp	lampu lantai	[lampu lantaj]
chandelier	lampu bercabang	[lampu bertʃabaŋ]

leg (of chair, table)	kaki	[kaki]
armrest	lengan	[leŋan]
back (backrest)	sandaran	[sandaran]
drawer	laci	[latʃi]

96. Bedding

bedclothes	kain kasur	[kain kasur]
pillow	bantal	[bantal]
pillowcase	sarung bantal	[saruŋ bantal]
duvet, comforter	selimut	[selimut]
sheet	seprai	[sepraj]
bedspread	selubung kasur	[selubuŋ kasur]

97. Kitchen

kitchen	dapur	[dapur]
gas	gas	[gas]
gas stove (range)	kompor gas	[kompor gas]
electric stove	kompor listrik	[kompor listri⁷]

oven	oven	[oven]
microwave oven	microwave	[majkrowav]
refrigerator	lemari es, kulkas	[lemari es], [kulkas]
freezer	lemari pembeku	[lemari pembeku]
dishwasher	mesin pencuci piring	[mesin pentʃutʃi pirin]
meat grinder	alat pelumat daging	[alat pelumat daginŋ]
juicer	mesin sari buah	[mesin sari buah]
toaster	alat pemanggang roti	[alat pemaŋgaŋ roti]
mixer	pencampur	[pentʃampur]
coffee machine	mesin pembuat kopi	[mesin pembuat kopi]
coffee pot	teko kopi	[teko kopi]
coffee grinder	mesin penggiling kopi	[mesin peŋgiliŋ kopi]
kettle	cerek	[tʃereʔ]
teapot	teko	[teko]
lid	tutup	[tutup]
tea strainer	saringan teh	[sariŋan teh]
spoon	sendok	[sendoʔ]
teaspoon	sendok teh	[sendoʔ teh]
soup spoon	sendok makan	[sendoʔ makan]
fork	garpu	[garpu]
knife	pisau	[pisau]
tableware (dishes)	piring mangkuk	[piriŋ maŋkuʔ]
plate (dinner ~)	piring	[piriŋ]
saucer	alas cangkir	[alas tʃaŋkir]
shot glass	seloki	[seloki]
glass (tumbler)	gelas	[gelas]
cup	cangkir	[tʃaŋkir]
sugar bowl	wadah gula	[wadah gula]
salt shaker	wadah garam	[wadah garam]
pepper shaker	wadah merica	[wadah meritʃa]
butter dish	wadah mentega	[wadah mentega]
stock pot (soup pot)	panci	[pantʃi]
frying pan (skillet)	kuali	[kuali]
ladle	sudu	[sudu]
colander	saringan	[sariŋan]
tray (serving ~)	talam	[talam]
bottle	botol	[botol]
jar (glass)	gelas	[gelas]
can	kaleng	[kaleŋ]
bottle opener	pembuka botol	[pembuka botol]
can opener	pembuka kaleng	[pembuka kaleŋ]

corkscrew	kotrek	[kotreʔ]
filter	saringan	[sariŋan]
to filter (vt)	saringan	[sariŋan]
trash, garbage (food waste, etc.)	sampah	[sampah]
trash can (kitchen ~)	tong sampah	[toŋ sampah]

98. Bathroom

bathroom	kamar mandi	[kamar mandi]
water	air	[air]
faucet	keran	[keran]
hot water	air panas	[air panas]
cold water	air dingin	[air diŋin]
toothpaste	pasta gigi	[pasta gigi]
to brush one's teeth	menggosok gigi	[məŋgosoʔ gigi]
toothbrush	sikat gigi	[sikat gigi]
to shave (vi)	bercukur	[bərtʃukur]
shaving foam	busa cukur	[busa tʃukur]
razor	pisau cukur	[pisau tʃukur]
to wash (one's hands, etc.)	mencuci	[məntʃutʃi]
to take a bath	mandi	[mandi]
shower	pancuran	[pantʃuran]
to take a shower	mandi pancuran	[mandi pantʃuran]
bathtub	bak mandi	[baʔ mandi]
toilet (toilet bowl)	kloset	[kloset]
sink (washbasin)	wastafel	[wastafel]
soap	sabun	[sabun]
soap dish	wadah sabun	[wadah sabun]
sponge	spons	[spons]
shampoo	sampo	[sampo]
towel	handuk	[handuʔ]
bathrobe	jubah mandi	[dʒʲubah mandi]
laundry (process)	pencucian	[pentʃutʃian]
washing machine	mesin cuci	[mesin tʃutʃi]
to do the laundry	mencuci	[məntʃutʃi]
laundry detergent	deterjen cuci	[deterdʒʲen tʃutʃi]

99. Household appliances

| TV set | pesawat TV | [pesawat ti-vi] |
| tape recorder | alat perekam | [alat pərekam] |

VCR (video recorder)	video, VCR	[vidio], [vi-si-er]
radio	radio	[radio]
player (CD, MP3, etc.)	pemutar	[pemutar]
video projector	proyektor video	[proektor video]
home movie theater	bioskop rumah	[bioskop rumah]
DVD player	pemutar DVD	[pemutar di-vi-di]
amplifier	penguat	[peŋuat]
video game console	konsol permainan video	[konsol permajnan video]
video camera	kamera video	[kamera video]
camera (photo)	kamera	[kamera]
digital camera	kamera digital	[kamera digital]
vacuum cleaner	pengisap debu	[peɲisap debu]
iron (e.g., steam ~)	setrika	[setrika]
ironing board	papan setrika	[papan setrika]
telephone	telepon	[telepon]
cell phone	ponsel	[ponsel]
typewriter	mesin ketik	[mesin ketiʔ]
sewing machine	mesin jahit	[mesin dʒʲahit]
microphone	mikrofon	[mikrofon]
headphones	headphone, fonkepala	[headphone], [fonkepala]
remote control (TV)	panel kendali	[panel kendali]
CD, compact disc	cakram kompak	[tʃakram kompaʔ]
cassette, tape	kaset	[kaset]
vinyl record	piringan hitam	[piriŋan hitam]

100. Repairs. Renovation

renovations	renovasi	[renovasi]
to renovate (vt)	merenovasi	[merenovasi]
to repair, to fix (vt)	mereparasi, memperbaiki	[mereparasi], [memperbajki]
to put in order	membereskan	[membereskan]
to redo (do again)	mengulangi	[məŋulaɲi]
paint	cat	[tʃat]
to paint (~ a wall)	mengecat	[məŋetʃat]
house painter	tukang cat	[tukaŋ tʃat]
paintbrush	kuas	[kuas]
whitewash	cat kapur	[tʃat kapur]
to whitewash (vt)	mengapur	[məŋapur]
wallpaper	kertas dinding	[kertas dindiŋ]
to wallpaper (vt)	memasang kertas dinding	[memasaŋ kertas dindiŋ]

| varnish | pernis | [pernis] |
| to varnish (vt) | memernis | [memernis] |

101. Plumbing

water	air	[air]
hot water	air panas	[air panas]
cold water	air dingin	[air diŋin]
faucet	keran	[keran]

drop (of water)	tetes	[tetes]
to drip (vi)	menetes	[mənetes]
to leak (ab. pipe)	bocor	[botʃor]
leak (pipe ~)	kebocoran	[kebotʃoran]
puddle	kubangan	[kubaŋan]

pipe	pipa	[pipa]
valve (e.g., ball ~)	katup	[katup]
to be clogged up	tersumbat	[tərsumbat]

tools	peralatan	[pəralatan]
adjustable wrench	kunci inggris	[kuntʃi iŋgris]
to unscrew (lid, filter, etc.)	mengendurkan	[məŋendurkan]
to screw (tighten)	mengencangkan	[məŋentʃaŋkan]

to unclog (vt)	membersihkan	[membersihkan]
plumber	tukang pipa	[tukaŋ pipa]
basement	rubanah	[rubanah]
sewerage (system)	riol	[riol]

102. Fire. Conflagration

fire (accident)	kebakaran	[kebakaran]
flame	nyala api	[njala api]
spark	percikan api	[pərtʃikan api]
smoke (from fire)	asap	[asap]
torch (flaming stick)	obor	[obor]
campfire	api unggun	[api uŋgun]

gas, gasoline	bensin	[bensin]
kerosene (type of fuel)	minyak tanah	[minjaʔ tanah]
flammable (adj)	mudah terbakar	[mudah tərbakar]
explosive (adj)	mudah meledak	[mudah meledaʔ]
NO SMOKING	DILARANG MEROKOK!	[dilaraŋ merokoʔ!]

safety	keamanan	[keamanan]
danger	bahaya	[bahaja]
dangerous (adj)	berbahaya	[bərbahaja]

to catch fire	menyala	[mənjala]
explosion	ledakan	[ledakan]
to set fire	membakar	[membakar]
arsonist	pelaku pembakaran	[pelaku pembakaran]
arson	pembakaran	[pembakaran]
to blaze (vi)	berkobar	[bərkobar]
to burn (be on fire)	menyala	[mənjala]
to burn down	terbakar	[tərbakar]
to call the fire department	memanggil pemadam kebakaran	[memaŋgil pemadam kebakaran]
firefighter, fireman	pemadam kebakaran	[pemadam kebakaran]
fire truck	branwir	[branwir]
fire department	pemadam kebakaran	[pemadam kebakaran]
fire truck ladder	tangga branwir	[taŋga branwir]
fire hose	selang pemadam	[selaŋ pemadam]
fire extinguisher	pemadam api	[pemadam api]
helmet	helm	[helm]
siren	sirene	[sirene]
to cry (for help)	berteriak	[bərteria']
to call for help	meminta pertolongan	[meminta pərtoloŋan]
rescuer	penyelamat	[penjelamat]
to rescue (vt)	menyelamatkan	[mənjelamatkan]
to arrive (vi)	datang	[dataŋ]
to extinguish (vt)	memadamkan	[memadamkan]
water	air	[air]
sand	pasir	[pasir]
ruins (destruction)	reruntuhan	[reruntuhan]
to collapse (building, etc.)	runtuh	[runtuh]
to fall down (vi)	roboh	[roboh]
to cave in (ceiling, floor)	roboh	[roboh]
piece of debris	serpihan	[serpihan]
ash	abu	[abu]
to suffocate (die)	mati lemas	[mati lemas]
to be killed (perish)	mati, tewas	[mati], [tewas]

HUMAN ACTIVITIES

Job. Business. Part 1

103. Office. Working in the office

office (company ~)	kantor	[kantor]
office (of director, etc.)	ruang kerja	[ruaŋ kerdʒʲa]
reception desk	resepsionis kantor	[resepsionis kantor]
secretary	sekretaris	[sekretaris]
secretary (fem.)	sekretaris	[sekretaris]
director	direktur	[direktur]
manager	manajer	[manadʒʲer]
accountant	akuntan	[akuntan]
employee	karyawan	[karjawan]
furniture	mebel	[mebel]
desk	meja	[medʒʲa]
desk chair	kursi malas	[kursi malas]
drawer unit	meja samping ranjang	[medʒʲa sampiŋ randʒʲaŋ]
coat stand	kapstok berdiri	[kapstoʔ berdiri]
computer	komputer	[komputer]
printer	printer, pencetak	[printer], [pentʃetaʔ]
fax machine	mesin faks	[mesin faks]
photocopier	mesin fotokopi	[mesin fotokopi]
paper	kertas	[kertas]
office supplies	alat tulis kantor	[alat tulis kantor]
mouse pad	bantal tetikus	[bantal tetikus]
sheet (of paper)	lembar	[lembar]
binder	map	[map]
catalog	katalog	[katalog]
phone directory	buku telepon	[buku telepon]
documentation	dokumentasi	[dokumentasi]
brochure (e.g., 12 pages ~)	brosur	[brosur]
leaflet (promotional ~)	selebaran	[selebaran]
sample	sampel, contoh	[sampel], [tʃontoh]
training meeting	latihan	[latihan]
meeting (of managers)	rapat	[rapat]
lunch time	waktu makan siang	[waktu makan siaŋ]

to make a copy	membuat salinan	[membuat salinan]
to make multiple copies	memperbanyak	[memperbanjaʔ]
to receive a fax	menerima faks	[mənerima faks]
to send a fax	mengirim faks	[məŋirim faks]
to call (by phone)	menelepon	[mənelepon]
to answer (vt)	menjawab	[məndʒʲawab]
to put through	menyambungkan	[mənjambuŋkan]
to arrange, to set up	menetapkan	[mənetapkan]
to demonstrate (vt)	memeragakan	[memeragakan]
to be absent	absen, tidak hadir	[absen], [tidaʔ hadir]
absence	absensi, ketidakhadiran	[absensi], [ketidahadiran]

104. Business processes. Part 1

business	bisnis	[bisnis]
occupation	urusan	[urusan]
firm	firma	[firma]
company	maskapai	[maskapaj]
corporation	korporasi	[korporasi]
enterprise	perusahaan	[perusahaʔan]
agency	biro, kantor	[biro], [kantor]
agreement (contract)	perjanjian	[perdʒʲandʒian]
contract	kontrak	[kontraʔ]
deal	transaksi	[transaksi]
order (to place an ~)	pesanan	[pesanan]
terms (of the contract)	syarat	[ʃarat]
wholesale (adv)	grosir	[grosir]
wholesale (adj)	grosir	[grosir]
wholesale (n)	penjualan grosir	[pendʒʲualan grosir]
retail (adj)	eceran	[etʃeran]
retail (n)	pengeceran	[peŋetʃeran]
competitor	kompetitor, pesaing	[kompetitor], [pesajŋ]
competition	kompetisi, persaingan	[kompetisi], [persajŋan]
to compete (vi)	bersaing	[bersajŋ]
partner (associate)	mitra	[mitra]
partnership	kemitraan	[kemitraʔan]
crisis	krisis	[krisis]
bankruptcy	kebangkrutan	[kebaŋkrutan]
to go bankrupt	jatuh bangkrut	[dʒʲatuh baŋkrut]
difficulty	kesukaran	[kesukaran]
problem	masalah	[masalah]
catastrophe	gagal total	[gagal total]

economy	ekonomi	[ekonomi]
economic (~ growth)	ekonomi	[ekonomi]
economic recession	resesi ekonomi	[resesi ekonomi]
goal (aim)	tujuan	[tudʒʲuan]
task	tugas	[tugas]
to trade (vi)	berdagang	[bərdagaŋ]
network (distribution ~)	jaringan	[dʒʲariŋan]
inventory (stock)	inventaris	[inventaris]
range (assortment)	penyortiran	[penjortiran]
leader (leading company)	pemimpin	[pemimpin]
large (~ company)	besar	[besar]
monopoly	monopoli	[monopoli]
theory	teori	[teori]
practice	praktik	[praktiʔ]
experience (in my ~)	pengalaman	[peŋalaman]
trend (tendency)	tendensi	[tendensi]
development	perkembangan	[pərkembaŋan]

105. Business processes. Part 2

profit (foregone ~)	keuntungan	[keuntuŋan]
profitable (~ deal)	menguntungkan	[məŋuntuŋkan]
delegation (group)	delegasi	[delegasi]
salary	gaji, upah	[gadʒi], [upah]
to correct (an error)	mengoreksi	[məŋoreksi]
business trip	perjalanan dinas	[pərdʒʲalanan dinas]
commission	panitia	[panitia]
to control (vt)	mengontrol	[məŋontrol]
conference	konferensi	[konferensi]
license	lisensi, izin	[lisensi], [izin]
reliable (~ partner)	yang bisa dipercaya	[yaŋ bisa dipertʃaja]
initiative (undertaking)	inisiatif	[inisiatif]
norm (standard)	norma	[norma]
circumstance	keadaan sekitar	[keadaʔan sekitar]
duty (of employee)	tugas	[tugas]
organization (company)	organisasi	[organisasi]
organization (process)	pengurusan	[peŋurusan]
organized (adj)	terurus	[tərurus]
cancellation	pembatalan	[pembatalan]
to cancel (call off)	membatalkan	[membatalkan]
report (official ~)	laporan	[laporan]
patent	paten	[paten]

| to patent (obtain patent) | mematenkan | [mematenkan] |
| to plan (vt) | merencanakan | [merentʃanakan] |

bonus (money)	bonus	[bonus]
professional (adj)	profesional	[profesional]
procedure	prosedur	[prosedur]

to examine (contract, etc.)	mempertimbangkan	[mempertimbaŋkan]
calculation	perhitungan	[pərhituŋan]
reputation	reputasi	[reputasi]
risk	risiko	[risiko]

to manage, to run	memimpin	[memimpin]
information	data, informasi	[data], [informasi]
property	milik	[miliʔ]
union	persatuan, serikat	[persatuan], [serikat]

life insurance	asuransi jiwa	[asuransi dʒiwa]
to insure (vt)	mengasuransikan	[məŋasuransikan]
insurance	asuransi	[asuransi]

auction (~ sale)	lelang	[lelaŋ]
to notify (inform)	memberitahu	[memberitahu]
management (process)	manajemen	[manadʒʲemen]
service (~ industry)	jasa	[dʒʲasa]

forum	forum	[forum]
to function (vi)	berfungsi	[bərfuŋsi]
stage (phase)	tahap	[tahap]
legal (~ services)	hukum	[hukum]
lawyer (legal advisor)	ahli hukum	[ahli hukum]

106. Production. Works

plant	pabrik	[pabriʔ]
factory	pabrik	[pabriʔ]
workshop	bengkel	[beŋkel]
works, production site	perusahaan	[perusahaʔan]

industry (manufacturing)	industri	[industri]
industrial (adj)	industri	[industri]
heavy industry	industri berat	[industri berat]
light industry	industri ringan	[industri riŋan]

products	produksi	[produksi]
to produce (vt)	memproduksi	[memproduksi]
raw materials	bahan baku	[bahan baku]

| foreman (construction ~) | mandor | [mandor] |
| workers team (crew) | regu pekerja | [regu pekerdʒʲa] |

worker	buruh, pekerja	[buruh], [pekerdʒʲa]
working day	hari kerja	[hari kerdʒʲa]
pause (rest break)	perhentian	[pərhentian]
meeting	rapat	[rapat]
to discuss (vt)	membicarakan	[membitʃarakan]

plan	rencana	[rentʃana]
to fulfill the plan	melaksanakan rencana	[melaksanakan rentʃana]
rate of output	kecepatan produksi	[ketʃepatan produksi]
quality	kualitas, mutu	[kualitas], [mutu]
control (checking)	kontrol, kendali	[kontrol], [kendali]
quality control	kendali mutu	[kendali mutu]

workplace safety	keselamatan kerja	[keselamatan kerdʒʲa]
discipline	disiplin	[disiplin]
violation	pelanggaran	[pelaŋaran]
(of safety rules, etc.)		
to violate (rules)	melanggar	[melaŋar]

strike	pemogokan	[pemogokan]
striker	pemogok	[pemogoʔ]
to be on strike	mogok	[mogoʔ]
labor union	serikat pekerja	[serikat pekerdʒʲa]

to invent (machine, etc.)	menemukan	[mənemukan]
invention	penemuan	[penemuan]
research	riset, penelitian	[riset], [penelitian]
to improve (make better)	memperbaiki	[memperbajki]
technology	teknologi	[teknologi]
technical drawing	gambar teknik	[gambar tekniʔ]

load, cargo	muatan	[muatan]
loader (person)	kuli	[kuli]
to load (vehicle, etc.)	memuat	[memuat]
loading (process)	pemuatan	[pemuatan]
to unload (vi, vt)	membongkar	[memboŋkar]
unloading	pembongkaran	[pemboŋkaran]

transportation	transportasi, angkutan	[transportasi], [aŋkutan]
transportation company	perusahaan transportasi	[pərusahaʔan transportasi]
to transport (vt)	mengangkut	[məŋaŋkut]

freight car	gerbong barang	[gerboŋ baraŋ]
tank (e.g., oil ~)	tangki	[taŋki]
truck	truk	[truʔ]

| machine tool | mesin | [mesin] |
| mechanism | mekanisme | [mekanisme] |

industrial waste	limbah industri	[limbah industri]
packing (process)	pengemasan	[peŋemasan]
to pack (vt)	mengemas	[meŋemas]

107. Contract. Agreement

contract	kontrak	[kontraʔ]
agreement	perjanjian	[pərdʒʲandʒian]
addendum	lampiran	[lampiran]
to sign a contract	menandatangani kontrak	[mənandataŋani kontraʔ]
signature	tanda tangan	[tanda taŋan]
to sign (vt)	menandatangani	[mənandataŋani]
seal (stamp)	cap	[tʃap]
subject of contract	subjek perjanjian	[subdʒʲeʔ pərdʒʲandʒian]
clause	ayat, pasal	[ajat], [pasal]
parties (in contract)	pihak	[pihaʔ]
legal address	alamat sah	[alamat sah]
to violate the contract	melanggar kontrak	[melaŋgar kontraʔ]
commitment (obligation)	komitmen, kewajiban	[komitmen], [kewadʒiban]
responsibility	tanggung jawab	[taŋguŋ dʒʲawab]
force majeure	keadaan kahar	[keadaʔan kahar]
dispute	sengketa	[seŋketa]
penalties	sanksi, penalti	[sanksi], [penalti]

108. Import & Export

import	impor	[impor]
importer	importir	[importir]
to import (vt)	mengimpor	[məŋimpor]
import (as adj.)	impor	[impor]
export (exportation)	ekspor	[ekspor]
exporter	eksportir	[eksportir]
to export (vi, vt)	mengekspor	[məŋekspor]
export (as adj.)	ekspor	[ekspor]
goods (merchandise)	barang dagangan	[baraŋ dagaŋan]
consignment, lot	partai	[partaj]
weight	berat	[berat]
volume	volume, isi	[volume], [isi]
cubic meter	meter kubik	[meter kubiʔ]
manufacturer	produsen	[produsen]
transportation company	perusahaan transportasi	[pərusahaʔan transportasi]
container	peti kemas	[peti kemas]
border	perbatasan	[pərbatasan]
customs	pabean	[pabean]
customs duty	bea cukai	[bea tʃukaj]

customs officer	petugas pabean	[petugas pabean]
smuggling	penyelundupan	[penjelundupan]
contraband (smuggled goods)	barang-barang selundupan	[baraŋ-baraŋ selundupan]

109. Finances

stock (share)	saham	[saham]
bond (certificate)	obligasi	[obligasi]
promissory note	wesel	[wesel]

| stock exchange | bursa efek | [bursa efeʔ] |
| stock price | kurs saham | [kurs saham] |

| to go down (become cheaper) | menjadi murah | [məndʒadi murah] |
| to go up (become more expensive) | menjadi mahal | [məndʒadi mahal] |

| share | kepemilikan saham | [kepemilikan saham] |
| controlling interest | mayoritas saham | [majoritas saham] |

investment	investasi	[investasi]
to invest (vt)	berinvestasi	[berinvestasi]
percent	persen	[persen]
interest (on investment)	suku bunga	[suku buŋa]

profit	profit, untung	[profit], [untuŋ]
profitable (adj)	beruntung	[beruntuŋ]
tax	pajak	[padʒaʔ]

currency (foreign ~)	valas	[valas]
national (adj)	nasional	[nasional]
exchange (currency ~)	pertukaran	[pertukaran]

| accountant | akuntan | [akuntan] |
| accounting | akuntansi | [akuntansi] |

bankruptcy	kebangkrutan	[kebaŋkrutan]
collapse, crash	keruntuhan	[keruntuhan]
ruin	kebangkrutan	[kebaŋkrutan]
to be ruined (financially)	bangkrut	[baŋkrut]
inflation	inflasi	[inflasi]
devaluation	devaluasi	[devaluasi]

capital	modal	[modal]
income	pendapatan	[pendapatan]
turnover	omzet	[omzet]
resources	sumber daya	[sumber daja]
monetary resources	dana	[dana]

| overhead | beaya umum | [beaja umum] |
| to reduce (expenses) | mengurangi | [məŋuraŋi] |

110. Marketing

marketing	pemasaran	[pemasaran]
market	pasar	[pasar]
market segment	segmen pasar	[segmen pasar]
product	produk	[produʔ]
goods (merchandise)	barang dagangan	[baraŋ dagaŋan]

brand	merek	[mereʔ]
trademark	merek dagang	[mereʔ dagaŋ]
logotype	logo dagang	[logo dagaŋ]
logo	logo	[logo]

demand	permintaan	[pərminta'an]
supply	penawaran	[penawaran]
need	kebutuhan	[kebutuhan]
consumer	konsumen	[konsumen]

analysis	analisis	[analisis]
to analyze (vt)	menganalisis	[məŋanalisis]
positioning	pemosisian	[pemosisian]
to position (vt)	memosisikan	[memosisikan]

price	harga	[harga]
pricing policy	politik harga	[politiʔ harga]
price formation	penentuan harga	[penentuan harga]

111. Advertising

advertising	iklan	[iklan]
to advertise (vt)	mengiklankan	[məŋiklankan]
budget	anggaran belanja	[aŋgaran belandʒa]

ad, advertisement	iklan	[iklan]
TV advertising	iklan TV	[iklan ti-vi]
radio advertising	iklan radio	[iklan radio]
outdoor advertising	iklan luar ruangan	[iklan luar ruaŋan]

mass media	media massa	[media massa]
periodical (n)	terbitan berkala	[tərbitan bərkala]
image (public appearance)	citra	[tʃitra]

slogan	slogan, semboyan	[slogan], [semboyan]
motto (maxim)	moto	[moto]
campaign	kampanye	[kampanje]

| advertising campaign | kampanye iklan | [kampanje iklan] |
| target group | khalayak sasaran | [halaja' sasaran] |

business card	kartu nama	[kartu nama]
leaflet (promotional ~)	selebaran	[selebaran]
brochure (e.g., 12 pages ~)	brosur	[brosur]
pamphlet	pamflet	[pamflet]
newsletter	buletin	[buletin]

signboard (store sign, etc.)	papan nama	[papan nama]
poster	poster	[poster]
billboard	papan iklan	[papan iklan]

112. Banking

| bank | bank | [ban'] |
| branch (of bank, etc.) | cabang | [tʃabaŋ] |

| bank clerk, consultant | konsultan | [konsultan] |
| manager (director) | manajer | [manadʒʲer] |

bank account	rekening	[rekeniŋ]
account number	nomor rekening	[nomor rekeniŋ]
checking account	rekening koran	[rekeniŋ koran]
savings account	rekening simpanan	[rekeniŋ simpanan]

to open an account	membuka rekening	[membuka rekeniŋ]
to close the account	menutup rekening	[mənutup rekeniŋ]
to deposit into the account	memasukkan ke rekening	[memasu'kan ke rekeniŋ]
to withdraw (vt)	menarik uang	[mənari' uaŋ]

deposit	deposito	[deposito]
to make a deposit	melakukan setoran	[melakukan setoran]
wire transfer	transfer kawat	[transfer kawat]
to wire, to transfer	mentransfer	[məntransfer]

| sum | jumlah | [dʒʲumlah] |
| How much? | Berapa? | [bərapa?] |

| signature | tanda tangan | [tanda taŋan] |
| to sign (vt) | menandatangani | [mənandataŋani] |

credit card	kartu kredit	[kartu kredit]
code (PIN code)	kode	[kode]
credit card number	nomor kartu kredit	[nomor kartu kredit]
ATM	Anjungan Tunai Mandiri, ATM	[andʒʲuŋan tunaj mandiri], [a-te-em]

| check | cek | [tʃe'] |

to write a check	menulis cek	[mənulis tʃeʔ]
checkbook	buku cek	[buku tʃeʔ]
loan (bank ~)	kredit, pinjaman	[kredit], [pindʒʲaman]
to apply for a loan	meminta kredit	[meminta kredit]
to get a loan	mendapatkan kredit	[məndapatkan kredit]
to give a loan	memberikan kredit	[memberikan kredit]
guarantee	jaminan	[dʒʲaminan]

113. Telephone. Phone conversation

telephone	telepon	[telepon]
cell phone	ponsel	[ponsel]
answering machine	mesin penjawab panggilan	[mesin pendʒʲawab paŋilan]
to call (by phone)	menelepon	[mənelepon]
phone call	panggilan telepon	[paŋilan telepon]
to dial a number	memutar nomor telepon	[memutar nomor telepon]
Hello!	Halo!	[halo!]
to ask (vt)	bertanya	[bertanja]
to answer (vi, vt)	menjawab	[məndʒʲawab]
to hear (vt)	mendengar	[məndeŋar]
well (adv)	baik	[bajʔ]
not well (adv)	buruk, jelek	[buruk], [dʒʲeleʔ]
noises (interference)	bising, gangguan	[bisiŋ], [gaŋguan]
receiver	gagang	[gagaŋ]
to pick up (~ the phone)	mengangkat telepon	[məŋaŋkat telepon]
to hang up (~ the phone)	menutup telepon	[mənutup telepon]
busy (engaged)	sibuk	[sibuʔ]
to ring (ab. phone)	berdering	[berderiŋ]
telephone book	buku telepon	[buku telepon]
local (adj)	lokal	[lokal]
local call	panggilan lokal	[paŋilan lokal]
long distance (~ call)	interlokal	[interlokal]
long-distance call	panggilan interlokal	[paŋilan interlokal]
international (adj)	internasional	[internasional]
international call	panggilan internasional	[paŋilan internasional]

114. Cell phone

| cell phone | ponsel | [ponsel] |
| display | layar | [lajar] |

| button | kenop | [kenop] |
| SIM card | kartu SIM | [kartu sim] |

battery	baterai	[barataj]
to be dead (battery)	mati	[mati]
charger	pengisi baterai, pengecas	[peŋisi bataraj], [peŋetʃas]

menu	menu	[menu]
settings	penyetelan	[penjetelan]
tune (melody)	nada panggil	[nada paŋgil]
to select (vt)	memilih	[memilih]

calculator	kalkulator	[kalkulator]
voice mail	penjawab telepon	[pendʒʲawab telepon]
alarm clock	weker	[weker]
contacts	buku telepon	[buku telepon]

| SMS (text message) | pesan singkat | [pesan siŋkat] |
| subscriber | pelanggan | [pelaŋgan] |

115. Stationery

| ballpoint pen | bolpen | [bolpen] |
| fountain pen | pena celup | [pena tʃelup] |

pencil	pensil	[pensil]
highlighter	spidol	[spidol]
felt-tip pen	spidol	[spidol]

| notepad | buku catatan | [buku tʃatatan] |
| agenda (diary) | agenda | [agenda] |

ruler	mistar, penggaris	[mistar], [peŋgaris]
calculator	kalkulator	[kalkulator]
eraser	karet penghapus	[karet peɲhapus]
thumbtack	paku payung	[paku pajuŋ]
paper clip	penjepit kertas	[pendʒʲepit kertas]

glue	lem	[lem]
stapler	stapler	[stapler]
hole punch	alat pelubang kertas	[alat pelubaŋ kertas]
pencil sharpener	rautan pensil	[rautan pensil]

116. Various kinds of documents

| account (report) | laporan | [laporan] |
| agreement | perjanjian | [pərdʒʲandʒian] |

application form	formulir pendaftaran	[formulir pendaftaran]
authentic (adj)	otentik, asli	[otentik], [asli]
badge (identity tag)	label identitas	[label identitas]
business card	kartu nama	[kartu nama]
certificate (~ of quality)	sertifikat	[sertifikat]
check (e.g., draw a ~)	cek	[tʃe']
check (in restaurant)	bon	[bon]
constitution	Konstitusi, Undang-Undang Dasar	[konstitusi], [undaŋ-undaŋ dasar]
contract (agreement)	perjanjian	[pərdʒʲandʒian]
copy	salinan, tembusan	[salinan], [tembusan]
copy (of contract, etc.)	eksemplar	[eksemplar]
customs declaration	pernyataan pabean	[pərnjata'an pabean]
document	dokumen	[dokumen]
driver's license	Surat Izin Mengemudi, SIM	[surat izin məŋemudi], [sim]
addendum	lampiran	[lampiran]
form	formulir	[formulir]
ID card (e.g., FBI ~)	kartu identitas	[kartu identitas]
inquiry (request)	pertanyaan	[pərtanja'an]
invitation card	surat undangan	[surat undaŋan]
invoice	faktur, tagihan	[faktur], [tagihan]
law	undang-undang	[undaŋ-undaŋ]
letter (mail)	surat	[surat]
letterhead	kop surat	[kop surat]
list (of names, etc.)	daftar	[daftar]
manuscript	manuskrip	[manuskrip]
newsletter	buletin	[buletin]
note (short letter)	nota, catatan	[nota], [tʃatatan]
pass (for worker, visitor)	pas masuk	[pas masu']
passport	paspor	[paspor]
permit	surat izin	[surat izin]
résumé	resume	[resume]
debt note, IOU	kuitansi	[kuitansi]
receipt (for purchase)	kuitansi	[kuitansi]
sales slip, receipt	slip penjualan	[slip pendʒʲualan]
report (mil.)	laporan	[laporan]
to show (ID, etc.)	memperlihatkan	[memperlihatkan]
to sign (vt)	menandatangani	[mənandataŋani]
signature	tanda tangan	[tanda taŋan]
seal (stamp)	cap	[tʃap]
text	teks	[teks]
ticket (for entry)	tiket	[tiket]
to cross out	mencoret	[məntʃoret]
to fill out (~ a form)	mengisi	[məŋisi]

waybill (shipping invoice)	**faktur**	[faktur]
will (testament)	**surat wasiat**	[surat wasiat]

117. Kinds of business

accounting services	**jasa akuntansi**	[dʒʲasa akuntansi]
advertising	**periklanan**	[periklanan]
advertising agency	**biro periklanan**	[biro periklanan]
air-conditioners	**penyejuk udara**	[penjedʒʲuʔ udara]
airline	**maskapai penerbangan**	[maskapaj penerbaŋan]
alcoholic beverages	**minuman beralkohol**	[minuman beralkohol]
antiques (antique dealers)	**antikuariat**	[antikuariat]
art gallery (contemporary ~)	**galeri seni**	[galeri seni]
audit services	**jasa audit**	[dʒʲasa audit]
banking industry	**industri perbankan**	[industri perbankan]
bar	**bar**	[bar]
beauty parlor	**salon kecantikan**	[salon ketʃantikan]
bookstore	**toko buku**	[toko buku]
brewery	**pabrik bir**	[pabriʔ bir]
business center	**pusat bisnis**	[pusat bisnis]
business school	**sekolah bisnis**	[sekolah bisnis]
casino	**kasino**	[kasino]
construction	**pembangunan**	[pembaŋunan]
consulting	**jasa konsultasi**	[dʒʲasa konsultasi]
dental clinic	**klinik gigi**	[kliniʔ gigi]
design	**desain**	[desajn]
drugstore, pharmacy	**apotek, toko obat**	[apotek], [toko obat]
dry cleaners	**penatu kimia**	[penatu kimia]
employment agency	**biro tenaga kerja**	[biro tenaga kerdʒʲa]
financial services	**jasa finansial**	[dʒʲasa finansial]
food products	**produk makanan**	[produʔ makanan]
funeral home	**rumah duka**	[rumah duka]
furniture (e.g., house ~)	**mebel**	[mebel]
clothing, garment	**pakaian, busana**	[pakajan], [busana]
hotel	**hotel**	[hotel]
ice-cream	**es krim**	[es krim]
industry (manufacturing)	**industri**	[industri]
insurance	**asuransi**	[asuransi]
Internet	**Internet**	[internet]
investments (finance)	**investasi**	[investasi]
jeweler	**tukang perhiasan**	[tukaŋ perhiasan]
jewelry	**perhiasan**	[perhiasan]

laundry (shop)	penatu	[penatu]
legal advisor	penasihat hukum	[penasihat hukum]
light industry	industri ringan	[industri riŋan]
magazine	majalah	[madʒˈalah]
mail-order selling	perniagaan pesanan pos	[perniaga'an pesanan pos]
medicine	kedokteran	[kedokteran]
movie theater	bioskop	[bioskop]
museum	museum	[museum]
news agency	kantor berita	[kantor berita]
newspaper	koran	[koran]
nightclub	klub malam	[klub malam]
oil (petroleum)	petroleum, minyak	[petroleum], [minjaʔ]
courier services	jasa kurir	[dʒˈasa kurir]
pharmaceutics	farmasi	[farmasi]
printing (industry)	percetakan	[pertʃetakan]
publishing house	penerbit	[penerbit]
radio (~ station)	radio	[radio]
real estate	properti, lahan yasan	[properti], [lahan yasan]
restaurant	restoran	[restoran]
security company	biro keamanan	[biro keamanan]
sports	olahraga	[olahraga]
stock exchange	bursa efek	[bursa efeʔ]
store	toko	[toko]
supermarket	pasar swalayan	[pasar swalajan]
swimming pool (public ~)	kolam renang	[kolam renaŋ]
tailor shop	rumah jahit	[rumah dʒˈahit]
television	televisi	[televisi]
theater	teater	[teater]
trade (commerce)	perdagangan	[perdagaŋan]
transportation	transportasi, angkutan	[transportasi], [aŋkutan]
travel	pariwisata	[pariwisata]
veterinarian	dokter hewan	[dokter hewan]
warehouse	gudang	[gudaŋ]
waste collection	pemungutan sampah	[pemuŋutan sampah]

Job. Business. Part 2

118. Show. Exhibition

exhibition, show	pameran	[pameran]
trade show	pameran perdagangan	[pameran pərdagaŋan]
participation	partisipasi	[partisipasi]
to participate (vi)	turut serta	[turut serta]
participant (exhibitor)	partisipan, peserta	[partisipan], [peserta]
director	direktur	[direktur]
organizers' office	biro penyelenggara kegiatan	[biro penelengara kegiatan]
organizer	penyelenggara	[penjeleŋgara]
to organize (vt)	menyelenggarakan	[mənjeleŋgarakan]
participation form	formulir keikutsertaan	[formulir keikutserta'an]
to fill out (vt)	mengisi	[məŋisi]
details	detail	[detajl]
information	informasi	[informasi]
price (cost, rate)	harga	[harga]
including	termasuk	[tərmasu']
to include (vt)	mencakup	[məntʃakup]
to pay (vi, vt)	membayar	[membajar]
registration fee	biaya pendaftaran	[biaja pendaftaran]
entrance	masuk	[masu']
pavilion, hall	paviliun	[paviliun]
to register (vt)	mendaftar	[məndaftar]
badge (identity tag)	label identitas	[label identitas]
booth, stand	stand	[stand]
to reserve, to book	memesan	[memesan]
display case	dagang layar kaca	[dagaŋ lajar katʃa]
spotlight	lampu	[lampu]
design	desain	[desajn]
to place (put, set)	menempatkan	[mənempatkan]
to be placed	diletakkan	[dileta'kan]
distributor	penyalur	[penjalur]
supplier	penyuplai	[penyuplaj]
to supply (vt)	menyuplai	[mənyuplaj]
country	negara, negeri	[negara], [negeri]

foreign (adj)	asing	[asiŋ]
product	produk	[produʔ]
association	asosiasi, perhimpunan	[asosiasi], [pərhimpunan]
conference hall	gedung pertemuan	[geduŋ pərtemuan]
congress	kongres	[koŋres]
contest (competition)	kontes	[kontes]
visitor (attendee)	pengunjung	[pəŋundʒʲuŋ]
to visit (attend)	mendatangi	[məndataŋi]
customer	pelanggan	[pelaŋgan]

119. Mass Media

newspaper	koran	[koran]
magazine	majalah	[madʒʲalah]
press (printed media)	pers	[pers]
radio	radio	[radio]
radio station	stasiun radio	[stasiun radio]
television	televisi	[televisi]
presenter, host	pembawa acara	[pembawa atʃara]
newscaster	penyiar	[penjiar]
commentator	komentator	[komentator]
journalist	wartawan	[wartawan]
correspondent (reporter)	koresponden	[koresponden]
press photographer	fotografer pers	[fotografer pərs]
reporter	reporter, pewarta	[reporter], [pewarta]
editor	editor, penyunting	[editor], [penyuntiŋ]
editor-in-chief	editor kepala	[editor kepala]
to subscribe (to …)	berlangganan …	[bərlaŋganan …]
subscription	langganan	[laŋganan]
subscriber	pelanggan	[pelaŋgan]
to read (vi, vt)	membaca	[membatʃa]
reader	pembaca	[pembatʃa]
circulation (of newspaper)	oplah	[oplah]
monthly (adj)	bulanan	[bulanan]
weekly (adj)	mingguan	[miŋguan]
issue (edition)	edisi	[edisi]
new (~ issue)	baru	[baru]
headline	kepala berita	[kepala berita]
short article	artikel singkat	[artikel siŋkat]
column (regular article)	kolom	[kolom]
article	artikel	[artikel]
page	halaman	[halaman]

reportage, report	reportase	[reportase]
event (happening)	peristiwa, kejadian	[peristiwa], [kedʒ'adian]
sensation (news)	sensasi	[sensasi]
scandal	skandal	[skandal]
scandalous (adj)	penuh skandal	[penuh skandal]
great (~ scandal)	besar	[besar]
show (e.g., cooking ~)	program	[program]
interview	wawancara	[wawantʃara]
live broadcast	siaran langsung	[siaran laŋsuŋ]
channel	saluran	[saluran]

120. Agriculture

agriculture	pertanian	[pertanian]
peasant (masc.)	petani	[petani]
peasant (fem.)	petani	[petani]
farmer	petani	[petani]
tractor (farm ~)	traktor	[traktor]
combine, harvester	mesin pemanen	[mesin pemanen]
plow	bajak	[badʒ'aʔ]
to plow (vi, vt)	membajak, menenggala	[membadʒ'ak], [meneŋgala]
plowland	tanah garapan	[tanah garapan]
furrow (in field)	alur	[alur]
to sow (vi, vt)	menanam	[menanam]
seeder	mesin penanam	[mesin penanam]
sowing (process)	penanaman	[penanaman]
scythe	sabit	[sabit]
to mow, to scythe	menyabit	[menjabit]
spade (tool)	sekop	[sekop]
to till (vt)	menggali	[meŋgali]
hoe	cangkul	[tʃaŋkul]
to hoe, to weed	menyiangi	[menjiaɲi]
weed (plant)	gulma	[gulma]
watering can	kaleng penyiram	[kaleŋ penjiram]
to water (plants)	menyiram	[menjiram]
watering (act)	penyiraman	[penjiraman]
pitchfork	garpu ramput	[garpu ramput]
rake	penggaruk	[peŋgaruʔ]
fertilizer	pupuk	[pupuʔ]
to fertilize (vt)	memupuk	[memupuʔ]

manure (fertilizer)	pupuk kandang	[pupuʔ kandaŋ]
field	ladang	[ladaŋ]
meadow	padang rumput	[padaŋ rumput]
vegetable garden	kebun sayur	[kebun sajur]
orchard (e.g., apple ~)	kebun buah	[kebun buah]
to graze (vt)	menggembalakan	[məŋgembalakan]
herder (herdsman)	penggembala	[peŋgembala]
pasture	padang penggembalaan	[padaŋ peŋgembalaʔan]
cattle breeding	peternakan	[peternakan]
sheep farming	peternakan domba	[peternakan domba]
plantation	perkebunan	[pərkebunan]
row (garden bed ~s)	bedeng	[bedeŋ]
hothouse	rumah kaca	[rumah katʃa]
drought (lack of rain)	musim kering	[musim keriŋ]
dry (~ summer)	kering	[keriŋ]
grain	biji	[bidʒi]
cereal crops	serealia	[serealia]
to harvest, to gather	memanen	[memanen]
miller (person)	penggiling	[peŋgiliŋ]
mill (e.g., gristmill)	kincir	[kintʃir]
to grind (grain)	menggiling	[məŋgiliŋ]
flour	tepung	[tepuŋ]
straw	jerami	[dʒierami]

121. Building. Building process

construction site	lokasi pembangunan	[lokasi pembaŋunan]
to build (vt)	membangun	[membaŋun]
construction worker	buruh bangunan	[buruh baŋunan]
project	proyek	[proeʔ]
architect	arsitek	[arsiteʔ]
worker	buruh, pekerja	[buruh], [pekerdʒia]
foundation (of a building)	fondasi	[fondasi]
roof	atap	[atap]
foundation pile	tiang fondasi	[tiaŋ fondasi]
wall	dinding	[dindiŋ]
reinforcing bars	kerangka besi	[keraŋka besi]
scaffolding	perancah	[perantʃah]
concrete	beton	[beton]
granite	granit	[granit]

stone	batu	[batu]
brick	bata, batu bata	[bata], [batu bata]
sand	pasir	[pasir]
cement	semen	[semen]
plaster (for walls)	lepa, plester	[lepa], [plester]
to plaster (vt)	melepa	[melepa]
paint	cat	[tʃat]
to paint (~ a wall)	mengecat	[məŋetʃat]
barrel	tong	[toŋ]
crane	derek	[dereʔ]
to lift, to hoist (vt)	menaikkan	[mənajʔkan]
to lower (vt)	menurunkan	[mənurunkan]
bulldozer	buldoser	[buldozer]
excavator	ekskavator	[ekskavator]
scoop, bucket	sudu pengeruk	[sudu peŋeruʔ]
to dig (excavate)	menggali	[məŋgali]
hard hat	topi baja	[topi badʒa]

122. Science. Research. Scientists

science	ilmu	[ilmu]
scientific (adj)	ilmiah	[ilmiah]
scientist	ilmuwan	[ilmuwan]
theory	teori	[teori]
axiom	aksioma	[aksioma]
analysis	analisis	[analisis]
to analyze (vt)	menganalisis	[məŋanalisis]
argument (strong ~)	argumen	[argumen]
substance (matter)	zat, bahan	[zat], [bahan]
hypothesis	hipotesis	[hipotesis]
dilemma	dilema	[dilema]
dissertation	disertasi	[disertasi]
dogma	dogma	[dogma]
doctrine	doktrin	[doktrin]
research	riset, penelitian	[riset], [penelitian]
to research (vt)	penelitian	[penelitian]
tests (laboratory ~)	pengujian	[peŋudʒian]
laboratory	laboratorium	[laboratorium]
method	metode	[metode]
molecule	molekul	[molekul]
monitoring	pemonitoran	[pemonitoran]
discovery (act, event)	penemuan	[penemuan]
postulate	postulat	[postulat]

principle	**prinsip**	[prinsip]
forecast	**prakiraan**	[prakira'an]
to forecast (vt)	**memprakirakan**	[memprakirakan]
synthesis	**sintesis**	[sintesis]
trend (tendency)	**tendensi**	[tendensi]
theorem	**teorema**	[teorema]
teachings	**ajaran**	[adʒʲaran]
fact	**fakta**	[fakta]
expedition	**ekspedisi**	[ekspedisi]
experiment	**eksperimen**	[eksperimen]
academician	**akademikus**	[akademikus]
bachelor (e.g., ~ of Arts)	**sarjana**	[sardʒʲana]
doctor (PhD)	**doktor**	[doktor]
Associate Professor	**Profesor Madya**	[profesor madja]
Master (e.g., ~ of Arts)	**Master**	[master]
professor	**profesor**	[profesor]

Professions and occupations

123. Job search. Dismissal

job	kerja, pekerjaan	[kerdʒ'a], [pekerdʒ'a'an]
staff (work force)	staf, personalia	[staf], [personalia]
personnel	staf, personel	[staf], [personel]
career	karier	[karier]
prospects (chances)	perspektif	[perspektif]
skills (mastery)	keterampilan	[keterampilan]
selection (screening)	pilihan	[pilihan]
employment agency	biro tenaga kerja	[biro tenaga kerdʒ'a]
résumé	resume	[resume]
job interview	wawancara kerja	[wawantʃara kerdʒ'a]
vacancy, opening	lowongan	[lowoŋan]
salary, pay	gaji, upah	[gadʒi], [upah]
fixed salary	gaji tetap	[gadʒi tetap]
pay, compensation	bayaran	[bajaran]
position (job)	jabatan	[dʒ'abatan]
duty (of employee)	tugas	[tugas]
range of duties	bidang tugas	[bidaŋ tugas]
busy (I'm ~)	sibuk	[sibu ʔ]
to fire (dismiss)	memecat	[memetʃat]
dismissal	pemecatan	[pemetʃatan]
unemployment	pengangguran	[peŋaŋuran]
unemployed (n)	pengganggur	[peŋaŋur]
retirement	pensiun	[pensiun]
to retire (from job)	pensiun	[pensiun]

124. Business people

director	direktur	[direktur]
manager (director)	manajer	[manadʒ'er]
boss	bos, atasan	[bos], [atasan]
superior	atasan	[atasan]
superiors	atasan	[atasan]
president	presiden	[presiden]

chairman	**ketua, dirut**	[ketua], [dirut]
deputy (substitute)	**wakil**	[wakil]
assistant	**asisten**	[asisten]
secretary	**sekretaris**	[sekretaris]
personal assistant	**asisten pribadi**	[asisten pribadi]
businessman	**pengusaha, pebisnis**	[peŋusaha], [pebisnis]
entrepreneur	**pengusaha**	[peŋusaha]
founder	**pendiri**	[pendiri]
to found (vt)	**mendirikan**	[məndirikan]
incorporator	**pendiri**	[pendiri]
partner	**mitra**	[mitra]
stockholder	**pemegang saham**	[pemegaŋ saham]
millionaire	**jutawan**	[dʒʲutawan]
billionaire	**miliarder**	[miliarder]
owner, proprietor	**pemilik**	[pemiliʔ]
landowner	**tuan tanah**	[tuan tanah]
client	**klien**	[klien]
regular client	**klien tetap**	[klien tetap]
buyer (customer)	**pembeli**	[pembeli]
visitor	**tamu**	[tamu]
professional (n)	**profesional**	[profesional]
expert	**pakar, ahli**	[pakar], [ahli]
specialist	**spesialis, ahli**	[spesialis], [ahli]
banker	**bankir**	[bankir]
broker	**broker, pialang**	[broker], [pialaŋ]
cashier, teller	**kasir**	[kasir]
accountant	**akuntan**	[akuntan]
security guard	**satpam, pengawal**	[satpam], [peŋawal]
investor	**investor**	[investor]
debtor	**debitur**	[debitur]
creditor	**kreditor**	[kreditor]
borrower	**peminjam**	[pemindʒʲam]
importer	**importir**	[importir]
exporter	**eksportir**	[eksportir]
manufacturer	**produsen**	[produsen]
distributor	**penyalur**	[penjalur]
middleman	**perantara**	[perantara]
consultant	**konsultan**	[konsultan]
sales representative	**perwakilan penjualan**	[perwakilan pendʒʲualan]
agent	**agen**	[agen]
insurance agent	**agen asuransi**	[agen asuransi]

125. Service professions

cook	koki, juru masak	[koki], [dʒʲuru masaʔ]
chef (kitchen chef)	koki kepala	[koki kepala]
baker	pembuat roti	[pembuat roti]
bartender	pelayan bar	[pelajan bar]
waiter	pelayan lelaki	[pelajan lelaki]
waitress	pelayan perempuan	[pelajan perempuan]
lawyer, attorney	advokat, pengacara	[advokat], [peɲatʃara]
lawyer (legal expert)	ahli hukum	[ahli hukum]
notary	notaris	[notaris]
electrician	tukang listrik	[tukaŋ listriʔ]
plumber	tukang pipa	[tukaŋ pipa]
carpenter	tukang kayu	[tukaŋ kaju]
masseur	tukang pijat lelaki	[tukaŋ pidʒʲat lelaki]
masseuse	tukang pijat perempuan	[tukaŋ pidʒʲat perempuan]
doctor	dokter	[dokter]
taxi driver	sopir taksi	[sopir taksi]
driver	sopir	[sopir]
delivery man	kurir	[kurir]
chambermaid	pelayan kamar	[pelajan kamar]
security guard	satpam, pengawal	[satpam], [peŋawal]
flight attendant (fem.)	pramugari	[pramugari]
schoolteacher	guru	[guru]
librarian	pustakawan	[pustakawan]
translator	penerjemah	[penerdʒʲemah]
interpreter	juru bahasa	[dʒʲuru bahasa]
guide	pemandu wisata	[pemandu wisata]
hairdresser	tukang cukur	[tukaŋ tʃukur]
mailman	tukang pos	[tukaŋ pos]
salesman (store staff)	pramuniaga	[pramuniaga]
gardener	tukang kebun	[tukaŋ kebun]
domestic servant	pramuwisma	[pramuwisma]
maid (female servant)	pramuwisma	[pramuwisma]
cleaner (cleaning lady)	pembersih ruangan	[pembersih ruaŋan]

126. Military professions and ranks

private	prajurit	[pradʒʲurit]
sergeant	sersan	[sersan]

| lieutenant | **letnan** | [letnan] |
| captain | **kapten** | [kapten] |

major	**mayor**	[major]
colonel	**kolonel**	[kolonel]
general	**jenderal**	[dʒʲenderal]
marshal	**marsekal**	[marsekal]
admiral	**laksamana**	[laksamana]

military (n)	**anggota militer**	[aŋgota militer]
soldier	**tentara, serdadu**	[tentara], [serdadu]
officer	**perwira**	[perwira]
commander	**komandan**	[komandan]

border guard	**penjaga perbatasan**	[pendʒʲaga perbatasan]
radio operator	**operator radio**	[operator radio]
scout (searcher)	**pengintai**	[peɲintaj]
pioneer (sapper)	**pencari ranjau**	[pentʃari randʒʲau]
marksman	**petembak**	[petembaʔ]
navigator	**navigator, penavigasi**	[navigator], [penavigasi]

127. Officials. Priests

| king | **raja** | [radʒʲa] |
| queen | **ratu** | [ratu] |

| prince | **pangeran** | [paŋeran] |
| princess | **putri** | [putri] |

| czar | **tsar, raja** | [tsar], [radʒʲa] |
| czarina | **tsarina, ratu** | [tsarina], [ratu] |

president	**presiden**	[presiden]
Secretary (minister)	**Menteri Sekretaris**	[menteri sekretaris]
prime minister	**perdana menteri**	[perdana menteri]
senator	**senator**	[senator]

diplomat	**diplomat**	[diplomat]
consul	**konsul**	[konsul]
ambassador	**duta besar**	[duta besar]
counsilor (diplomatic officer)	**penasihat**	[penasihat]

official, functionary (civil servant)	**petugas**	[petugas]
prefect	**prefek**	[prefeʔ]
mayor	**walikota**	[walikota]
judge	**hakim**	[hakim]
prosecutor (e.g., district attorney)	**kejaksaan negeri**	[kedʒʲaksa'an negeri]

missionary	misionaris	[misionaris]
monk	biarawan, rahib	[biarawan], [rahib]
abbot	abbas	[abbas]
rabbi	rabbi	[rabbi]
vizier	wazir	[wazir]
shah	syah	[ʃah]
sheikh	syeikh	[ʃejh]

128. Agricultural professions

beekeeper	peternak lebah	[peterna' lebah]
herder, shepherd	penggembala	[peŋgembala]
agronomist	agronom	[agronom]
cattle breeder	peternak	[peterna']
veterinarian	dokter hewan	[dokter hewan]
farmer	petani	[petani]
winemaker	pembuat anggur	[pembuat aŋgur]
zoologist	zoolog	[zoolog]
cowboy	koboi	[koboi]

129. Art professions

actor	aktor	[aktor]
actress	aktris	[aktris]
singer (masc.)	biduan	[biduan]
singer (fem.)	biduanita	[biduanita]
dancer (masc.)	penari lelaki	[penari lelaki]
dancer (fem.)	penari perempuan	[penari perempuan]
performer (masc.)	artis	[artis]
performer (fem.)	artis	[artis]
musician	musisi, musikus	[musisi], [musikus]
pianist	pianis	[pianis]
guitar player	pemain gitar	[pemajn gitar]
conductor (orchestra ~)	konduktor	[konduktor]
composer	komposer, komponis	[komposer], [komponis]
impresario	impresario	[impresario]
film director	sutradara	[sutradara]
producer	produser	[produser]
scriptwriter	penulis skenario	[penulis skenario]
critic	kritikus	[kritikus]

writer	**penulis**	[penulis]
poet	**penyair**	[penjajr]
sculptor	**pematung**	[pematuŋ]
artist (painter)	**perupa**	[pərupa]

juggler	**juggler**	[dʒʲuggler]
clown	**badut**	[badut]
acrobat	**akrobat**	[akrobat]
magician	**pesulap**	[pesulap]

130. Various professions

doctor	**dokter**	[dokter]
nurse	**suster, juru rawat**	[suster], [dʒʲuru rawat]
psychiatrist	**psikiater**	[psikiater]
dentist	**dokter gigi**	[dokter gigi]
surgeon	**dokter bedah**	[dokter bedah]

astronaut	**astronaut**	[astronaut]
astronomer	**astronom**	[astronom]
pilot	**pilot**	[pilot]

driver (of taxi, etc.)	**sopir**	[sopir]
engineer (train driver)	**masinis**	[masinis]
mechanic	**mekanik**	[mekaniʔ]

miner	**penambang**	[penambaŋ]
worker	**buruh, pekerja**	[buruh], [pekerdʒʲa]
locksmith	**tukang kikir**	[tukaŋ kikir]
joiner (carpenter)	**tukang kayu**	[tukaŋ kaju]
turner (lathe machine operator)	**tukang bubut**	[tukaŋ bubut]
construction worker	**buruh bangunan**	[buruh baŋunan]
welder	**tukang las**	[tukaŋ las]

professor (title)	**profesor**	[profesor]
architect	**arsitek**	[arsiteʔ]
historian	**sejarawan**	[sedʒʲarawan]
scientist	**ilmuwan**	[ilmuwan]
physicist	**fisikawan**	[fisikawan]
chemist (scientist)	**kimiawan**	[kimiawan]

archeologist	**arkeolog**	[arkeolog]
geologist	**geolog**	[geolog]
researcher (scientist)	**periset, peneliti**	[periset], [peneliti]

babysitter	**pengasuh anak**	[peŋasuh anaʔ]
teacher, educator	**guru, pendidik**	[guru], [pendidiʔ]
editor	**editor, penyunting**	[editor], [penyuntiŋ]
editor-in-chief	**editor kepala**	[editor kepala]

| correspondent | koresponden | [koresponden] |
| typist (fem.) | juru ketik | [dʒʲuru ketiʔ] |

designer	desainer, perancang	[desajner], [pərantʃaŋ]
computer expert	ahli komputer	[ahli komputer]
programmer	pemrogram	[pemrogram]
engineer (designer)	insinyur	[insinyur]

sailor	pelaut	[pelaut]
seaman	kelasi	[kelasi]
rescuer	penyelamat	[penjelamat]

fireman	pemadam kebakaran	[pemadam kebakaran]
police officer	polisi	[polisi]
watchman	penjaga	[pendʒʲaga]
detective	detektif	[detektif]

customs officer	petugas pabean	[petugas pabean]
bodyguard	pengawal pribadi	[peŋawal pribadi]
prison guard	sipir, penjaga penjara	[sipir], [pendʒʲaga pendʒʲara]
inspector	inspektur	[inspektur]

sportsman	olahragawan	[olahragawan]
trainer, coach	pelatih	[pelatih]
butcher	tukang daging	[tukaŋ dagiŋ]
cobbler (shoe repairer)	tukang sepatu	[tukaŋ sepatu]
merchant	pedagang	[pedagaŋ]
loader (person)	kuli	[kuli]

| fashion designer | perancang busana | [pərantʃaŋ busana] |
| model (fem.) | peragawati | [pəragawati] |

131. Occupations. Social status

| schoolboy | siswa | [siswa] |
| student (college ~) | mahasiswa | [mahasiswa] |

philosopher	filsuf	[filsuf]
economist	ahli ekonomi	[ahli ekonomi]
inventor	penemu	[penemu]

unemployed (n)	pengganggur	[peŋgaŋgur]
retiree	pensiunan	[pensiunan]
spy, secret agent	mata-mata	[mata-mata]

prisoner	tahanan	[tahanan]
striker	pemogok	[pemogoʔ]
bureaucrat	birokrat	[birokrat]
traveler (globetrotter)	pelancong	[pelantʃoŋ]

gay, homosexual (n)	**homo, homoseksual**	[homo], [homoseksual]
hacker	**peretas**	[pəretas]
hippie	**hipi**	[hipi]
bandit	**bandit**	[bandit]
hit man, killer	**pembunuh bayaran**	[pembunuh bajaran]
drug addict	**pecandu narkoba**	[petʃandu narkoba]
drug dealer	**pengedar narkoba**	[peŋedar narkoba]
prostitute (fem.)	**pelacur**	[pelatʃur]
pimp	**germo**	[germo]
sorcerer	**penyihir lelaki**	[penjihir lelaki]
sorceress (evil ~)	**penyihir perempuan**	[penjihir pərempuan]
pirate	**bajak laut**	[badʒʲaʔ laut]
slave	**budak**	[budaʔ]
samurai	**samurai**	[samuraj]
savage (primitive)	**orang primitif**	[oraŋ primitif]

Sports

132. Kinds of sports. Sportspersons

sportsman	olahragawan	[olahragawan]
kind of sports	jenis olahraga	[dʒʲenis olahraga]
basketball	bola basket	[bola basket]
basketball player	pemain bola basket	[pemajn bola basket]
baseball	bisbol	[bisbol]
baseball player	pemain bisbol	[pemajn bisbol]
soccer	sepak bola	[sepaʔ bola]
soccer player	pemain sepak bola	[pemajn sepaʔ bola]
goalkeeper	kiper, penjaga gawang	[kiper], [pendʒʲaga gawaŋ]
hockey	hoki	[hoki]
hockey player	pemain hoki	[pemajn hoki]
volleyball	bola voli	[bola voli]
volleyball player	pemain bola voli	[pemajn bola voli]
boxing	tinju	[tindʒʲu]
boxer	petinju	[petindʒʲu]
wrestling	gulat	[gulat]
wrestler	pegulat	[pegulat]
karate	karate	[karate]
karate fighter	karateka	[karateka]
judo	judo	[dʒʲudo]
judo athlete	pejudo	[pedʒʲudo]
tennis	tenis	[tenis]
tennis player	petenis	[petenis]
swimming	berenang	[bərenaŋ]
swimmer	perenang	[pərenaŋ]
fencing	anggar	[aŋgar]
fencer	pemain anggar	[pemajn aŋgar]
chess	catur	[tʃatur]
chess player	pecatur	[petʃatur]

alpinism	mendaki gunung	[məndaki gunuŋ]
alpinist	pendaki gunung	[pendaki gunuŋ]
running	lari	[lari]
runner	pelari	[pelari]
athletics	atletik	[atletiʔ]
athlete	atlet	[atlet]
horseback riding	menunggang kuda	[mənuŋgaŋ kuda]
horse rider	penunggang kuda	[penuŋgaŋ kuda]
figure skating	seluncur indah	[seluntʃur indah]
figure skater (masc.)	peseluncur indah	[peseluntʃur indah]
figure skater (fem.)	peseluncur indah	[peseluntʃur indah]
powerlifting	angkat berat	[aŋkat bərat]
powerlifter	atlet angkat berat	[atlet aŋkat bərat]
car racing	balapan mobil	[balapan mobil]
racing driver	pembalap mobil	[pembalap mobil]
cycling	bersepeda	[bərsepeda]
cyclist	atlet sepeda	[atlet sepeda]
broad jump	lompat jauh	[lompat dʒʲauh]
pole vault	lompat galah	[lompat galah]
jumper	atlet lompat, pelompat	[atlet lompat], [pelompat]

133. Kinds of sports. Miscellaneous

football	futbol	[futbol]
badminton	badminton, bulu tangkis	[badminton], [bulu taŋkis]
biathlon	biathlon	[biatlon]
billiards	biliar	[biliar]
bobsled	bobsled	[bobsled]
bodybuilding	binaraga	[binaraga]
water polo	polo air	[polo air]
handball	bola tangan	[bola taŋan]
golf	golf	[golf]
rowing, crew	mendayung	[məndajuŋ]
scuba diving	selam skuba	[selam skuba]
cross-country skiing	ski lintas alam	[ski lintas alam]
table tennis (ping-pong)	tenis meja	[tenis medʒʲa]
sailing	berlayar	[bərlajar]
rally racing	balap reli	[balap reli]
rugby	rugbi	[rugbi]

| snowboarding | seluncur salju | [seluntʃur saldʒ'u] |
| archery | memanah | [memanah] |

134. Gym

barbell	barbel	[barbel]
dumbbells	dumbel	[dumbel]
training machine	alat senam	[alat senam]
exercise bicycle	sepeda statis	[sepeda statis]
treadmill	treadmill	[tredmil]
horizontal bar	rekstok	[reksto']
parallel bars	palang sejajar	[palaŋ sedʒ'adʒ'ar]
vault (vaulting horse)	kuda-kuda	[kuda-kuda]
mat (exercise ~)	matras	[matras]
jump rope	lompat tali	[lompat tali]
aerobics	aerobik	[aerobi']
yoga	yoga	[yoga]

135. Hockey

hockey	hoki	[hoki]
hockey player	pemain hoki	[pemajn hoki]
to play hockey	bermain hoki	[bərmajn hoki]
ice	es	[es]
puck	bola hoki es	[bola hoki es]
hockey stick	stik hoki	[sti' hoki]
ice skates	sepatu es	[sepatu es]
board (ice hockey rink ~)	papan	[papan]
shot	pukulan	[pukulan]
goaltender	penjaga gawang	[pendʒ'aga gawaŋ]
goal (score)	gol	[gol]
to score a goal	menjaringkan gol	[məndʒ'ariŋkan gol]
period	babak	[baba']
second period	babak kedua	[baba' kedua]
substitutes bench	bangku pemain pengganti	[baŋku pemajn peŋanti]

136. Soccer

| soccer | sepak bola | [sepa' bola] |
| soccer player | pemain sepak bola | [pemajn sepa' bola] |

to play soccer	bermain sepak bola	[bərmajn sepa' bola]
major league	liga tertinggi	[liga tərtiŋgi]
soccer club	klub sepak bola	[klub sepa' bola]
coach	pelatih	[pelatih]
owner, proprietor	pemilik	[pemili']
team	tim	[tim]
team captain	kapten tim	[kapten tim]
player	pemain	[pemajn]
substitute	pemain pengganti	[pemajn peŋganti]
forward	penyerang	[penjeraŋ]
center forward	penyerang tengah	[penjeraŋ teŋah]
scorer	penyerang, pencetak gol	[penjeraŋ], [pentʃeta' gol]
defender, back	bek, pemain bertahan	[bek], [pemajn bərtahan]
midfielder, halfback	hafbek	[hafbe']
match	pertandingan	[pərtandiŋan]
to meet (vi, vt)	bertanding	[bərtandiŋ]
final	final	[final]
semi-final	semifinal	[semifinal]
championship	kejuaraan	[kedʒʲuara'an]
period, half	babak	[baba']
first period	babak pertama	[baba' pərtama]
half-time	waktu istirahat	[waktu istirahat]
goal	gawang	[gawaŋ]
goalkeeper	kiper, penjaga gawang	[kiper], [pendʒʲaga gawaŋ]
goalpost	tiang gawang	[tiaŋ gawaŋ]
crossbar	palang gol	[palaŋ gol]
net	net	[net]
to concede a goal	kebobolan	[kebobolan]
ball	bola	[bola]
pass	operan	[operan]
kick	tendangan	[tendaŋan]
to kick (~ the ball)	menendang	[mənendaŋ]
free kick (direct ~)	tendangan bebas	[tendaŋan bebas]
corner kick	tendangan penjuru	[tendaŋan pendʒʲuru]
attack	serangan	[seraŋan]
counterattack	serangan balik	[seraŋan bali']
combination	kombinasi	[kombinasi]
referee	wasit	[wasit]
to blow the whistle	meniup peluit	[məniup peluit]
whistle (sound)	peluit	[peluit]
foul, misconduct	pelanggaran	[pelaŋgaran]
to commit a foul	melanggar	[melaŋgar]
to send off	mengusir keluar lapangan	[meŋusir keluar lapaŋan]

yellow card	kartu kuning	[kartu kuniŋ]
red card	kartu merah	[kartu merah]
disqualification	diskualifikasi	[diskualifikasi]
to disqualify (vt)	mendiskualifikasi	[məndiskualifikasi]

penalty kick	tendangan penalti	[tendaŋan penalti]
wall	tembok pemain	[tembo' pemajn]
to score (vi, vt)	menjaringkan	[məndʒ¡ariŋkan]
goal (score)	gol	[gol]
to score a goal	menjaringkan gol	[məndʒ¡ariŋkan gol]

substitution	penggantian	[peŋgantian]
to replace (a player)	mengganti	[məŋganti]
rules	peraturan	[pəraturan]
tactics	taktik	[takti']

stadium	stadion	[stadion]
stand (bleachers)	tribun	[tribun]
fan, supporter	pendukung	[pendukuŋ]
to shout (vi)	berteriak	[bərteria']

| scoreboard | papan skor | [papan skor] |
| score | skor | [skor] |

defeat	kekalahan	[kekalahan]
to lose (not win)	kalah	[kalah]
tie	seri, hasil imbang	[seri], [hasil imbaŋ]
to tie (vi)	bermain seri	[bərmajn seri]

victory	kemenangan	[kemenaŋan]
to win (vi, vt)	menang	[menaŋ]
champion	juara	[dʒ¡uara]
best (adj)	terbaik	[terbai']
to congratulate (vt)	mengucapkan selamat	[məŋutʃapkan selamat]

commentator	komentator	[komentator]
to commentate (vt)	berkomentar	[bərkomentar]
broadcast	siaran	[siaran]

137. Alpine skiing

| skis | ski | [ski] |
| to ski (vi) | bermain ski | [bərmajn ski] |

| mountain-ski resort | resor ski | [resor ski] |
| ski lift | kereta gantung | [kereta gantuŋ] |

ski poles	tongkat ski	[toŋkat ski]
slope	lereng	[lereŋ]
slalom	slalom	[slalom]

138. Tennis. Golf

golf	golf	[golf]
golf club	klub golf	[klub golf]
golfer	pegolf	[pegolf]
hole	lubang	[luban]
club	stik golf	[sti' golf]
golf trolley	troli golf	[troli golf]
tennis	tenis	[tenis]
tennis court	lapangan tenis	[lapaŋan tenis]
serve	servis	[servis]
to serve (vt)	melakukan servis	[melakukan servis]
racket	raket	[raket]
net	net	[net]
ball	bola	[bola]

139. Chess

chess	catur	[tʃatur]
chessmen	buah catur	[buah tʃatur]
chess player	pecatur	[petʃatur]
chessboard	papan catur	[papan tʃatur]
chessman	buah catur	[buah tʃatur]
White (white pieces)	buah putih	[buah putih]
Black (black pieces)	buah hitam	[buah hitam]
pawn	pion, bidak	[pion], [bida']
bishop	gajah	[gadʒʲah]
knight	kuda	[kuda]
rook	benteng	[benteŋ]
queen	ratu, menteri	[ratu], [menteri]
king	raja	[radʒʲa]
move	langkah	[laŋkah]
to move (vi, vt)	melangkahkan bidak	[melaŋkahkan bida']
to sacrifice (vt)	mengorbankan	[meŋorbankan]
castling	rokade	[rokade]
check	skak	[ska']
checkmate	skak mat	[ska' mat]
chess tournament	pertandingan catur	[pertandiŋan tʃatur]
Grand Master	Grandmaster	[grandmaster]
combination	kombinasi	[kombinasi]
game (in chess)	partai	[partaj]
checkers	permainan dam	[permajnan dam]

140. Boxing

boxing	**tinju**	[tindʒʲu]
fight (bout)	**pertarungan**	[pərtaruŋan]
boxing match	**pertandingan**	[pərtandiŋan]
round (in boxing)	**ronde**	[ronde]
ring	**ring**	[riŋ]
gong	**gong**	[goŋ]
punch	**pukulan**	[pukulan]
knockdown	**knock-down**	[knokdaun]
knockout	**knock-out**	[knokaut]
to knock out	**meng-KO**	[meŋ-kao]
boxing glove	**sarung tinju**	[saruŋ tindʒʲu]
referee	**wasit**	[wasit]
lightweight	**kelas ringan**	[kelas riŋan]
middleweight	**kelas menengah**	[kelas meneŋah]
heavyweight	**kelas berat**	[kelas bərat]

141. Sports. Miscellaneous

Olympic Games	**Olimpiade**	[olimpiade]
winner	**pemenang**	[pemenaŋ]
to be winning	**unggul**	[uŋgul]
to win (vi)	**menang**	[menaŋ]
leader	**pemimpin**	[pemimpin]
to lead (vi)	**memimpin**	[memimpin]
first place	**tempat pertama**	[tempat pərtama]
second place	**tempat kedua**	[tempat kedua]
third place	**tempat ketiga**	[tempat ketiga]
medal	**medali**	[medali]
trophy	**trofi**	[trofi]
prize cup (trophy)	**piala**	[piala]
prize (in game)	**hadiah**	[hadiah]
main prize	**hadiah utama**	[hadiah utama]
record	**rekor**	[rekor]
to set a record	**menciptakan rekor**	[mentʃiptakan rekor]
final	**final**	[final]
final (adj)	**final**	[final]
champion	**juara**	[dʒʲuara]
championship	**kejuaraan**	[kedʒʲuaraʔan]

stadium	stadion	[stadion]
stand (bleachers)	tribun	[tribun]
fan, supporter	pendukung	[pendukuŋ]
opponent, rival	lawan	[lawan]
start (start line)	start	[start]
finish line	finis	[finis]
defeat	kekalahan	[kekalahan]
to lose (not win)	kalah	[kalah]
referee	wasit	[wasit]
jury (judges)	juri	[dʒʲuri]
score	skor	[skor]
tie	seri, hasil imbang	[seri], [hasil imbaŋ]
to tie (vi)	bermain seri	[bərmajn seri]
point	poin	[poin]
result (final score)	skor, hasil akhir	[skor], [hasil ahir]
period	babak	[babaʔ]
half-time	waktu istirahat	[waktu istirahat]
doping	doping	[dopiŋ]
to penalize (vt)	menghukum	[məŋhukum]
to disqualify (vt)	mendiskualifikasi	[məndiskualifikasi]
apparatus	alat olahraga	[alat olahraga]
javelin	lembing	[lembiŋ]
shot (metal ball)	peluru	[peluru]
ball (snooker, etc.)	bola	[bola]
aim (target)	sasaran	[sasaran]
target	sasaran	[sasaran]
to shoot (vi)	menembak	[mənembaʔ]
accurate (~ shot)	akurat	[akurat]
trainer, coach	pelatih	[pelatih]
to train (sb)	melatih	[melatih]
to train (vi)	berlatih	[bərlatih]
training	latihan	[latihan]
gym	gimnasium	[gimnasium]
exercise (physical)	latihan	[latihan]
warm-up (athlete ~)	pemanasan	[pemanasan]

Education

142. School

school	**sekolah**	[sekolah]
principal (headmaster)	**kepala sekolah**	[kepala sekolah]
pupil (boy)	**murid laki-laki**	[murid laki-laki]
pupil (girl)	**murid perempuan**	[murid perempuan]
schoolboy	**siswa**	[siswa]
schoolgirl	**siswi**	[siswi]
to teach (sb)	**mengajar**	[məŋadʒʲar]
to learn (language, etc.)	**belajar**	[beladʒʲar]
to learn by heart	**menghafalkan**	[məŋhafalkan]
to learn (~ to count, etc.)	**belajar**	[beladʒʲar]
to be in school	**bersekolah**	[bersekolah]
to go to school	**ke sekolah**	[ke sekolah]
alphabet	**alfabet, abjad**	[alfabet], [abdʒʲad]
subject (at school)	**subjek, mata pelajaran**	[subdʒʲek], [mata peladʒʲaran]
classroom	**ruang kelas**	[ruaŋ kelas]
lesson	**pelajaran**	[peladʒʲaran]
recess	**waktu istirahat**	[waktu istirahat]
school bell	**lonceng**	[lontʃeŋ]
school desk	**bangku sekolah**	[baŋku sekolah]
chalkboard	**papan tulis hitam**	[papan tulis hitam]
grade	**nilai**	[nilaj]
good grade	**nilai baik**	[nilaj baj']
bad grade	**nilai jelek**	[nilaj dʒʲele']
to give a grade	**memberikan nilai**	[memberikan nilaj]
mistake, error	**kesalahan**	[kesalahan]
to make mistakes	**melakukan kesalahan**	[melakukan kesalahan]
to correct (an error)	**mengoreksi**	[məŋoreksi]
cheat sheet	**contekan**	[tʃontekan]
homework	**pekerjaan rumah**	[pekerdʒʲa'an rumah]
exercise (in education)	**latihan**	[latihan]
to be present	**hadir**	[hadir]
to be absent	**absen, tidak hadir**	[absen], [tida' hadir]

to miss school	absen dari sekolah	[absen dari sekolah]
to punish (vt)	menghukum	[məŋhukum]
punishment	hukuman	[hukuman]
conduct (behavior)	perilaku	[perilaku]
report card	rapor	[rapor]
pencil	pensil	[pensil]
eraser	karet penghapus	[karet peŋhapus]
chalk	kapur	[kapur]
pencil case	kotak pensil	[kotaʔ pensil]
schoolbag	tas sekolah	[tas sekolah]
pen	pen	[pen]
school notebook	buku tulis	[buku tulis]
textbook	buku pelajaran	[buku pelaʤʲaran]
compasses	paser, jangka	[paser], [ʤʲaŋka]
to make technical drawings	menggambar	[məŋgambar]
technical drawing	gambar teknik	[gambar tekniʔ]
poem	puisi, sajak	[puisi], [saʤʲaʔ]
by heart (adv)	hafal	[hafal]
to learn by heart	menghafalkan	[məŋhafalkan]
school vacation	liburan sekolah	[liburan sekolah]
to be on vacation	berlibur	[bərlibur]
to spend one's vacation	menjalani liburan	[mənʤʲalani liburan]
test (written math ~)	tes, kuis	[tes], [kuis]
essay (composition)	esai, karangan	[esaj], [karaŋan]
dictation	dikte	[dikte]
exam (examination)	ujian	[uʤian]
to take an exam	menempuh ujian	[mənempuh uʤian]
experiment (e.g., chemistry ~)	eksperimen	[eksperimen]

143. College. University

academy	akademi	[akademi]
university	universitas	[universitas]
faculty (e.g., ~ of Medicine)	fakultas	[fakultas]
student (masc.)	mahasiswa	[mahasiswa]
student (fem.)	mahasiswi	[mahasiswi]
lecturer (teacher)	dosen	[dosen]
lecture hall, room	ruang kuliah	[ruaŋ kuliah]
graduate	lulusan	[lulusan]

| diploma | ijazah | [idʒˈazah] |
| dissertation | disertasi | [disertasi] |

| study (report) | penelitian | [penelitian] |
| laboratory | laboratorium | [laboratorium] |

lecture	kuliah	[kuliah]
coursemate	rekan sekuliah	[rekan sekuliah]
scholarship	beasiswa	[beasiswa]
academic degree	gelar akademik	[gelar akademiʔ]

144. Sciences. Disciplines

mathematics	matematika	[matematika]
algebra	aljabar	[aldʒˈabar]
geometry	geometri	[geometri]

astronomy	astronomi	[astronomi]
biology	biologi	[biologi]
geography	geografi	[geografi]
geology	geologi	[geologi]
history	sejarah	[sedʒˈarah]

medicine	kedokteran	[kedokteran]
pedagogy	pedagogi	[pedagogi]
law	hukum	[hukum]

physics	fisika	[fisika]
chemistry	kimia	[kimia]
philosophy	filsafat	[filsafat]
psychology	psikologi	[psikologi]

145. Writing system. Orthography

grammar	tatabahasa	[tatabahasa]
vocabulary	kosakata	[kosakata]
phonetics	fonetik	[fonetiʔ]

noun	nomina	[nomina]
adjective	adjektiva	[adʒˈektiva]
verb	verba	[verba]
adverb	adverbia	[adverbia]

pronoun	kata ganti	[kata ganti]
interjection	kata seru	[kata seru]
preposition	preposisi, kata depan	[preposisi], [kata depan]
root	kata dasar	[kata dasar]
ending	akhiran	[ahiran]

prefix	prefiks, awalan	[prefiks], [awalan]
syllable	suku kata	[suku kata]
suffix	sufiks, akhiran	[sufiks], [ahiran]
stress mark	tanda tekanan	[tanda tekanan]
apostrophe	apostrofi	[apostrofi]
period, dot	titik	[titiʔ]
comma	koma	[koma]
semicolon	titik koma	[titiʔ koma]
colon	titik dua	[titiʔ dua]
ellipsis	elipsis, lesapan	[elipsis], [lesapan]
question mark	tanda tanya	[tanda tanja]
exclamation point	tanda seru	[tanda seru]
quotation marks	tanda petik	[tanda petiʔ]
in quotation marks	dalam tanda petik	[dalam tanda petiʔ]
parenthesis	tanda kurung	[tanda kuruŋ]
in parenthesis	dalam tanda kurung	[dalam tanda kuruŋ]
hyphen	tanda pisah	[tanda pisah]
dash	tanda hubung	[tanda hubuŋ]
space (between words)	spasi	[spasi]
letter	huruf	[huruf]
capital letter	huruf kapital	[huruf kapital]
vowel (n)	vokal	[vokal]
consonant (n)	konsonan	[konsonan]
sentence	kalimat	[kalimat]
subject	subjek	[subdʒʲeʔ]
predicate	predikat	[predikat]
line	baris	[baris]
on a new line	di baris baru	[di baris baru]
paragraph	alinea, paragraf	[alinea], [paragraf]
word	kata	[kata]
group of words	rangkaian kata	[raŋkajan kata]
expression	ungkapan	[uŋkapan]
synonym	sinonim	[sinonim]
antonym	antonim	[antonim]
rule	peraturan	[pəraturan]
exception	perkecualian	[pərketʃualian]
correct (adj)	benar, betul	[benar], [betul]
conjugation	konjugasi	[kondʒʲugasi]
declension	deklinasi	[deklinasi]
nominal case	kasus nominal	[kasus nominal]

question	pertanyaan	[pərtanja'an]
to underline (vt)	menggaris bawahi	[məŋgaris bawahi]
dotted line	garis bertitik	[garis bərtiti']

146. Foreign languages

language	bahasa	[bahasa]
foreign (adj)	asing	[asiŋ]
foreign language	bahasa asing	[bahasa asiŋ]
to study (vt)	mempelajari	[mempeladʒˈari]
to learn (language, etc.)	belajar	[beladʒˈar]
to read (vi, vt)	membaca	[membatʃa]
to speak (vi, vt)	berbicara	[bərbitʃara]
to understand (vt)	mengerti	[meŋerti]
to write (vt)	menulis	[mənulis]
fast (adv)	cepat, fasih	[tʃepat], [fasih]
slowly (adv)	perlahan-lahan	[pərlahan-lahan]
fluently (adv)	fasih	[fasih]
rules	peraturan	[pəraturan]
grammar	tatabahasa	[tatabahasa]
vocabulary	kosakata	[kosakata]
phonetics	fonetik	[foneti']
textbook	buku pelajaran	[buku peladʒˈaran]
dictionary	kamus	[kamus]
teach-yourself book	buku autodidak	[buku autodida']
phrasebook	panduan percakapan	[panduan pərtʃakapan]
cassette, tape	kaset	[kaset]
videotape	kaset video	[kaset video]
CD, compact disc	cakram kompak	[tʃakram kompa']
DVD	cakram DVD	[tʃakram di-vi-di]
alphabet	alfabet, abjad	[alfabet], [abdʒˈad]
to spell (vt)	mengeja	[məŋedʒˈa]
pronunciation	pelafalan	[pelafalan]
accent	aksen	[aksen]
with an accent	dengan aksen	[deŋan aksen]
without an accent	tanpa aksen	[tanpa aksen]
word	kata	[kata]
meaning	arti	[arti]
course (e.g., a French ~)	kursus	[kursus]
to sign up	Mendaftar	[məndaftar]
teacher	guru	[guru]

translation (process)	penerjemahan	[penerdʲʒemahan]
translation (text, etc.)	terjemahan	[tərdʲʒemahan]
translator	penerjemah	[penerdʲʒemah]
interpreter	juru bahasa	[dʲʒuru bahasa]
polyglot	poliglot	[poliglot]
memory	memori, daya ingat	[memori], [daja iŋat]

147. Fairy tale characters

Santa Claus	Sinterklas	[sinterklas]
Cinderella	Cinderella	[tʃinderella]
mermaid	putri duyung	[putri duyuŋ]
Neptune	Neptunus	[neptunus]
magician, wizard	penyihir	[penjihir]
fairy	peri	[peri]
magic (adj)	sihir	[sihir]
magic wand	tongkat sihir	[toŋkat sihir]
fairy tale	dongeng	[doŋeŋ]
miracle	keajaiban	[keadʲʒajban]
dwarf	kerdil, katai	[kerdil], [kataj]
to turn into ...	menjelma menjadi ...	[məndʲʒelma məndʲʒadi ...]
ghost	hantu	[hantu]
phantom	fantom	[fantom]
monster	monster	[monster]
dragon	naga	[naga]
giant	raksasa	[raksasa]

148. Zodiac Signs

Aries	Aries	[aries]
Taurus	Taurus	[taurus]
Gemini	Gemini	[dʲʒemini]
Cancer	Cancer	[kanser]
Leo	Leo	[leo]
Virgo	Virgo	[virgo]
Libra	Libra	[libra]
Scorpio	Scorpio	[skorpio]
Sagittarius	Sagitarius	[sagitarius]
Capricorn	Capricorn	[keprikon]
Aquarius	Aquarius	[akuarius]
Pisces	Pisces	[pistʃes]
character	karakter	[karakter]
character traits	ciri karakter	[tʃiri karakter]

behavior	**tingkah laku**	[tiŋkah laku]
to tell fortunes	**meramal**	[meramal]
fortune-teller	**peramal**	[peramal]
horoscope	**horoskop**	[horoskop]

Arts

149. Theater

theater	teater	[teater]
opera	opera	[opera]
operetta	opereta	[opereta]
ballet	balet	[balet]
theater poster	poster	[poster]
troupe (theatrical company)	rombongan teater	[romboŋan teater]
tour	tur, pertunjukan keliling	[tur], [pertundʒʲukan keliliŋ]
to be on tour	mengadakan tur	[məŋadakan tur]
to rehearse (vi, vt)	berlatih	[berlatih]
rehearsal	geladi	[geladi]
repertoire	repertoar	[repertoar]
performance	pertunjukan	[pertundʒʲukan]
theatrical show	pergelaran	[pergelaran]
play	lakon	[lakon]
ticket	tiket	[tiket]
box office (ticket booth)	loket tiket	[loket tiket]
lobby, foyer	lobi, ruang depan	[lobi], [ruaŋ depan]
coat check (cloakroom)	tempat penitipan jas	[tempat penitipan dʒʲas]
coat check tag	nomor penitipan jas	[nomor penitipan dʒʲas]
binoculars	binokular	[binokular]
usher	petugas penyobek tiket	[petugas penjobeʔ tiket]
orchestra seats	kursi orkestra	[kursi orkestra]
balcony	balkon	[balkon]
dress circle	tingkat pertama	[tiŋkat pertama]
box	boks	[boks]
row	barisan	[barisan]
seat	tempat duduk	[tempat duduʔ]
audience	khalayak	[halajaʔ]
spectator	penonton	[penonton]
to clap (vi, vt)	bertepuk tangan	[bertepuʔ taŋan]
applause	aplaus, tepuk tangan	[aplaus], [tepuʔ taŋan]
ovation	ovasi, tepuk tangan	[ovasi], [tepuʔ taŋan]
stage	panggung	[paŋguŋ]
curtain	tirai	[tiraj]
scenery	tata panggung	[tata paŋguŋ]

backstage	belakang panggung	[belakaŋ paŋguŋ]
scene (e.g., the last ~)	adegan	[adegan]
act	babak	[baba']
intermission	waktu istirahat	[waktu istirahat]

150. Cinema

actor	aktor	[aktor]
actress	aktris	[aktris]
movies (industry)	sinematografi, perfilman	[sinematografi], [pərfilman]
movie	film	[film]
episode	episode, seri	[episode], [seri]
detective movie	detektif	[detektif]
action movie	film laga	[film laga]
adventure movie	film petualangan	[film petualaŋan]
science fiction movie	film fiksi ilmiah	[film fiksi ilmiah]
horror movie	film horor	[film horor]
comedy movie	film komedi	[film komedi]
melodrama	melodrama	[melodrama]
drama	drama	[drama]
fictional movie	film fiksi	[film fiksi]
documentary	film dokumenter	[film dokumenter]
cartoon	kartun	[kartun]
silent movies	film bisu	[film bisu]
role (part)	peran	[peran]
leading role	peran utama	[peran utama]
to play (vi, vt)	berperan	[bərperan]
movie star	bintang film	[bintaŋ film]
well-known (adj)	terkenal	[tərkenal]
famous (adj)	terkenal	[tərkenal]
popular (adj)	populer, terkenal	[populer], [tərkenal]
script (screenplay)	skenario	[skenario]
scriptwriter	penulis skenario	[penulis skenario]
movie director	sutradara	[sutradara]
producer	produser	[produser]
assistant	asisten	[asisten]
cameraman	kamerawan	[kamerawan]
stuntman	pemeran pengganti	[pemeran peŋganti]
double (stuntman)	pengganti	[peŋganti]
to shoot a movie	merekam film	[merekam film]
audition, screen test	audisi	[audisi]
shooting	syuting, pengambilan gambar	[ʃyutiŋ], [peŋambilan gambar]

movie crew	**rombongan film**	[romboŋan film]
movie set	**set film**	[set film]
camera	**kamera**	[kamera]
movie theater	**bioskop**	[bioskop]
screen (e.g., big ~)	**layar**	[lajar]
to show a movie	**menayangkan film**	[mənajaŋkan film]
soundtrack	**soundtrack, trek suara**	[saundtrek], [tre' suara]
special effects	**efek khusus**	[efe' husus]
subtitles	**subjudul, teks film**	[subdʒʲudul], [teks film]
credits	**ucapan terima kasih**	[utʃapan tərima kasih]
translation	**terjemahan**	[tərdʒʲemahan]

151. Painting

art	**seni**	[seni]
fine arts	**seni rupa**	[seni rupa]
art gallery	**galeri seni**	[galeri seni]
art exhibition	**pameran seni**	[pameran seni]
painting (art)	**seni lukis**	[seni lukis]
graphic art	**seni grafis**	[seni grafis]
abstract art	**seni abstrak**	[seni abstra']
impressionism	**impresionisme**	[impresionisme]
picture (painting)	**lukisan**	[lukisan]
drawing	**gambar**	[gambar]
poster	**poster**	[poster]
illustration (picture)	**ilustrasi**	[ilustrasi]
miniature	**miniatur**	[miniatur]
copy (of painting, etc.)	**salinan**	[salinan]
reproduction	**reproduksi**	[reproduksi]
mosaic	**mozaik**	[mozaj']
stained glass window	**kaca berwarna**	[katʃa bərwarna]
fresco	**fresko**	[fresko]
engraving	**gravir**	[gravir]
bust (sculpture)	**patung sedada**	[patuŋ sedada]
sculpture	**seni patung**	[seni patuŋ]
statue	**patung**	[patuŋ]
plaster of Paris	**gips**	[gips]
plaster (as adj)	**dari gips**	[dari gips]
portrait	**potret**	[potret]
self-portrait	**potret diri**	[potret diri]
landscape painting	**lukisan lanskap**	[lukisan lanskap]
still life	**alam benda**	[alam benda]

| caricature | karikatur | [karikatur] |
| sketch | sketsa | [sketsa] |

paint	cat	[tʃat]
watercolor paint	cat air	[tʃat air]
oil (paint)	cat minyak	[tʃat minjaʔ]
pencil	pensil	[pensil]
India ink	tinta gambar	[tinta gambar]
charcoal	arang	[araŋ]

| to draw (vi, vt) | menggambar | [məŋgambar] |
| to paint (vi, vt) | melukis | [melukis] |

to pose (vi)	berpose	[bərpose]
artist's model (masc.)	model lelaki	[model lelaki]
artist's model (fem.)	model perempuan	[model pərempuan]

artist (painter)	perupa	[pərupa]
work of art	karya seni	[karja seni]
masterpiece	adikarya, mahakarya	[adikarja], [mahakarja]
studio (artist's workroom)	studio seni	[studio seni]

canvas (cloth)	kanvas	[kanvas]
easel	esel, kuda-kuda	[esel], [kuda-kuda]
palette	palet	[palet]

frame (picture ~, etc.)	bingkai	[biŋkaj]
restoration	pemugaran	[pemugaran]
to restore (vt)	memugar	[memugar]

152. Literature & Poetry

literature	sastra, kesusastraan	[sastra], [kesusastraʔan]
author (writer)	pengarang	[peŋaraŋ]
pseudonym	pseudonim, nama samaran	[pseudonim], [nama samaran]

book	buku	[buku]
volume	jilid	[dʒilid]
table of contents	daftar isi	[daftar isi]
page	halaman	[halaman]
main character	karakter utama	[karakter utama]
autograph	tanda tangan	[tanda taŋan]

short story	cerpen	[tʃerpen]
story (novella)	novel, cerita	[novel], [tʃerita]
novel	novel	[novel]
work (writing)	karya	[karja]
fable	fabel	[fabel]
detective novel	novel detektif	[novel detektif]

poem (verse)	puisi, sajak	[puisi], [sadʒʲaʔ]
poetry	puisi	[puisi]
poem (epic, ballad)	puisi	[puisi]
poet	penyair	[penjajr]

fiction	fiksi	[fiksi]
science fiction	fiksi ilmiah	[fiksi ilmiah]
adventures	petualangan	[petualaŋan]
educational literature	literatur pendidikan	[literatur pendidikan]
children's literature	sastra kanak-kanak	[sastra kanaʔ-kanaʔ]

153. Circus

circus	sirkus	[sirkus]
traveling circus	sirkus keliling	[sirkus keliliŋ]
program	program	[program]
performance	pertunjukan	[pərtundʒʲukan]

| act (circus ~) | aksi | [aksi] |
| circus ring | arena | [arena] |

| pantomime (act) | pantomim | [pantomim] |
| clown | badut | [badut] |

acrobat	pemain akrobat	[pemajn akrobat]
acrobatics	akrobatik	[akrobatiʔ]
gymnast	pesenam	[pesenam]
gymnastics	senam	[senam]
somersault	salto	[salto]
athlete (strongman)	orang kuat	[oraŋ kuat]
tamer (e.g., lion ~)	penjinak hewan	[pendʒina' hewan]
rider (circus horse ~)	penunggang kuda	[penuŋgaŋ kuda]
assistant	asisten	[asisten]

stunt	stunt	[stun]
magic trick	trik sulap	[triʔ sulap]
conjurer, magician	pesulap	[pesulap]

juggler	juggler	[dʒʲuggler]
to juggle (vi, vt)	bermain juggling	[bərmajn dʒʲuggliŋ]
animal trainer	pelatih binatang	[pelatih binataŋ]
animal training	pelatihan binatang	[pelatihan binataŋ]
to train (animals)	melatih	[melatih]

154. Music. Pop music

| music | musik | [musiʔ] |
| musician | musisi, musikus | [musisi], [musikus] |

musical instrument	alat musik	[alat musiʔ]
to play ...	bermain ...	[bərmajn ...]
guitar	gitar	[gitar]
violin	biola	[biola]
cello	selo	[selo]
double bass	kontrabas	[kontrabas]
harp	harpa	[harpa]
piano	piano	[piano]
grand piano	grand piano	[grand piano]
organ	organ	[organ]
wind instruments	alat musik tiup	[alat musiʔ tiup]
oboe	obo	[obo]
saxophone	saksofon	[saksofon]
clarinet	klarinet	[klarinet]
flute	suling	[suliŋ]
trumpet	trompet	[trompet]
accordion	akordeon	[akordeon]
drum	drum	[drum]
duo	duo, duet	[duo], [duet]
trio	trio	[trio]
quartet	kuartet	[kuartet]
choir	kor	[kor]
orchestra	orkestra	[orkestra]
pop music	musik pop	[musiʔ pop]
rock music	musik rok	[musiʔ roʔ]
rock group	grup musik rok	[grup musiʔ roʔ]
jazz	jaz	[dʒʲaz]
idol	idola	[idola]
admirer, fan	pengagum	[peŋagum]
concert	konser	[konser]
symphony	simfoni	[simfoni]
composition	komposisi	[komposisi]
to compose (write)	menggubah, mencipta	[məŋgubah], [məntʃipta]
singing (n)	nyanyian	[njanjian]
song	lagu	[lagu]
tune (melody)	nada, melodi	[nada], [melodi]
rhythm	irama	[irama]
blues	musik blues	[musiʔ blus]
sheet music	notasi musik	[notasi musiʔ]
baton	tongkat dirigen	[toŋkat dirigen]
bow	penggesek	[peŋgeseʔ]
string	tali, senar	[tali], [senar]
case (e.g., guitar ~)	wadah	[wadah]

Rest. Entertainment. Travel

155. Trip. Travel

tourism, travel	pariwisata	[pariwisata]
tourist	turis, wisatawan	[turis], [wisatawan]
trip, voyage	pengembaraan	[peŋembara'an]
adventure	petualangan	[petualaŋan]
trip, journey	perjalanan, lawatan	[pərdʒʲalanan], [lawatan]
vacation	liburan	[liburan]
to be on vacation	berlibur	[bərlibur]
rest	istirahat	[istirahat]
train	kereta api	[kereta api]
by train	naik kereta api	[naiʔ kereta api]
airplane	pesawat terbang	[pesawat tərbaŋ]
by airplane	naik pesawat terbang	[naiʔ pesawat tərbaŋ]
by car	naik mobil	[naiʔ mobil]
by ship	naik kapal	[naiʔ kapal]
luggage	bagasi	[bagasi]
suitcase	koper	[koper]
luggage cart	troli bagasi	[troli bagasi]
passport	paspor	[paspor]
visa	visa	[visa]
ticket	tiket	[tiket]
air ticket	tiket pesawat terbang	[tiket pesawat tərbaŋ]
guidebook	buku pedoman	[buku pedoman]
map (tourist ~)	peta	[peta]
area (rural ~)	kawasan	[kawasan]
place, site	tempat	[tempat]
exotica (n)	keeksotisan	[keeksotisan]
exotic (adj)	eksotis	[eksotis]
amazing (adj)	menakjubkan	[mənakdʒʲubkan]
group	kelompok	[kelompoʔ]
excursion, sightseeing tour	ekskursi	[ekskursi]
guide (person)	pemandu wisata	[pemandu wisata]

156. Hotel

hotel, inn	hotel	[hotel]
motel	motel	[motel]
three-star (~ hotel)	bintang tiga	[bintaŋ tiga]
five-star	bintang lima	[bintaŋ lima]
to stay (in a hotel, etc.)	menginap	[məɲinap]
room	kamar	[kamar]
single room	kamar tunggal	[kamar tuŋgal]
double room	kamar ganda	[kamar ganda]
to book a room	memesan kamar	[memesan kamar]
half board	sewa setengah	[sewa seteŋah]
full board	sewa penuh	[sewa penuh]
with bath	dengan kamar mandi	[deŋan kamar mandi]
with shower	dengan pancuran	[deŋan pantʃuran]
satellite television	televisi satelit	[televisi satelit]
air-conditioner	penyejuk udara	[penjedʒʲuʔ udara]
towel	handuk	[handuʔ]
key	kunci	[kuntʃi]
administrator	administrator	[administrator]
chambermaid	pelayan kamar	[pelajan kamar]
porter, bellboy	porter	[porter]
doorman	pramupintu	[pramupintu]
restaurant	restoran	[restoran]
pub, bar	bar	[bar]
breakfast	makan pagi, sarapan	[makan pagi], [sarapan]
dinner	makan malam	[makan malam]
buffet	prasmanan	[prasmanan]
lobby	lobi	[lobi]
elevator	elevator	[elevator]
DO NOT DISTURB	JANGAN MENGGANGGU	[dʒʲaɲan məŋaŋgu]
NO SMOKING	DILARANG MEROKOK!	[dilaraŋ merokoʔ!]

157. Books. Reading

book	buku	[buku]
author	pengarang	[peŋaraŋ]
writer	penulis	[penulis]
to write (~ a book)	menulis	[mənulis]
reader	pembaca	[pembatʃa]

to read (vi, vt)	membaca	[membatʃa]
reading (activity)	membaca	[membatʃa]
silently (to oneself)	dalam hati	[dalam hati]
aloud (adv)	dengan keras	[deŋan keras]
to publish (vt)	menerbitkan	[mənerbitkan]
publishing (process)	penerbitan	[penerbitan]
publisher	penerbit	[penerbit]
publishing house	penerbit	[penerbit]
to come out (be released)	terbit	[terbit]
release (of a book)	penerbitan	[penerbitan]
print run	oplah	[oplah]
bookstore	toko buku	[toko buku]
library	perpustakaan	[pərpustaka'an]
story (novella)	novel, cerita	[novel], [tʃerita]
short story	cerpen	[tʃerpen]
novel	novel	[novel]
detective novel	novel detektif	[novel detektif]
memoirs	memoir	[memoir]
legend	legenda	[legenda]
myth	mitos	[mitos]
poetry, poems	puisi	[puisi]
autobiography	autobiografi	[autobiografi]
selected works	karya pilihan	[karja pilihan]
science fiction	fiksi ilmiah	[fiksi ilmiah]
title	judul	[dʒʲudul]
introduction	pendahuluan	[pendahuluan]
title page	halaman judul	[halaman dʒʲudul]
chapter	bab	[bab]
extract	kutipan	[kutipan]
episode	episode	[episode]
plot (storyline)	alur cerita	[alur tʃerita]
contents	daftar isi	[daftar isi]
table of contents	daftar isi	[daftar isi]
main character	karakter utama	[karakter utama]
volume	jilid	[dʒilid]
cover	sampul	[sampul]
binding	penjilidan	[pendʒilidan]
bookmark	pembatas buku	[pembatas buku]
page	halaman	[halaman]
to page through	membolak-balik	[membola'-bali']

margins	margin	[margin]
annotation (marginal note, etc.)	anotasi, catatan	[anotasi], [tʃatatan]
footnote	catatan kaki	[tʃatatan kaki]
text	teks	[teks]
type, font	huruf	[huruf]
misprint, typo	salah cetak	[salah tʃeta']
translation	terjemahan	[tərdʒʲemahan]
to translate (vt)	menerjemahkan	[mənerdʒʲemahkan]
original (n)	orisinal	[orisinal]
famous (adj)	terkenal	[tərkenal]
unknown (not famous)	tidak dikenali	[tida' dikenali]
interesting (adj)	menarik	[mənari']
bestseller	buku laris	[buku laris]
dictionary	kamus	[kamus]
textbook	buku pelajaran	[buku peladʒʲaran]
encyclopedia	ensiklopedi	[ensiklopedi]

158. Hunting. Fishing

hunting	perburuan	[pərburuan]
to hunt (vi, vt)	berburu	[bərburu]
hunter	pemburu	[pemburu]
to shoot (vi)	menembak	[mənemba']
rifle	senapan	[senapan]
bullet (shell)	peluru, patrun	[peluru], [patrun]
shot (lead balls)	peluru gotri	[peluru gotri]
steel trap	perangkap	[pəraŋkap]
snare (for birds, etc.)	perangkap	[pəraŋkap]
to fall into the steel trap	terperangkap	[tərpəraŋkap]
to lay a steel trap	memasang perangkap	[memasaŋ pəraŋkap]
poacher	pemburu ilegal	[pemburu ilegal]
game (in hunting)	binatang buruan	[binataŋ buruan]
hound dog	anjing pemburu	[andʒiŋ pemburu]
safari	safari	[safari]
mounted animal	patung binatang	[patuŋ binataŋ]
fisherman, angler	nelayan, pemancing	[nelajan], [pemantʃiŋ]
fishing (angling)	memancing	[memantʃiŋ]
to fish (vi)	memancing	[memantʃiŋ]
fishing rod	joran	[dʒoran]
fishing line	tali pancing	[tali pantʃiŋ]

hook	**kail**	[kail]
float, bobber	**pelampung**	[pelampuŋ]
bait	**umpan**	[umpan]
to cast a line	**melempar pancing**	[melempar pantʃiŋ]
to bite (ab. fish)	**memakan umpan**	[memakan umpan]
catch (of fish)	**tangkapan**	[taŋkapan]
ice-hole	**lubang es**	[lubaŋ es]
fishing net	**jala**	[dʒʲala]
boat	**perahu**	[perahu]
to net (to fish with a net)	**menjala**	[mendʒʲala]
to cast[throw] the net	**menabur jala**	[menabur dʒʲala]
to haul the net in	**menarik jala**	[menariʔ dʒʲala]
to fall into the net	**tertangkap dalam jala**	[tertaŋkap dalam dʒʲala]
whaler (person)	**pemburu paus**	[pemburu paus]
whaleboat	**kapal pemburu paus**	[kapal pemburu paus]
harpoon	**tempuling**	[tempuliŋ]

159. Games. Billiards

billiards	**biliar**	[biliar]
billiard room, hall	**kamar biliar**	[kamar biliar]
ball (snooker, etc.)	**bola**	[bola]
to pocket a ball	**memasukkan bola**	[memasuʔkan bola]
cue	**stik**	[stiʔ]
pocket	**lubang meja biliar**	[lubaŋ medʒʲa biliar]

160. Games. Playing cards

diamonds	**wajik**	[wadʒiʔ]
spades	**sekop**	[sekop]
hearts	**hati**	[hati]
clubs	**keriting**	[keritiŋ]
ace	**as**	[as]
king	**raja**	[radʒʲa]
queen	**ratu**	[ratu]
jack, knave	**jack**	[dʒʲeʔ]
playing card	**kartu permainan**	[kartu permajnan]
cards	**kartu**	[kartu]
trump	**truf**	[truf]
deck of cards	**pak kartu**	[paʔ kartu]
point	**poin**	[poin]
to deal (vi, vt)	**membagikan**	[membagikan]

to shuffle (cards)	mengocok	[məŋotʃoʔ]
lead, turn (n)	giliran	[giliran]
cardsharp	pemain kartu curang	[pemajn kartu tʃuraŋ]

161. Casino. Roulette

casino	kasino	[kasino]
roulette (game)	rolet	[rolet]
bet	bet, taruhan	[bet], [taruhan]
to place bets	bertaruh	[bərtaruh]
red	merah	[merah]
black	hitam	[hitam]
to bet on red	memasang warna merah	[memasaŋ warna merah]
to bet on black	memasang warna hitam	[memasaŋ warna hitam]
croupier (dealer)	bandar	[bandar]
to spin the wheel	memutar roda	[memutar roda]
rules (of game)	aturan main	[aturan majn]
chip	chip	[tʃip]
to win (vi, vt)	menang	[menaŋ]
win (winnings)	kemenangan	[kemenaŋan]
to lose (~ 100 dollars)	kalah	[kalah]
loss (losses)	kekalahan	[kekalahan]
player	pemain	[pemajn]
blackjack (card game)	Blackjack	[blekdʒʲeʔ]
craps (dice game)	permainan dadu	[pərmajnan dadu]
dice (a pair of ~)	dadu	[dadu]
slot machine	mesin slot	[mesin slot]

162. Rest. Games. Miscellaneous

to stroll (vi, vt)	berjalan-jalan	[bərdʒʲalan-dʒʲalan]
stroll (leisurely walk)	jalan-jalan	[dʒʲalan-dʒʲalan]
car ride	perjalanan	[pərdʒʲalanan]
adventure	petualangan	[petualaŋan]
picnic	piknik	[pikniʔ]
game (chess, etc.)	permainan	[pərmajnan]
player	pemain	[pemajn]
game (one ~ of chess)	partai	[partaj]
collector (e.g., philatelist)	kolektor	[kolektor]
to collect (stamps, etc.)	mengoleksi	[məŋoleksi]
collection	koleksi	[koleksi]

crossword puzzle	**teka-teki silang**	[teka-teki silaŋ]
racetrack	**lapangan pacu**	[lapaŋan patʃu]
(horse racing venue)		
disco (discotheque)	**diskotik**	[diskotiʔ]
sauna	**sauna**	[sauna]
lottery	**lotre**	[lotre]
camping trip	**darmawisata**	[darmawisata]
camp	**perkemahan**	[pərkemahan]
tent (for camping)	**tenda, kemah**	[tenda], [kemah]
compass	**kompas**	[kompas]
camper	**pewisata alam**	[pewisata alam]
to watch (movie, etc.)	**menonton**	[mənonton]
viewer	**penonton**	[penonton]
TV show (TV program)	**acara TV**	[atʃara ti-vi]

163. Photography

camera (photo)	**kamera**	[kamera]
photo, picture	**foto**	[foto]
photographer	**fotografer**	[fotografer]
photo studio	**studio foto**	[studio foto]
photo album	**album foto**	[album foto]
camera lens	**lensa kamera**	[lensa kamera]
telephoto lens	**lensa telefoto**	[lensa telefoto]
filter	**filter**	[filter]
lens	**lensa**	[lensa]
optics (high-quality ~)	**alat optik**	[alat optiʔ]
diaphragm (aperture)	**diafragma**	[diafragma]
exposure time	**kecepatan rana**	[ketʃepatan rana]
(shutter speed)		
viewfinder	**jendela pengamat**	[dʒʲendela peŋamat]
digital camera	**kamera digital**	[kamera digital]
tripod	**kakitiga**	[kakitiga]
flash	**blitz**	[blits]
to photograph (vt)	**memotret**	[memotret]
to take pictures	**memotret**	[memotret]
to have one's picture taken	**berfoto**	[berfoto]
focus	**fokus**	[fokus]
to focus	**mengatur fokus**	[meŋatur fokus]
sharp, in focus (adj)	**tajam**	[tadʒʲam]
sharpness	**ketajaman**	[ketadʒʲaman]

| contrast | kekontrasan | [kekontrasan] |
| contrast (as adj) | kontras | [kontras] |

picture (photo)	gambar foto	[gambar foto]
negative (n)	negatif	[negatif]
film (a roll of ~)	film	[film]
frame (still)	frame, gambar diam	[frame], [gambar diam]
to print (photos)	mencetak	[məntʃeta']

164. Beach. Swimming

beach	pantai	[pantaj]
sand	pasir	[pasir]
deserted (beach)	sepi	[sepi]

suntan	hitam terbakar matahari	[hitam tərbakar matahari]
to get a tan	berjemur di sinar matahari	[bərdʒˈemur di sinar matahari]
tan (adj)	hitam terbakar matahari	[hitam tərbakar matahari]
sunscreen	tabir surya	[tabir surja]

bikini	bikini	[bikini]
bathing suit	baju renang	[badʒˈu renaŋ]
swim trunks	celana renang	[tʃelana renaŋ]

swimming pool	kolam renang	[kolam renaŋ]
to swim (vi)	berenang	[bərenaŋ]
shower	pancuran	[pantʃuran]
to change (one's clothes)	berganti pakaian	[bərganti pakajan]
towel	handuk	[handu']

| boat | perahu | [pərahu] |
| motorboat | perahu motor | [pərahu motor] |

water ski	ski air	[ski air]
paddle boat	sepeda air	[sepeda air]
surfing	berselancar	[bərselantʃar]
surfer	peselancar	[peselantʃar]

scuba set	alat scuba	[alat skuba]
flippers (swim fins)	sirip karet	[sirip karet]
mask (diving ~)	masker	[masker]
diver	penyelam	[penjelam]
to dive (vi)	menyelam	[mənjelam]
underwater (adv)	bawah air	[bawah air]

beach umbrella	payung	[pajuŋ]
sunbed (lounger)	kursi pantai	[kursi pantaj]
sunglasses	kacamata hitam	[katʃamata hitam]

air mattress	**kasur udara**	[kasur udara]
to play (amuse oneself)	**bermain**	[bərmajn]
to go for a swim	**berenang**	[bərenaŋ]
beach ball	**bola pantai**	[bola pantaj]
to inflate (vt)	**meniup**	[məniup]
inflatable, air (adj)	**udara**	[udara]
wave	**gelombang**	[gelombaŋ]
buoy (line of ~s)	**pelampung**	[pelampuŋ]
to drown (ab. person)	**tenggelam**	[teŋgelam]
to save, to rescue	**menyelamatkan**	[mənjelamatkan]
life vest	**jaket pelampung**	[dʒʲaket pelampuŋ]
to observe, to watch	**mengamati**	[məŋamati]
lifeguard	**penyelamat**	[penjelamat]

TECHNICAL EQUIPMENT. TRANSPORTATION

Technical equipment

165. Computer

computer	komputer	[komputer]
notebook, laptop	laptop	[laptop]
to turn on	menyalakan	[mənjalakan]
to turn off	mematikan	[mematikan]
keyboard	keyboard, papan tombol	[keybor], [papan tombol]
key	tombol	[tombol]
mouse	tetikus	[tetikus]
mouse pad	bantal tetikus	[bantal tetikus]
button	tombol	[tombol]
cursor	kursor	[kursor]
monitor	monitor	[monitor]
screen	layar	[lajar]
hard disk	hard disk, cakram keras	[hard disk], [tʃakram keras]
hard disk capacity	kapasitas cakram keras	[kapasitas tʃakram keras]
memory	memori	[memori]
random access memory	memori akses acak	[memori akses atʃa']
file	file, berkas	[file], [bərkas]
folder	folder	[folder]
to open (vt)	membuka	[membuka]
to close (vt)	menutup	[mənutup]
to save (vt)	menyimpan	[mənjimpan]
to delete (vt)	menghapus	[məŋhapus]
to copy (vt)	menyalin	[mənjalin]
to sort (vt)	menyortir	[mənjortir]
to transfer (copy)	mentransfer	[məntransfer]
program	program	[program]
software	perangkat lunak	[pəraŋkat luna']
programmer	pemrogram	[pemrogram]
to program (vt)	memprogram	[memprogram]
hacker	peretas	[pəretas]
password	kata sandi	[kata sandi]

| virus | virus | [virus] |
| to find, to detect | mendeteksi | [məndeteksi] |

| byte | bita | [bita] |
| megabyte | megabita | [megabita] |

| data | data | [data] |
| database | basis data, pangkalan data | [basis data], [paŋkalan data] |

cable (USB, etc.)	kabel	[kabel]
to disconnect (vt)	melepaskan	[melepaskan]
to connect (sth to sth)	menyambungkan	[mənjambuŋkan]

166. Internet. E-mail

Internet	Internet	[internet]
browser	peramban	[peramban]
search engine	mesin telusur	[mesin telusur]
provider	provider	[provider]

webmaster	webmaster, perancang web	[webmaster], [perantʃaŋ web]
website	situs web	[situs web]
webpage	halaman web	[halaman web]

| address (e-mail ~) | alamat | [alamat] |
| address book | buku alamat | [buku alamat] |

mailbox	kotak surat	[kotaʔ surat]
mail	surat	[surat]
full (adj)	penuh	[penuh]

message	pesan	[pesan]
incoming messages	pesan masuk	[pesan masuʔ]
outgoing messages	pesan keluar	[pesan keluar]

sender	pengirim	[peŋirim]
to send (vt)	mengirim	[məŋirim]
sending (of mail)	pengiriman	[peŋiriman]

| receiver | penerima | [penerima] |
| to receive (vt) | menerima | [mənerima] |

| correspondence | surat-menyurat | [surat-menyurat] |
| to correspond (vi) | surat-menyurat | [surat-menyurat] |

file	file, berkas	[file], [bərkas]
to download (vt)	mengunduh	[məŋunduh]
to create (vt)	membuat	[membuat]

| to delete (vt) | menghapus | [məŋhapus] |
| deleted (adj) | terhapus | [tərhapus] |

connection (ADSL, etc.)	koneksi	[koneksi]
speed	kecepatan	[ketʃepatan]
modem	modem	[modem]
access	akses	[akses]
port (e.g., input ~)	porta	[porta]

| connection (make a ~) | koneksi | [koneksi] |
| to connect to ... (vi) | terhubung ke ... | [tərhubuŋ ke ...] |

| to select (vt) | memilih | [memilih] |
| to search (for ...) | mencari ... | [məntʃari ...] |

167. Electricity

electricity	listrik	[listriʔ]
electric, electrical (adj)	listrik	[listriʔ]
electric power plant	pembangkit listrik	[pembaŋkit listriʔ]
energy	energi, tenaga	[energi], [tenaga]
electric power	tenaga listrik	[tenaga listriʔ]

light bulb	bohlam	[bohlam]
flashlight	lentera	[lentera]
street light	lampu jalan	[lampu dʒʲalan]

light	lampu	[lampu]
to turn on	menyalakan	[mənjalakan]
to turn off	mematikan	[mematikan]
to turn off the light	mematikan lampu	[mematikan lampu]

to burn out (vi)	mati	[mati]
short circuit	korsleting	[korsletiŋ]
broken wire	kabel putus	[kabel putus]
contact (electrical ~)	kontak	[kontaʔ]

light switch	sakelar	[sakelar]
wall socket	colokan	[tʃolokan]
plug	steker	[steker]
extension cord	kabel ekstensi	[kabel ekstensi]

fuse	sekering	[sekeriŋ]
cable, wire	kabel, kawat	[kabel], [kawat]
wiring	rangkaian kabel	[raŋkajan kabel]

ampere	ampere	[ampere]
amperage	kuat arus listrik	[kuat arus listriʔ]
volt	volt	[volt]
voltage	voltase	[voltase]

| electrical device | perkakas listrik | [pərkakas listriʔ] |
| indicator | indikator | [indikator] |

electrician	tukang listrik	[tukaŋ listriʔ]
to solder (vt)	mematri	[mematri]
soldering iron	besi solder	[besi solder]
electric current	arus listrik	[arus listriʔ]

168. Tools

tool, instrument	alat	[alat]
tools	peralatan	[peralatan]
equipment (factory ~)	perlengkapan	[pərleŋkapan]

hammer	martil, palu	[martil], [palu]
screwdriver	obeng	[obeŋ]
ax	kapak	[kapaʔ]

saw	gergaji	[gergadʒi]
to saw (vt)	menggergaji	[məŋgergadʒi]
plane (tool)	serut	[serut]
to plane (vt)	menyerut	[meɲerut]
soldering iron	besi solder	[besi solder]
to solder (vt)	mematri	[mematri]

file (tool)	kikir	[kikir]
carpenter pincers	tang	[taŋ]
lineman's pliers	catut	[tʃatut]
chisel	pahat	[pahat]

drill bit	mata bor	[mata bor]
electric drill	bor listrik	[bor listriʔ]
to drill (vi, vt)	mengebor	[meŋebor]

knife	pisau	[pisau]
pocket knife	pisau saku	[pisau saku]
folding (~ knife)	pisau lipat	[pisau lipat]
blade	mata pisau	[mata pisau]

sharp (blade, etc.)	tajam	[tadʒʲam]
dull, blunt (adj)	tumpul	[tumpul]
to get blunt (dull)	menjadi tumpul	[məndʒʲadi tumpul]
to sharpen (vt)	mengasah	[məŋasah]

bolt	baut	[baut]
nut	mur	[mur]
thread (of a screw)	ulir	[ulir]
wood screw	sekrup	[sekrup]
nail	paku	[paku]
nailhead	paku payung	[paku pajuŋ]

ruler (for measuring)	mistar, penggaris	[mistar], [peŋgaris]
tape measure	meteran	[meteran]
spirit level	pengukur kedataran	[peŋukur kedataran]
magnifying glass	kaca pembesar	[katʃa pembesar]
measuring instrument	alat ukur	[alat ukur]
to measure (vt)	mengukur	[məŋukur]
scale (of thermometer, etc.)	skala	[skala]
readings	pencatatan	[pentʃatatan]
compressor	kompresor	[kompresor]
microscope	mikroskop	[mikroskop]
pump (e.g., water ~)	pompa	[pompa]
robot	robot	[robot]
laser	laser	[laser]
wrench	kunci pas	[kuntʃi pas]
adhesive tape	selotip	[selotip]
glue	lem	[lem]
sandpaper	kertas amplas	[kertas amplas]
spring	pegas, per	[pegas], [pər]
magnet	magnet	[magnet]
gloves	sarung tangan	[saruŋ taŋan]
rope	tali	[tali]
cord	tambang, tali	[tambaŋ], [tali]
wire (e.g., telephone ~)	kabel, kawat	[kabel], [kawat]
cable	kabel, kawat	[kabel], [kawat]
sledgehammer	palu godam	[palu godam]
prybar	linggis	[liŋgis]
ladder	tangga	[taŋga]
stepladder	tangga	[taŋga]
to screw (tighten)	mengencangkan	[məŋentʃaŋkan]
to unscrew (lid, filter, etc.)	mengendurkan	[məŋendurkan]
to tighten (e.g., with a clamp)	mengencangkan	[məŋentʃaŋkan]
to glue, to stick	menempelkan	[mənempelkan]
to cut (vt)	memotong	[memotoŋ]
malfunction (fault)	malafungsi, kerusakan	[malafuŋsi], [kerusakan]
repair (mending)	perbaikan	[pərbajkan]
to repair, to fix (vt)	mereparasi, memperbaiki	[mereparasi], [memperbajki]
to adjust (machine, etc.)	menyetel	[mənetel]
to check (to examine)	memeriksa	[memeriksa]
checking	pemeriksaan	[pemeriksa'an]

readings	**pencatatan**	[pentʃatatan]
reliable, solid (machine)	**andal**	[andal]
complex (adj)	**rumit**	[rumit]

to rust (get rusted)	**berkarat, karatan**	[bərkarat], [karatan]
rusty, rusted (adj)	**berkarat, karatan**	[bərkarat], [karatan]
rust	**karat**	[karat]

Transportation

169. Airplane

airplane	pesawat terbang	[pesawat tərbaŋ]
air ticket	tiket pesawat terbang	[tiket pesawat tərbaŋ]
airline	maskapai penerbangan	[maskapaj penerbaŋan]
airport	bandara	[bandara]
supersonic (adj)	supersonik	[supersoniʔ]
captain	kapten	[kapten]
crew	awak	[awaʔ]
pilot	pilot	[pilot]
flight attendant (fem.)	pramugari	[pramugari]
navigator	navigator, penavigasi	[navigator], [penavigasi]
wings	sayap	[sajap]
tail	ekor	[ekor]
cockpit	kokpit	[kokpit]
engine	mesin	[mesin]
undercarriage (landing gear)	roda pendarat	[roda pendarat]
turbine	turbin	[turbin]
propeller	baling-baling	[baliŋ-baliŋ]
black box	kotak hitam	[kotaʔ hitam]
yoke (control column)	kemudi	[kemudi]
fuel	bahan bakar	[bahan bakar]
safety card	instruksi keselamatan	[instruksi keselamatan]
oxygen mask	masker oksigen	[masker oksigen]
uniform	seragam	[seragam]
life vest	jaket pelampung	[dʒiaket pelampuŋ]
parachute	parasut	[parasut]
takeoff	lepas landas	[lepas landas]
to take off (vi)	bertolak	[bertolaʔ]
runway	jalur lepas landas	[dʒialur lepas landas]
visibility	visibilitas, pandangan	[visibilitas], [pandaŋan]
flight (act of flying)	penerbangan	[penerbaŋan]
altitude	ketinggian	[ketiŋgian]
air pocket	lubang udara	[lubaŋ udara]
seat	tempat duduk	[tempat duduʔ]
headphones	headphone, fonkepala	[headphone], [fonkepala]

folding tray (tray table)	**meja lipat**	[medʒʲa lipat]
airplane window	**jendela pesawat**	[dʒʲendela pesawat]
aisle	**lorong**	[loroŋ]

170. Train

train	**kereta api**	[kereta api]
commuter train	**kereta api listrik**	[kereta api listriʔ]
express train	**kereta api cepat**	[kereta api tʃepat]
diesel locomotive	**lokomotif diesel**	[lokomotif disel]
steam locomotive	**lokomotif uap**	[lokomotif uap]
passenger car	**gerbong penumpang**	[gerboŋ penumpaŋ]
dining car	**gerbong makan**	[gerboŋ makan]
rails	**rel**	[rel]
railroad	**rel kereta api**	[rel kereta api]
railway tie	**bantalan rel**	[bantalan rel]
platform (railway ~)	**platform**	[platform]
track (~ 1, 2, etc.)	**jalur**	[dʒʲalur]
semaphore	**semafor**	[semafor]
station	**stasiun**	[stasiun]
engineer (train driver)	**masinis**	[masinis]
porter (of luggage)	**porter**	[porter]
car attendant	**kondektur**	[kondektur]
passenger	**penumpang**	[penumpaŋ]
conductor (ticket inspector)	**kondektur**	[kondektur]
corridor (in train)	**koridor**	[koridor]
emergency brake	**rem darurat**	[rem darurat]
compartment	**kabin**	[kabin]
berth	**bangku**	[baŋku]
upper berth	**bangku atas**	[baŋku atas]
lower berth	**bangku bawah**	[baŋku bawah]
bed linen, bedding	**kain kasur**	[kain kasur]
ticket	**tiket**	[tiket]
schedule	**jadwal**	[dʒʲadwal]
information display	**layar informasi**	[lajar informasi]
to leave, to depart	**berangkat**	[beraŋkat]
departure (of train)	**keberangkatan**	[keberaŋkatan]
to arrive (ab. train)	**datang**	[dataŋ]
arrival	**kedatangan**	[kedataŋan]
to arrive by train	**datang naik kereta api**	[dataŋ naiʔ kereta api]
to get on the train	**naik ke kereta**	[naiʔ ke kereta]

to get off the train	turun dari kereta	[turun dari kereta]
train wreck	kecelakaan kereta	[ketʃelaka'an kereta]
to derail (vi)	keluar rel	[keluar rel]
steam locomotive	lokomotif uap	[lokomotif uap]
stoker, fireman	juru api	[dʒʲuru api]
firebox	tungku	[tuŋku]
coal	batu bara	[batu bara]

171. Ship

ship	kapal	[kapal]
vessel	kapal	[kapal]
steamship	kapal uap	[kapal uap]
riverboat	kapal api	[kapal api]
cruise ship	kapal laut	[kapal laut]
cruiser	kapal penjelajah	[kapal pendʒʲeladʒʲah]
yacht	perahu pesiar	[perahu pesiar]
tugboat	kapal tunda	[kapal tunda]
barge	tongkang	[toŋkaŋ]
ferry	feri	[feri]
sailing ship	kapal layar	[kapal lajar]
brigantine	kapal brigantin	[kapal brigantin]
ice breaker	kapal pemecah es	[kapal pemetʃah es]
submarine	kapal selam	[kapal selam]
boat (flat-bottomed ~)	perahu	[perahu]
dinghy	sekoci	[sekotʃi]
lifeboat	sekoci penyelamat	[sekotʃi penjelamat]
motorboat	perahu motor	[perahu motor]
captain	kapten	[kapten]
seaman	kelasi	[kelasi]
sailor	pelaut	[pelaut]
crew	awak	[awaʔ]
boatswain	bosman, bosun	[bosman], [bosun]
ship's boy	kadet laut	[kadet laut]
cook	koki	[koki]
ship's doctor	dokter kapal	[dokter kapal]
deck	dek	[deʔ]
mast	tiang	[tiaŋ]
sail	layar	[lajar]
hold	lambung kapal	[lambuŋ kapal]
bow (prow)	haluan	[haluan]

stern	**buritan**	[buritan]
oar	**dayung**	[dajuŋ]
screw propeller	**baling-baling**	[baliŋ-baliŋ]
cabin	**kabin**	[kabin]
wardroom	**ruang rekreasi**	[ruaŋ rekreasi]
engine room	**ruang mesin**	[ruaŋ mesin]
bridge	**anjungan kapal**	[andʒʲuŋan kapal]
radio room	**ruang radio**	[ruaŋ radio]
wave (radio)	**gelombang radio**	[gelombaŋ radio]
logbook	**buku harian kapal**	[buku harian kapal]
spyglass	**teropong**	[teropoŋ]
bell	**lonceng**	[lontʃen]
flag	**bendera**	[bendera]
hawser (mooring ~)	**tali**	[tali]
knot (bowline, etc.)	**simpul**	[simpul]
deckrails	**pegangan**	[pegaŋan]
gangway	**tangga kapal**	[taŋga kapal]
anchor	**jangkar**	[dʒʲaŋkar]
to weigh anchor	**mengangkat jangkar**	[menaŋkat dʒʲaŋkar]
to drop anchor	**menjatuhkan jangkar**	[mendʒʲatuhkan dʒʲaŋkar]
anchor chain	**rantai jangkar**	[rantaj dʒʲaŋkar]
port (harbor)	**pelabuhan**	[pelabuhan]
quay, wharf	**dermaga**	[dermaga]
to berth (moor)	**merapat**	[merapat]
to cast off	**bertolak**	[bertola']
trip, voyage	**pengembaraan**	[peɲembara'an]
cruise (sea trip)	**pesiar**	[pesiar]
course (route)	**haluan**	[haluan]
route (itinerary)	**rute**	[rute]
shallows	**beting**	[betiŋ]
to run aground	**kandas**	[kandas]
storm	**badai**	[badaj]
signal	**sinyal**	[sinjal]
to sink (vi)	**tenggelam**	[teŋgelam]
Man overboard!	**Orang hanyut!**	[oraŋ hanyut!]
SOS (distress signal)	**SOS**	[es-o-es]
ring buoy	**pelampung penyelamat**	[pelampuŋ penjelamat]

172. Airport

airport	**bandara**	[bandara]
airplane	**pesawat terbang**	[pesawat terbaŋ]

airline	maskapai penerbangan	[maskapaj penerbaŋan]
air traffic controller	pengawas lalu lintas udara	[peŋawas lalu lintas udara]
departure	keberangkatan	[keberaŋkatan]
arrival	kedatangan	[kedataŋan]
to arrive (by plane)	datang	[dataŋ]
departure time	waktu keberangkatan	[waktu keberaŋkatan]
arrival time	waktu kedatangan	[waktu kedataŋan]
to be delayed	terlambat	[tərlambat]
flight delay	penundaan penerbangan	[penunda'an penerbaŋan]
information board	papan informasi	[papan informasi]
information	informasi	[informasi]
to announce (vt)	mengumumkan	[məŋumumkan]
flight (e.g., next ~)	penerbangan	[penerbaŋan]
customs	pabean	[pabean]
customs officer	petugas pabean	[petugas pabean]
customs declaration	pernyataan pabean	[pərnjata'an pabean]
to fill out (vt)	mengisi	[məŋisi]
to fill out the declaration	mengisi formulir bea cukai	[məŋisi formulir bea tʃukaj]
passport control	pemeriksaan paspor	[pemeriksa'an paspor]
luggage	bagasi	[bagasi]
hand luggage	jinjingan	[dʒindʒiŋan]
luggage cart	troli bagasi	[troli bagasi]
landing	pendaratan	[pendaratan]
landing strip	jalur pendaratan	[dʒʲalur pendaratan]
to land (vi)	mendarat	[məndarat]
airstairs	tangga pesawat	[taŋga pesawat]
check-in	check-in	[tʃekin]
check-in counter	meja check-in	[medʒʲa tʃekin]
to check-in (vi)	check-in	[tʃekin]
boarding pass	kartu pas	[kartu pas]
departure gate	gerbang keberangkatan	[gerbaŋ keberaŋkatan]
transit	transit	[transit]
to wait (vt)	menunggu	[mənuŋgu]
departure lounge	ruang tunggu	[ruaŋ tuŋgu]
to see off	mengantar	[məŋantar]
to say goodbye	berpamitan	[bərpamitan]

173. Bicycle. Motorcycle

bicycle	sepeda	[sepeda]
scooter	skuter	[skuter]
motorcycle, bike	sepeda motor	[sepeda motor]
to go by bicycle	naik sepeda	[naiʔ sepeda]
handlebars	kemudi, setang	[kemudi], [setaŋ]
pedal	pedal	[pedal]
brakes	rem	[rem]
bicycle seat (saddle)	sadel	[sadel]
pump	pompa	[pompa]
luggage rack	boncengan	[bontʃeŋan]
front lamp	lampu depan, berko	[lampu depan], [berko]
helmet	helm	[helm]
wheel	roda	[roda]
fender	sayap roda	[sajap roda]
rim	bingkai	[biŋkaj]
spoke	jari-jari, ruji	[dʒʲari-dʒʲari], [rudʒi]

Cars

174. Types of cars

automobile, car	mobil	[mobil]
sports car	mobil sports	[mobil sports]
limousine	limusin	[limusin]
off-road vehicle	kendaraan lintas medan	[kendara'an lintas medan]
convertible (n)	kabriolet	[kabriolet]
minibus	minibus	[minibus]
ambulance	ambulans	[ambulans]
snowplow	truk pembersih salju	[tru' pembersih saldʒʲu]
truck	truk	[tru']
tanker truck	truk tangki	[tru' taŋki]
van (small truck)	mobil van	[mobil van]
road tractor (trailer truck)	truk semi trailer	[tra' semi treyler]
trailer	trailer	[treyler]
comfortable (adj)	nyaman	[njaman]
used (adj)	bekas	[bekas]

175. Cars. Bodywork

hood	kap	[kap]
fender	sepatbor	[sepatbor]
roof	atap	[atap]
windshield	kaca depan	[katʃa depan]
rear-view mirror	spion belakang	[spion belakaŋ]
windshield washer	pencuci kaca	[pentʃutʃi katʃa]
windshield wipers	karet wiper	[karet wiper]
side window	jendela mobil	[dʒʲendela mobil]
window lift (power window)	pemutar jendela	[pemutar dʒʲendela]
antenna	antena	[antena]
sunroof	panel atap	[panel atap]
bumper	bumper	[bumper]
trunk	bagasi mobil	[bagasi mobil]
roof luggage rack	rak bagasi atas	[ra' bagasi atas]
door	pintu	[pintu]

door handle	gagang pintu	[gagaŋ pintu]
door lock	kunci	[kuntʃi]
license plate	pelat nomor	[pelat nomor]
muffler	peredam suara	[pəredam suara]
gas tank	tangki bahan bakar	[taŋki bahan bakar]
tailpipe	knalpot	[knalpot]
gas, accelerator	gas	[gas]
pedal	pedal	[pedal]
gas pedal	pedal gas	[pedal gas]
brake	rem	[rem]
brake pedal	pedal rem	[pedal rem]
to brake (use the brake)	mengerem	[məŋerem]
parking brake	rem tangan	[rem taŋan]
clutch	kopling	[kopliŋ]
clutch pedal	pedal kopling	[pedal kopliŋ]
clutch disc	pelat kopling	[pelat kopliŋ]
shock absorber	peredam kejut	[pəredam kedʒʲut]
wheel	roda	[roda]
spare tire	ban serep	[ban serep]
tire	ban	[ban]
hubcap	dop	[dop]
driving wheels	roda penggerak	[roda peŋgeraʔ]
front-wheel drive (as adj)	penggerak roda depan	[peŋgeraʔ roda depan]
rear-wheel drive (as adj)	penggerak roda belakang	[peŋgeraʔ roda belakaŋ]
all-wheel drive (as adj)	penggerak roda empat	[peŋgeraʔ roda empat]
gearbox	transmisi, girboks	[transmisi], [girboks]
automatic (adj)	otomatis	[otomatis]
mechanical (adj)	mekanis	[mekanis]
gear shift	tuas persneling	[tuas pərsneliŋ]
headlight	lampu depan	[lampu depan]
headlights	lampu depan	[lampu depan]
low beam	lampu dekat	[lampu dekat]
high beam	lampu jauh	[lampu dʒʲauh]
brake light	lampu rem	[lampu rem]
parking lights	lampu kecil	[lampu ketʃil]
hazard lights	lampu bahaya	[lampu bahaja]
fog lights	lampu kabut	[lampu kabut]
turn signal	lampu sein	[lampu sein]
back-up light	lampu belakang	[lampu belakaŋ]

T&P Books. Indonesian vocabulary for English speakers - 9000 words

176. Cars. Passenger compartment

car inside (interior)	kabin, interior	[kabin], [interior]
leather (as adj)	kulit	[kulit]
velour (as adj)	velour	[velour]
upholstery	pelapis jok	[pelapis dʒoʔ]
instrument (gage)	alat pengukur	[alat peŋukur]
dashboard	dasbor	[dasbor]
speedometer	spidometer	[spidometer]
needle (pointer)	jarum	[dʒˈarum]
odometer	odometer	[odometer]
indicator (sensor)	indikator, sensor	[indikator], [sensor]
level	level	[level]
warning light	lampu indikator	[lampu indikator]
steering wheel	setir	[setir]
horn	klakson	[klakson]
button	tombol	[tombol]
switch	tuas	[tuas]
seat	jok	[dʒoʔ]
backrest	sandaran	[sandaran]
headrest	sandaran kepala	[sandaran kepala]
seat belt	sabuk pengaman	[sabuʔ peŋaman]
to fasten the belt	mengencangkan sabuk pengaman	[məŋentʃaŋkan sabuʔ peŋaman]
adjustment (of seats)	penyetelan	[penjetelan]
airbag	bantal udara	[bantal udara]
air-conditioner	penyejuk udara	[penjedʒˈuʔ udara]
radio	radio	[radio]
CD player	pemutar CD	[pemutar si-di]
to turn on	menyalakan	[mənjalakan]
antenna	antena	[antena]
glove box	laci depan	[latʃi depan]
ashtray	asbak	[asbaʔ]

177. Cars. Engine

engine	mesin	[mesin]
motor	motor	[motor]
diesel (as adj)	diesel	[disel]
gasoline (as adj)	bensin	[bensin]
engine volume	kapasitas mesin	[kapasitas mesin]
power	daya, tenaga	[daja], [tenaga]

horsepower	tenaga kuda	[tenaga kuda]
piston	piston	[piston]
cylinder	silinder	[silinder]
valve	katup	[katup]
injector	injektor	[indʒʲektor]
generator (alternator)	generator	[generator]
carburetor	karburator	[karburator]
motor oil	oli	[oli]
radiator	radiator	[radiator]
coolant	cairan pendingin	[tʃajran pendiŋin]
cooling fan	kipas angin	[kipas aŋin]
battery (accumulator)	aki	[aki]
starter	starter	[starter]
ignition	pengapian	[peŋapian]
spark plug	busi	[busi]
terminal (of battery)	elektroda	[elektroda]
positive terminal	terminal positif	[tərminal positif]
negative terminal	terminal negatif	[tərminal negatif]
fuse	sekering	[sekeriŋ]
air filter	filter udara	[filter udara]
oil filter	filter oli	[filter oli]
fuel filter	filter bahan bakar	[filter bahan bakar]

178. Cars. Crash. Repair

car crash	kecelakaan mobil	[ketʃelakaʔan mobil]
traffic accident	kecelakaan jalan raya	[ketʃelakaʔan dʒʲalan raja]
to crash (into the wall, etc.)	menabrak	[mənabraʔ]
to get smashed up	mengalami kecelakaan	[məŋalami ketʃelakaʔan]
damage	kerusakan	[kerusakan]
intact (unscathed)	tidak tersentuh	[tidaʔ tərsentuh]
breakdown	kerusakan	[kerusakan]
to break down (vi)	rusak	[rusaʔ]
towrope	tali penyeret	[tali penjeret]
puncture	ban bocor	[ban botʃor]
to be flat	kempes	[kempes]
to pump up	memompa	[memompa]
pressure	tekanan	[tekanan]
to check (to examine)	memeriksa	[memeriksa]
repair	reparasi	[reparasi]
auto repair shop	bengkel mobil	[beŋkel mobil]

spare part	onderdil, suku cadang	[onderdil], [suku ʧadaŋ]
part	komponen	[komponen]

bolt (with nut)	baut	[baut]
screw (fastener)	sekrup	[sekrup]
nut	mur	[mur]
washer	ring	[riŋ]
bearing	bantalan luncur	[bantalan lunʧur]

tube	pipa	[pipa]
gasket (head ~)	gasket	[gasket]
cable, wire	kabel, kawat	[kabel], [kawat]

jack	dongkrak	[doŋkraʔ]
wrench	kunci pas	[kunʧi pas]
hammer	martil, palu	[martil], [palu]
pump	pompa	[pompa]
screwdriver	obeng	[obeŋ]

fire extinguisher	pemadam api	[pemadam api]
warning triangle	segi tiga pengaman	[segi tiga peŋaman]

to stall (vi)	mogok	[mogoʔ]
stall (n)	mogok	[mogoʔ]
to be broken	rusak	[rusaʔ]

to overheat (vi)	kepanasan	[kepanasan]
to be clogged up	tersumbat	[tərsumbat]
to freeze up (pipes, etc.)	membeku	[membeku]
to burst (vi, ab. tube)	pecah	[peʧah]

pressure	tekanan	[tekanan]
level	level	[level]
slack (~ belt)	longgar	[loŋgar]

dent	penyok	[penjoʔ]
knocking noise (engine)	ketukan	[ketukan]
crack	retak	[retaʔ]
scratch	gores	[gores]

179. Cars. Road

road	jalan	[dʒˈalan]
highway	jalan raya	[dʒˈalan raja]
freeway	jalan raya	[dʒˈalan raja]
direction (way)	arah	[arah]
distance	jarak	[dʒˈaraʔ]

bridge	jembatan	[dʒˈembatan]
parking lot	tempat parkir	[tempat parkir]

square	lapangan	[lapaŋan]
interchange	jembatan simpang susun	[dʒʲembatan simpaŋ susun]
tunnel	terowongan	[tərowoŋan]
gas station	SPBU, stasiun bensin	[es-pe-be-u], [stasjun bensin]
parking lot	tempat parkir	[tempat parkir]
gas pump (fuel dispenser)	stasiun bahan bakar	[stasiun bahan bakar]
auto repair shop	bengkel mobil	[beŋkel mobil]
to get gas (to fill up)	mengisi bahan bakar	[məŋisi bahan bakar]
fuel	bahan bakar	[bahan bakar]
jerrycan	jeriken	[dʒʲeriken]
asphalt	aspal	[aspal]
road markings	penandaan jalan	[pənanda'an dʒʲalan]
curb	kerb jalan	[kerb dʒʲalan]
guardrail	pagar pematas	[pagar pematas]
ditch	parit	[parit]
roadside (shoulder)	bahu jalan	[bahu dʒʲalan]
lamppost	tiang lampu	[tiaŋ lampu]
to drive (a car)	menyetir	[mənjetir]
to turn (e.g., ~ left)	membelok	[membelo']
to make a U-turn	memutar arah	[memutar arah]
reverse (~ gear)	mundur	[mundur]
to honk (vi)	membunyikan klakson	[membunjikan klakson]
honk (sound)	suara klakson	[suara klakson]
to get stuck (in the mud, etc.)	terjebak	[tərdʒʲeba']
to spin the wheels	terjebak	[tərdʒʲeba']
to cut, to turn off (vt)	mematikan	[mematikan]
speed	kecepatan	[ketʃepatan]
to exceed the speed limit	melebihi batas kecepatan	[melebihi batas ketʃepatan]
to give a ticket	memberikan surat tilang	[memberikan surat tilaŋ]
traffic lights	lampu lalu lintas	[lampu lalu lintas]
driver's license	Surat Izin Mengemudi, SIM	[surat izin məŋemudi], [sim]
grade crossing	lintasan	[lintasan]
intersection	persimpangan	[pərsimpaŋan]
crosswalk	penyeberangan	[penjeberaŋan]
bend, curve	tikungan	[tikuŋan]
pedestrian zone	kawasan pejalan kaki	[kawasan pedʒʲalan kaki]

180. Traffic signs

rules of the road	peraturan lalu lintas	[peraturan lalu lintas]
road sign (traffic sign)	rambu	[rambu]

passing (overtaking)	**mendahului**	[məndahului]
curve	**tikungan**	[tikuŋan]
U-turn	**putaran**	[putaran]
traffic circle	**bundaran lalu lintas**	[bundaran lalu lintas]
No entry	**Dilarang masuk**	[dilaraŋ masuʔ]
No vehicles allowed	**Kendaraan dilarang masuk**	[kendaraʔan dilaraŋ masuʔ]
No passing	**Dilarang mendahului**	[dilaraŋ mendahului]
No parking	**Dilarang parkir**	[dilaraŋ parkir]
No stopping	**Dilarang berhenti**	[dilaraŋ bərhenti]
dangerous bend	**tikungan tajam**	[tikuŋan tadʒʲam]
steep descent	**turunan terjal**	[turunan tərdʒʲal]
one-way traffic	**jalan satu arah**	[dʒʲalan satu arah]
crosswalk	**penyeberangan**	[penjeberaŋan]
slippery road	**jalan licin**	[dʒʲalan litʃin]
YIELD	**beri jalan**	[beri dʒʲalan]

PEOPLE. LIFE EVENTS

Life events

181. Holidays. Event

celebration, holiday	perayaan	[peraja'an]
national day	hari besar nasional	[hari besar nasional]
public holiday	hari libur	[hari libur]
to commemorate (vt)	merayakan	[merajakan]
event (happening)	peristiwa, kejadian	[pəristiwa], [kedʒʲadian]
event (organized activity)	acara	[atʃara]
banquet (party)	banket	[banket]
reception (formal party)	resepsi	[resepsi]
feast	pesta	[pesta]
anniversary	hari jadi, HUT	[hari dʒʲadi], [ha-u-te]
jubilee	yubileum	[yubileum]
to celebrate (vt)	merayakan	[merajakan]
New Year	Tahun Baru	[tahun baru]
Happy New Year!	Selamat Tahun Baru!	[selamat tahun baru!]
Santa Claus	Sinterklas	[sinterklas]
Christmas	Natal	[natal]
Merry Christmas!	Selamat Hari Natal!	[selamat hari natal!]
Christmas tree	pohon Natal	[pohon natal]
fireworks (fireworks show)	kembang api	[kembaŋ api]
wedding	pernikahan	[pərnikahan]
groom	mempelai lelaki	[mempelaj lelaki]
bride	mempelai perempuan	[mempelaj pərempuan]
to invite (vt)	mengundang	[məŋundaŋ]
invitation card	kartu undangan	[kartu undaŋan]
guest	tamu	[tamu]
to visit	mengunjungi	[məŋundʒʲuɲi]
(~ your parents, etc.)		
to meet the guests	menyambut tamu	[məɲambut tamu]
gift, present	hadiah	[hadiah]
to give (sth as present)	memberi	[memberi]
to receive gifts	menerima hadiah	[mənerima hadiah]

bouquet (of flowers)	buket	[buket]
congratulations	ucapan selamat	[utʃapan selamat]
to congratulate (vt)	mengucapkan selamat	[mənutʃapkan selamat]
greeting card	kartu ucapan selamat	[kartu utʃapan selamat]
to send a postcard	mengirim kartu pos	[məŋirim kartu pos]
to get a postcard	menerima kartu pos	[mənerima kartu pos]
toast	toas	[toas]
to offer (a drink, etc.)	menawari	[mənawari]
champagne	sampanye	[sampanje]
to enjoy oneself	bersukaria	[bərsukaria]
merriment (gaiety)	keriangan, kegembiraan	[kerianʲan], [kegembira'an]
joy (emotion)	kegembiraan	[kegembira'an]
dance	dansa, tari	[dansa], [tari]
to dance (vi, vt)	berdansa, menari	[bərdansa], [menari]
waltz	wals	[wals]
tango	tango	[taŋo]

182. Funerals. Burial

cemetery	pemakaman	[pemakaman]
grave, tomb	makam	[makam]
cross	salib	[salib]
gravestone	batu nisan	[batu nisan]
fence	pagar	[pagar]
chapel	kapel	[kapel]
death	kematian	[kematian]
to die (vi)	mati, meninggal	[mati], [meniŋgal]
the deceased	almarhum	[almarhum]
mourning	perkabungan	[pərkabuŋan]
to bury (vt)	memakamkan	[memakamkan]
funeral home	rumah duka	[rumah duka]
funeral	pemakaman	[pemakaman]
wreath	karangan bunga	[karaŋan buŋa]
casket, coffin	keranda	[keranda]
hearse	mobil jenazah	[mobil dʒʲenazah]
shroud	kain kafan	[kain kafan]
funeral procession	prosesi pemakaman	[prosesi pemakaman]
funerary urn	guci abu jenazah	[gutʃi abu dʒʲenazah]
crematory	krematorium	[krematorium]
obituary	obituarium	[obituarium]
to cry (weep)	menangis	[mənaŋis]
to sob (vi)	meratap	[meratap]

183. War. Soldiers

platoon	peleton	[peleton]
company	kompi	[kompi]
regiment	resimen	[resimen]
army	tentara	[tentara]
division	divisi	[divisi]
section, squad	pasukan	[pasukan]
host (army)	tentara	[tentara]
soldier	tentara, serdadu	[tentara], [serdadu]
officer	perwira	[pərwira]
private	prajurit	[pradʒʲurit]
sergeant	sersan	[sersan]
lieutenant	letnan	[letnan]
captain	kapten	[kapten]
major	mayor	[major]
colonel	kolonel	[kolonel]
general	jenderal	[dʒʲenderal]
sailor	pelaut	[pelaut]
captain	kapten	[kapten]
boatswain	bosman, bosun	[bosman], [bosun]
artilleryman	tentara artileri	[tentara artileri]
paratrooper	pasukan penerjun	[pasukan penerdʒʲun]
pilot	pilot	[pilot]
navigator	navigator, penavigasi	[navigator], [penavigasi]
mechanic	mekanik	[mekaniʔ]
pioneer (sapper)	pencari ranjau	[pentʃari randʒʲau]
parachutist	parasutis	[parasutis]
reconnaissance scout	pengintai	[peŋintaj]
sniper	penembak jitu	[penembaʔ dʒitu]
patrol (group)	patroli	[patroli]
to patrol (vt)	berpatroli	[bərpatroli]
sentry, guard	pengawal	[peŋawal]
warrior	prajurit	[pradʒʲurit]
hero	pahlawan	[pahlawan]
heroine	pahlawan wanita	[pahlawan wanita]
patriot	patriot	[patriot]
traitor	pengkhianat	[peŋhianat]
to betray (vt)	mengkhianati	[meŋhianati]
deserter	desertir	[desertir]
to desert (vi)	melakukan desersi	[melakukan desersi]

mercenary	tentara bayaran	[tentara bajaran]
recruit	rekrut, calon tentara	[rekrut], [tʃalon tentara]
volunteer	sukarelawan	[sukarelawan]
dead (n)	korban meninggal	[korban meniŋgal]
wounded (n)	korban luka	[korban luka]
prisoner of war	tawanan perang	[tawanan peraŋ]

184. War. Military actions. Part 1

war	perang	[peraŋ]
to be at war	berperang	[berperaŋ]
civil war	perang saudara	[peraŋ saudara]
treacherously (adv)	secara curang	[setʃara tʃuraŋ]
declaration of war	pernyataan perang	[pernjata'an peraŋ]
to declare (~ war)	menyatakan perang	[menjatakan peraŋ]
aggression	agresi	[agresi]
to attack (invade)	menyerang	[menjeraŋ]
to invade (vt)	menduduki	[menduduki]
invader	penduduk	[pendudu']
conqueror	penakluk	[penaklu']
defense	pertahanan	[pertahanan]
to defend (a country, etc.)	mempertahankan	[mempertahankan]
to defend (against ...)	bertahan ...	[bertahan ...]
enemy	musuh	[musuh]
foe, adversary	lawan	[lawan]
enemy (as adj)	musuh	[musuh]
strategy	strategi	[strategi]
tactics	taktik	[takti']
order	perintah	[perintah]
command (order)	perintah	[perintah]
to order (vt)	memerintahkan	[memerintahkan]
mission	tugas	[tugas]
secret (adj)	rahasia	[rahasia]
battle	pertempuran	[pertempuran]
combat	pertempuran	[pertempuran]
attack	serangan	[seraŋan]
charge (assault)	serbuan	[serbuan]
to storm (vt)	menyerbu	[menjerbu]
siege (to be under ~)	kepungan	[kepuŋan]
offensive (n)	serangan	[seraŋan]
to go on the offensive	menyerang	[menjeraŋ]

retreat	pengunduran	[peŋunduran]
to retreat (vi)	mundur	[mundur]
encirclement	pengepungan	[peŋepuŋan]
to encircle (vt)	mengepung	[məŋepuŋ]
bombing (by aircraft)	pengeboman	[peŋeboman]
to drop a bomb	menjatuhkan bom	[məndʒatuhkan bom]
to bomb (vt)	mengebom	[məŋebom]
explosion	ledakan	[ledakan]
shot	tembakan	[tembakan]
to fire (~ a shot)	melepaskan	[melepaskan]
firing (burst of ~)	penembakan	[penembakan]
to aim (to point a weapon)	membidik	[membidiʔ]
to point (a gun)	mengarahkan	[məŋarahkan]
to hit (the target)	mengenai	[məŋenaj]
to sink (~ a ship)	menenggelamkan	[mənəŋgelamkan]
hole (in a ship)	lubang	[lubaŋ]
to founder, to sink (vi)	karam	[karam]
front (war ~)	garis depan	[garis depan]
evacuation	evakuasi	[evakuasi]
to evacuate (vt)	mengevakuasi	[məŋevakuasi]
trench	parit perlindungan	[parit pərlinduŋan]
barbwire	kawat berduri	[kawat bərduri]
barrier (anti tank ~)	rintangan	[rintaŋan]
watchtower	menara	[mənara]
military hospital	rumah sakit militer	[rumah sakit militer]
to wound (vt)	melukai	[melukaj]
wound	luka	[luka]
wounded (n)	korban luka	[korban luka]
to be wounded	terluka	[tərluka]
serious (wound)	parah	[parah]

185. War. Military actions. Part 2

captivity	tawanan	[tawanan]
to take captive	menawan	[mənawan]
to be held captive	ditawan	[ditawan]
to be taken captive	tertawan	[tərtawan]
concentration camp	kamp konsentrasi	[kamp konsentrasi]
prisoner of war	tawanan perang	[tawanan peraŋ]
to escape (vi)	melarikan diri	[melarikan diri]
to betray (vt)	mengkhianati	[məŋhianati]

betrayer	pengkhianat	[peŋhianat]
betrayal	pengkhianatan	[peŋhianatan]
to execute (by firing squad)	mengeksekusi	[məŋeksekusi]
execution (by firing squad)	eksekusi	[eksekusi]
equipment (military gear)	perlengkapan	[pərleŋkapan]
shoulder board	epolet	[epolet]
gas mask	masker gas	[masker gas]
field radio	pemancar radio	[pemantʃar radio]
cipher, code	kode	[kode]
secrecy	kerahasiaan	[kerahasia'an]
password	kata sandi	[kata sandi]
land mine	ranjau darat	[randʒʲau darat]
to mine (road, etc.)	memasang ranjau	[memasaŋ randʒʲau]
minefield	padang yang dipenuhi ranjau	[padaŋ yaŋ dipenuhi randʒʲau]
air-raid warning	peringatan serangan udara	[periŋatan seraŋan udara]
alarm (alert signal)	alarm serangan udara	[alarm seraŋan udara]
signal	sinyal	[sinjal]
signal flare	roket sinyal	[roket sinjal]
headquarters	markas	[markas]
reconnaissance	pengintaian	[peŋintajan]
situation	keadaan	[keada'an]
report	laporan	[laporan]
ambush	penyergapan	[penjergapan]
reinforcement (of army)	bala bantuan	[bala bantuan]
target	sasaran	[sasaran]
proving ground	lapangan tembak	[lapaŋan temba']
military exercise	latihan perang	[latihan peraŋ]
panic	panik	[pani']
devastation	pengrusakan	[peŋrusakan]
destruction, ruins	penghancuran	[peŋhantʃuran]
to destroy (vt)	menghancurkan	[meŋhantʃurkan]
to survive (vi, vt)	menyintas	[menjintas]
to disarm (vt)	melucuti	[melutʃuti]
to handle (~ a gun)	mengendalikan	[meŋendalikan]
Attention!	Siap!	[siap!]
At ease!	Istirahat di tempat!	[istirahat di tempat!]
act of courage	keberanian	[keberanian]
oath (vow)	sumpah	[sumpah]

to swear (an oath)	bersumpah	[bersumpah]
decoration (medal, etc.)	anugerah	[anugerah]
to award (give medal to)	menganugerahi	[məŋanugerahi]
medal	medali	[medali]
order (e.g., ~ of Merit)	bintang kehormatan	[bintaŋ kehormatan]

victory	kemenangan	[kemenaŋan]
defeat	kekalahan	[kekalahan]
armistice	gencatan senjata	[gentʃatan sendʒʲata]

standard (battle flag)	bendera	[bendera]
glory (honor, fame)	kehormatan	[kehormatan]
parade	parade	[parade]
to march (on parade)	berbaris	[berbaris]

186. Weapons

weapons	senjata	[sendʒʲata]
firearms	senjata api	[sendʒʲata api]
cold weapons (knives, etc.)	sejata tajam	[sedʒʲata tadʒʲam]

chemical weapons	senjata kimia	[sendʒʲata kimia]
nuclear (adj)	nuklir	[nuklir]
nuclear weapons	senjata nuklir	[sendʒʲata nuklir]

| bomb | bom | [bom] |
| atomic bomb | bom atom | [bom atom] |

pistol (gun)	pistol	[pistol]
rifle	senapan	[senapan]
submachine gun	senapan otomatis	[senapan otomatis]
machine gun	senapan mesin	[senapan mesin]

muzzle	moncong	[montʃoŋ]
barrel	laras	[laras]
caliber	kaliber	[kaliber]

trigger	pelatuk	[pelatuʔ]
sight (aiming device)	pembidik	[pembidiʔ]
magazine	magasin	[magasin]
butt (shoulder stock)	pantat senapan	[pantat senapan]

| hand grenade | granat tangan | [granat taŋan] |
| explosive | bahan peledak | [bahan peledaʔ] |

bullet	peluru	[peluru]
cartridge	patrun	[patrun]
charge	isian	[isian]
ammunition	amunisi	[amunisi]

bomber (aircraft)	pesawat pengebom	[pesawat peŋebom]
fighter	pesawat pemburu	[pesawat pemburu]
helicopter	helikopter	[helikopter]
anti-aircraft gun	meriam penangkis serangan udara	[meriam penaŋkis seraŋan udara]
tank	tank	[tanʔ]
tank gun	meriam tank	[meriam tanʔ]
artillery	artileri	[artileri]
gun (cannon, howitzer)	meriam	[meriam]
to lay (a gun)	mengarahkan	[məŋarahkan]
shell (projectile)	peluru	[peluru]
mortar bomb	peluru mortir	[peluru mortir]
mortar	mortir	[mortir]
splinter (shell fragment)	serpihan	[serpihan]
submarine	kapal selam	[kapal selam]
torpedo	torpedo	[torpedo]
missile	rudal	[rudal]
to load (gun)	mengisi	[məŋisi]
to shoot (vi)	menembak	[mənembaʔ]
to point at (the cannon)	membidik	[membidiʔ]
bayonet	bayonet	[bajonet]
rapier	pedang rapier	[pedaŋ rapier]
saber (e.g., cavalry ~)	pedang saber	[pedaŋ saber]
spear (weapon)	lembing	[lembiŋ]
bow	busur panah	[busur panah]
arrow	anak panah	[anaʔ panah]
musket	senapan lantak	[senapan lantaʔ]
crossbow	busur silang	[busur silaŋ]

187. Ancient people

primitive (prehistoric)	primitif	[primitif]
prehistoric (adj)	prasejarah	[prasedʒʲarah]
ancient (~ civilization)	kuno	[kuno]
Stone Age	Zaman Batu	[zaman batu]
Bronze Age	Zaman Perunggu	[zaman peruŋgu]
Ice Age	Zaman Es	[zaman es]
tribe	suku	[suku]
cannibal	kanibal	[kanibal]
hunter	pemburu	[pemburu]
to hunt (vi, vt)	berburu	[berburu]
mammoth	mamut	[mamut]

cave	gua	[gua]
fire	api	[api]
campfire	api unggun	[api uŋgun]
cave painting	lukisan gua	[lukisan gua]

tool (e.g., stone ax)	alat kerja	[alat kerdʒʲa]
spear	tombak	[tombaʔ]
stone ax	kapak batu	[kapaʔ batu]
to be at war	berperang	[bərperaŋ]
to domesticate (vt)	menjinakkan	[məndʒinaʔkan]

idol	berhala	[bərhala]
to worship (vt)	memuja	[memudʒʲa]
superstition	takhayul	[tahajul]
rite	upacara	[upatʃara]

evolution	evolusi	[evolusi]
development	perkembangan	[pərkembaŋan]
disappearance (extinction)	kehilangan	[kehilaŋan]
to adapt oneself	menyesuaikan diri	[mənjesuajkan diri]

archeology	arkeologi	[arkeologi]
archeologist	arkeolog	[arkeolog]
archeological (adj)	arkeologis	[arkeologis]

excavation site	situs ekskavasi	[situs ekskavasi]
excavations	ekskavasi	[ekskavasi]
find (object)	penemuan	[penemuan]
fragment	fragmen	[fragmen]

188. Middle Ages

people (ethnic group)	rakyat	[rakjat]
peoples	bangsa-bangsa	[baŋsa-baŋsa]
tribe	suku	[suku]
tribes	suku-suku	[suku-suku]

barbarians	kaum barbar	[kaum barbar]
Gauls	kaum Gaul	[kaum gaul]
Goths	kaum Goth	[kaum got]
Slavs	kaum Slavia	[kaum slavia]
Vikings	kaum Viking	[kaum vikiŋ]

| Romans | kaum Roma | [kaum roma] |
| Roman (adj) | Romawi | [romawi] |

Byzantines	kaum Byzantium	[kaum bizantium]
Byzantium	Byzantium	[bizantium]
Byzantine (adj)	Byzantium	[bizantium]
emperor	kaisar	[kajsar]

leader, chief (tribal ~)	pemimpin	[pemimpin]
powerful (~ king)	adikuasa, berkuasa	[adikuasa], [bərkuasa]
king	raja	[radʒʲa]
ruler (sovereign)	penguasa	[peŋuasa]
knight	ksatria	[ksatria]
feudal lord	tuan	[tuan]
feudal (adj)	feodal	[feodal]
vassal	vasal	[vasal]
duke	duke	[duke]
earl	earl	[earl]
baron	baron	[baron]
bishop	uskup	[uskup]
armor	baju besi	[badʒʲu besi]
shield	perisai	[pərisaj]
sword	pedang	[pedaŋ]
visor	visor, topeng besi	[visor], [topeŋ besi]
chainmail	baju zirah	[badʒʲu zirah]
Crusade	Perang Salib	[pəraŋ salib]
crusader	kaum salib	[kaum salib]
territory	wilayah	[wilajah]
to attack (invade)	menyerang	[mənjeraŋ]
to conquer (vt)	menaklukkan	[mənakluʔkan]
to occupy (invade)	menduduki	[mənduduki]
siege (to be under ~)	kepungan	[kepuŋan]
besieged (adj)	terkepung	[tərkepuŋ]
to besiege (vt)	mengepung	[məŋepuŋ]
inquisition	inkuisisi	[inkuisisi]
inquisitor	inkuisitor	[inkuisitor]
torture	siksaan	[siksaʔan]
cruel (adj)	kejam	[kedʒʲam]
heretic	penganut bidah	[peŋanut bidah]
heresy	bidah	[bidah]
seafaring	pelayaran laut	[pelajaran laut]
pirate	bajak laut	[badʒʲaʔ laut]
piracy	pembajakan	[pembadʒʲakan]
boarding (attack)	serangan terhadap kapal dari dekat	[seraŋan tərhadap kapal dari dekat]
loot, booty	rampasan	[rampasan]
treasures	harta karun	[harta karun]
discovery	penemuan	[penemuan]
to discover (new land, etc.)	menemukan	[mənemukan]
expedition	ekspedisi	[ekspedisi]
musketeer	musketir	[musketir]

cardinal	**kardinal**	[kardinal]
heraldry	**heraldik**	[heraldiʔ]
heraldic (adj)	**heraldik**	[heraldiʔ]

189. Leader. Chief. Authorities

king	**raja**	[radʒʲa]
queen	**ratu**	[ratu]
royal (adj)	**kerajaan, raja**	[keradʒʲaʔan], [radʒʲa]
kingdom	**kerajaan**	[keradʒʲaʔan]
prince	**pangeran**	[paŋeran]
princess	**putri**	[putri]
president	**presiden**	[presiden]
vice-president	**wakil presiden**	[wakil presiden]
senator	**senator**	[senator]
monarch	**monark**	[monarʔ]
ruler (sovereign)	**penguasa**	[peŋuasa]
dictator	**diktator**	[diktator]
tyrant	**tiran**	[tiran]
magnate	**magnat**	[magnat]
director	**direktur**	[direktur]
chief	**atasan**	[atasan]
manager (director)	**manajer**	[manadʒʲer]
boss	**bos**	[bos]
owner	**pemilik**	[pemiliʔ]
leader	**pemimpin**	[pemimpin]
head (~ of delegation)	**kepala**	[kepala]
authorities	**pihak berwenang**	[pihaʔ berwenaŋ]
superiors	**atasan**	[atasan]
governor	**gabernur**	[gabernur]
consul	**konsul**	[konsul]
diplomat	**diplomat**	[diplomat]
mayor	**walikota**	[walikota]
sheriff	**sheriff**	[ʃeriff]
emperor	**kaisar**	[kajsar]
tsar, czar	**tsar, raja**	[tsar], [radʒʲa]
pharaoh	**firaun**	[firaun]
khan	**khan**	[han]

190. Road. Way. Directions

road	**jalan**	[dʒʲalan]
way (direction)	**jalan**	[dʒʲalan]

freeway	**jalan raya**	[dʒˡalan raja]
highway	**jalan raya**	[dʒˡalan raja]
interstate	**jalan nasional**	[dʒˡalan nasional]
main road	**jalan utama**	[dʒˡalan utama]
dirt road	**jalan tanah**	[dʒˡalan tanah]
pathway	**jalan setapak**	[dʒˡalan setapaʔ]
footpath (troddenpath)	**jalan setapak**	[dʒˡalan setapaʔ]
Where?	**Di mana?**	[di mana?]
Where (to)?	**Ke mana?**	[ke mana?]
From where?	**Dari mana?**	[dari mana?]
direction (way)	**arah**	[arah]
to point (~ the way)	**menunjuk**	[mənundʒˡuʔ]
to the left	**ke kiri**	[ke kiri]
to the right	**ke kanan**	[ke kanan]
straight ahead (adv)	**terus lurus**	[terus lurus]
back (e.g., to turn ~)	**balik**	[baliʔ]
bend, curve	**tikungan**	[tikuŋan]
to turn (e.g., ~ left)	**membelok**	[membeloʔ]
to make a U-turn	**memutar arah**	[memutar arah]
to be visible (mountains, castle, etc.)	**kelihatan**	[kelihatan]
to appear (come into view)	**muncul**	[muntʃul]
stop, halt (e.g., during a trip)	**perhentian**	[pərhentian]
to rest, to pause (vi)	**beristirahat**	[bəristirahat]
rest (pause)	**istirahat**	[istirahat]
to lose one's way	**tersesat**	[tərsesat]
to lead to ... (ab. road)	**menuju ...**	[mənudʒˡu ...]
to come out (e.g., on the highway)	**sampai**	[sampaj]
stretch (of road)	**trayek**	[traeʔ]
asphalt	**aspal**	[aspal]
curb	**kerb jalan**	[kerb dʒˡalan]
ditch	**parit**	[parit]
manhole	**lubang penutup jalan**	[lubaŋ penutup dʒˡalan]
roadside (shoulder)	**bahu jalan**	[bahu dʒˡalan]
pit, pothole	**lubang**	[lubaŋ]
to go (on foot)	**berjalan**	[bərdʒˡalan]
to pass (overtake)	**mendahului**	[məndahului]
step (footstep)	**langkah**	[laŋkah]
on foot (adv)	**berjalan kaki**	[bərdʒˡalan kaki]

to block (road)	merintangi	[merintaŋi]
boom gate	palang jalan	[palaŋ dʒʲalan]
dead end	jalan buntu	[dʒʲalan buntu]

191. Breaking the law. Criminals. Part 1

bandit	bandit	[bandit]
crime	kejahatan	[kedʒʲahatan]
criminal (person)	penjahat	[pendʒʲahat]

thief	pencuri	[pentʃuri]
to steal (vi, vt)	mencuri	[məntʃuri]
stealing, theft	pencurian	[pentʃurian]

to kidnap (vt)	menculik	[məntʃuliʔ]
kidnapping	penculikan	[pentʃulikan]
kidnapper	penculik	[pentʃuliʔ]

| ransom | uang tebusan | [uaŋ tebusan] |
| to demand ransom | menuntut uang tebusan | [mənuntut uaŋ tebusan] |

to rob (vt)	merampok	[merampoʔ]
robbery	perampokan	[pərampokan]
robber	perampok	[pərampoʔ]

to extort (vt)	memeras	[memeras]
extortionist	pemeras	[pemeras]
extortion	pemerasan	[pemerasan]

to murder, to kill	membunuh	[membunuh]
murder	pembunuhan	[pembunuhan]
murderer	pembunuh	[pembunuh]

gunshot	tembakan	[tembakan]
to fire (~ a shot)	melepaskan	[melepaskan]
to shoot to death	menembak mati	[mənembaʔ mati]
to shoot (vi)	menembak	[mənembaʔ]
shooting	penembakan	[penembakan]

incident (fight, etc.)	insiden, kejadian	[insiden], [kedʒʲadian]
fight, brawl	perkelahian	[pərkelahian]
Help!	Tolong!	[toloŋ!]
victim	korban	[korban]

to damage (vt)	merusak	[merusaʔ]
damage	kerusakan	[kerusakan]
dead body, corpse	jenazah, mayat	[dʒʲenazah], [majat]
grave (~ crime)	berat	[berat]
to attack (vt)	menyerang	[mənjeraŋ]
to beat (to hit)	memukul	[memukul]

to beat up	memukuli	[memukuli]
to take (rob of sth)	merebut	[merebut]
to stab to death	menikam mati	[menikam mati]
to maim (vt)	mencederai	[mentʃederaj]
to wound (vt)	melukai	[melukaj]
blackmail	pemerasan	[pemerasan]
to blackmail (vt)	memeras	[memeras]
blackmailer	pemeras	[pemeras]
protection racket	pemerasan	[pemerasan]
racketeer	pemeras	[pemeras]
gangster	gangster, preman	[gaŋster], [preman]
mafia, Mob	mafia	[mafia]
pickpocket	pencopet	[pentʃopet]
burglar	perampok	[perampoʔ]
smuggling	penyelundupan	[penjelundupan]
smuggler	penyelundup	[penjelundup]
forgery	pemalsuan	[pemalsuan]
to forge (counterfeit)	memalsukan	[memalsukan]
fake (forged)	palsu	[palsu]

192. Breaking the law. Criminals. Part 2

rape	pemerkosaan	[pemerkosaʔan]
to rape (vt)	memerkosa	[memerkosa]
rapist	pemerkosa	[pemerkosa]
maniac	maniak	[maniaʔ]
prostitute (fem.)	pelacur	[pelatʃur]
prostitution	pelacuran	[pelatʃuran]
pimp	germo	[germo]
drug addict	pecandu narkoba	[petʃandu narkoba]
drug dealer	pengedar narkoba	[peŋedar narkoba]
to blow up (bomb)	meledakkan	[meledaʔkan]
explosion	ledakan	[ledakan]
to set fire	membakar	[membakar]
arsonist	pelaku pembakaran	[pelaku pembakaran]
terrorism	terorisme	[terorisme]
terrorist	teroris	[teroris]
hostage	sandera	[sandera]
to swindle (deceive)	menipu	[menipu]
swindle, deception	penipuan	[penipuan]
swindler	penipu	[penipu]

to bribe (vt)	menyuap	[mənyuap]
bribery	penyuapan	[penyuapan]
bribe	uang suap, suapan	[uaŋ suap], [suapan]

poison	racun	[ratʃun]
to poison (vt)	meracuni	[meratʃuni]
to poison oneself	meracuni diri sendiri	[meratʃuni diri sendiri]

suicide (act)	bunuh diri	[bunuh diri]
suicide (person)	pelaku bunuh diri	[pelaku bunuh diri]

to threaten (vt)	mengancam	[məŋantʃam]
threat	ancaman	[antʃaman]
to make an attempt	melakukan percobaan pembunuhan	[melakukan pertʃoba'an pembunuhan]
attempt (attack)	percobaan pembunuhan	[pertʃoba'an pembunuhan]

to steal (a car)	mencuri	[məntʃuri]
to hijack (a plane)	membajak	[membadʒʲa']

revenge	dendam	[dendam]
to avenge (get revenge)	membalas dendam	[membalas dendam]

to torture (vt)	menyiksa	[mənjiksa]
torture	siksaan	[siksa'an]
to torment (vt)	menyiksa	[mənjiksa]

pirate	bajak laut	[badʒʲa' laut]
hooligan	berandal	[berandal]
armed (adj)	bersenjata	[bərsendʒʲata]
violence	kekerasan	[kekerasan]
illegal (unlawful)	ilegal	[ilegal]

spying (espionage)	spionase	[spionase]
to spy (vi)	memata-matai	[memata-mataj]

193. Police. Law. Part 1

justice	keadilan	[keadilan]
court (see you in ~)	pengadilan	[peŋadilan]

judge	hakim	[hakim]
jurors	anggota juri	[aŋgota dʒʲuri]
jury trial	pengadilan juri	[peŋadilan dʒʲuri]
to judge (vt)	mengadili	[məŋadili]

lawyer, attorney	advokat, pengacara	[advokat], [peŋatʃara]
defendant	terdakwa	[tərdakwa]
dock	bangku terdakwa	[baŋku tərdakwa]
charge	tuduhan	[tuduhan]

accused	**terdakwa**	[tərdakwa]
sentence	**hukuman**	[hukuman]
to sentence (vt)	**menjatuhkan hukuman**	[məndʒʲatuhkan hukuman]
guilty (culprit)	**bersalah**	[bərsalah]
to punish (vt)	**menghukum**	[məŋhukum]
punishment	**hukuman**	[hukuman]
fine (penalty)	**denda**	[denda]
life imprisonment	**penjara seumur hidup**	[pendʒʲara seumur hidup]
death penalty	**hukuman mati**	[hukuman mati]
electric chair	**kursi listrik**	[kursi listriʔ]
gallows	**tiang gantungan**	[tiaŋ gantuŋan]
to execute (vt)	**menjalankan hukuman mati**	[məndʒʲalankan hukuman mati]
execution	**hukuman mati**	[hukuman mati]
prison, jail	**penjara**	[pendʒʲara]
cell	**sel**	[sel]
escort	**pengawal**	[peŋawal]
prison guard	**sipir, penjaga penjara**	[sipir], [pendʒʲaga pendʒʲara]
prisoner	**tahanan**	[tahanan]
handcuffs	**borgol**	[borgol]
to handcuff (vt)	**memborgol**	[memborgol]
prison break	**pelarian**	[pelarian]
to break out (vi)	**melarikan diri**	[melarikan diri]
to disappear (vi)	**menghilang**	[məŋhilaŋ]
to release (from prison)	**membebaskan**	[membebaskan]
amnesty	**amnesti**	[amnesti]
police	**polisi, kepolisian**	[polisi], [kepolisian]
police officer	**polisi**	[polisi]
police station	**kantor polisi**	[kantor polisi]
billy club	**pentungan karet**	[pentuŋan karet]
bullhorn	**pengeras suara**	[peŋeras suara]
patrol car	**mobil patroli**	[mobil patroli]
siren	**sirene**	[sirene]
to turn on the siren	**membunyikan sirene**	[membunjikan sirene]
siren call	**suara sirene**	[suara sirene]
crime scene	**tempat kejadian perkara**	[tempat kedʒʲadian pərkara]
witness	**saksi**	[saksi]
freedom	**kebebasan**	[kebebasan]
accomplice	**kaki tangan**	[kaki taŋan]
to flee (vi)	**melarikan diri**	[melarikan diri]
trace (to leave a ~)	**jejak**	[dʒʲedʒʲaʔ]

194. Police. Law. Part 2

search (investigation)	pencarian	[pentʃarian]
to look for ...	mencari ...	[məntʃari ...]
suspicion	kecurigaan	[ketʃuriga'an]
suspicious (e.g., ~ vehicle)	mencurigakan	[məntʃurigakan]
to stop (cause to halt)	menghentikan	[məŋhentikan]
to detain (keep in custody)	menahan	[mənahan]

case (lawsuit)	kasus, perkara	[kasus], [pərkara]
investigation	investigasi, penyidikan	[investigasi], [penjidikan]
detective	detektif	[detektif]
investigator	penyidik	[penjidi']
hypothesis	hipotesis	[hipotesis]

motive	motif	[motif]
interrogation	interogasi	[interogasi]
to interrogate (vt)	menginterogasi	[məŋinterogasi]
to question (~ neighbors, etc.)	menanyai	[mənanjaj]
check (identity ~)	pemeriksaan	[pemeriksa'an]

round-up	razia	[razia]
search (~ warrant)	penggeledahan	[peŋgeledahan]
chase (pursuit)	pengejaran, perburuan	[peɲedʒʲaran], [pərburuan]
to pursue, to chase	mengejar	[məɲedʒʲar]
to track (a criminal)	melacak	[melatʃa']

arrest	penahanan	[penahanan]
to arrest (sb)	menahan	[mənahan]
to catch (thief, etc.)	menangkap	[mənaŋkap]
capture	penangkapan	[penaŋkapan]

document	dokumen	[dokumen]
proof (evidence)	bukti	[bukti]
to prove (vt)	membuktikan	[membuktikan]
footprint	jejak	[dʒʲedʒʲa']
fingerprints	sidik jari	[sidi' dʒʲari]
piece of evidence	barang bukti	[baraŋ bukti]

alibi	alibi	[alibi]
innocent (not guilty)	tidak bersalah	[tida' bərsalah]
injustice	ketidakadilan	[ketidakadilan]
unjust, unfair (adj)	tidak adil	[tida' adil]

criminal (adj)	pidana	[pidana]
to confiscate (vt)	menyita	[mənjita]
drug (illegal substance)	narkoba	[narkoba]
weapon, gun	senjata	[sendʒʲata]
to disarm (vt)	melucuti	[melutʃuti]
to order (command)	memerintahkan	[memerintahkan]

to disappear (vi)	**menghilang**	[məŋhilaŋ]
law	**hukum**	[hukum]
legal, lawful (adj)	**sah**	[sah]
illegal, illicit (adj)	**tidak sah**	[tidaʔ sah]

| responsibility (blame) | **tanggung jawab** | [taŋguŋ dʒˈawab] |
| responsible (adj) | **bertanggung jawab** | [bərtaŋguŋ dʒˈawab] |

NATURE

The Earth. Part 1

195. Outer space

space	angkasa	[aŋkasa]
space (as adj)	angkasa	[aŋkasa]
outer space	ruang angkasa	[ruaŋ aŋkasa]
world	dunia	[dunia]
universe	jagat raya	[dʒʲagat raja]
galaxy	galaksi	[galaksi]
star	bintang	[bintaŋ]
constellation	gugusan bintang	[gugusan bintaŋ]
planet	planet	[planet]
satellite	satelit	[satelit]
meteorite	meteorit	[meteorit]
comet	komet	[komet]
asteroid	asteroid	[asteroid]
orbit	orbit	[orbit]
to revolve (~ around the Earth)	berputar	[bərputar]
atmosphere	atmosfer	[atmosfer]
the Sun	matahari	[matahari]
solar system	tata surya	[tata surja]
solar eclipse	gerhana matahari	[gerhana matahari]
the Earth	Bumi	[bumi]
the Moon	Bulan	[bulan]
Mars	Mars	[mars]
Venus	Venus	[venus]
Jupiter	Yupiter	[yupiter]
Saturn	Saturnus	[saturnus]
Mercury	Merkurius	[merkurius]
Uranus	Uranus	[uranus]
Neptune	Neptunus	[neptunus]
Pluto	Pluto	[pluto]
Milky Way	Bimasakti	[bimasakti]
Great Bear (Ursa Major)	Ursa Major	[ursa madʒor]

North Star	Bintang Utara	[bintaŋ utara]
Martian	makhluk Mars	[mahlu' mars]
extraterrestrial (n)	makhluk ruang angkasa	[mahlu' ruaŋ aŋkasa]
alien	alien, makhluk asing	[alien], [mahlu' asiŋ]
flying saucer	piring terbang	[piriŋ tərbaŋ]
spaceship	kapal antariksa	[kapal antariksa]
space station	stasiun antariksa	[stasiun antariksa]
blast-off	peluncuran	[peluntʃuran]
engine	mesin	[mesin]
nozzle	nosel	[nosel]
fuel	bahan bakar	[bahan bakar]
cockpit, flight deck	kokpit	[kokpit]
antenna	antena	[antena]
porthole	jendela	[dʒ'endela]
solar panel	sel surya	[sel surja]
spacesuit	pakaian antariksa	[pakajan antariksa]
weightlessness	keadaan tanpa bobot	[keada'an tanpa bobot]
oxygen	oksigen	[oksigen]
docking (in space)	penggabungan	[peŋgabuŋan]
to dock (vi, vt)	bergabung	[bərgabuŋ]
observatory	observatorium	[observatorium]
telescope	teleskop	[teleskop]
to observe (vt)	mengamati	[məŋamati]
to explore (vt)	mengeksplorasi	[məŋeksplorasi]

196. The Earth

the Earth	Bumi	[bumi]
the globe (the Earth)	bola Bumi	[bola bumi]
planet	planet	[planet]
atmosphere	atmosfer	[atmosfer]
geography	geografi	[geografi]
nature	alam	[alam]
globe (table ~)	globe	[globe]
map	peta	[peta]
atlas	atlas	[atlas]
Europe	Eropa	[eropa]
Asia	Asia	[asia]
Africa	Afrika	[afrika]
Australia	Australia	[australia]
America	Amerika	[amerika]

North America	**Amerika Utara**	[amerika utara]
South America	**Amerika Selatan**	[amerika selatan]
Antarctica	**Antartika**	[antartika]
the Arctic	**Arktika**	[arktika]

197. Cardinal directions

north	utara	[utara]
to the north	ke utara	[ke utara]
in the north	di utara	[di utara]
northern (adj)	utara	[utara]
south	selatan	[selatan]
to the south	ke selatan	[ke selatan]
in the south	di selatan	[di selatan]
southern (adj)	selatan	[selatan]
west	barat	[barat]
to the west	ke barat	[ke barat]
in the west	di barat	[di barat]
western (adj)	barat	[barat]
east	timur	[timur]
to the east	ke timur	[ke timur]
in the east	di timur	[di timur]
eastern (adj)	timur	[timur]

198. Sea. Ocean

sea	laut	[laut]
ocean	samudra	[samudra]
gulf (bay)	teluk	[teluʔ]
straits	selat	[selat]
land (solid ground)	daratan	[daratan]
continent (mainland)	benua	[benua]
island	pulau	[pulau]
peninsula	semenanjung, jazirah	[semenandʒʲuŋ], [dʒʲazirah]
archipelago	kepulauan	[kepulauan]
bay, cove	teluk	[teluʔ]
harbor	pelabuhan	[pelabuhan]
lagoon	laguna	[laguna]
cape	tanjung	[tandʒʲuŋ]
atoll	pulau karang	[pulau karaŋ]
reef	terumbu	[tərumbu]

coral	**karang**	[karaŋ]
coral reef	**terumbu karang**	[tərumbu karaŋ]
deep (adj)	**dalam**	[dalam]
depth (deep water)	**kedalaman**	[kedalaman]
abyss	**jurang**	[dʒʲuraŋ]
trench (e.g., Mariana ~)	**palung**	[paluŋ]
current (Ocean ~)	**arus**	[arus]
to surround (bathe)	**berbatasan dengan**	[bərbatasan deŋan]
shore	**pantai**	[pantaj]
coast	**pantai**	[pantaj]
flow (flood tide)	**air pasang**	[air pasaŋ]
ebb (ebb tide)	**air surut**	[air surut]
shoal	**beting**	[betiŋ]
bottom (~ of the sea)	**dasar**	[dasar]
wave	**gelombang**	[gelombaŋ]
crest (~ of a wave)	**puncak gelombang**	[puntʃa' gelombaŋ]
spume (sea foam)	**busa, buih**	[busa], [buih]
storm (sea storm)	**badai**	[badaj]
hurricane	**topan**	[topan]
tsunami	**tsunami**	[tsunami]
calm (dead ~)	**angin tenang**	[aŋin tenaŋ]
quiet, calm (adj)	**tenang**	[tenaŋ]
pole	**kutub**	[kutub]
polar (adj)	**kutub**	[kutub]
latitude	**lintang**	[lintaŋ]
longitude	**garis bujur**	[garis budʒʲur]
parallel	**sejajar**	[sedʒʲadʒʲar]
equator	**khatulistiwa**	[hatulistiwa]
sky	**langit**	[laŋit]
horizon	**horizon**	[horizon]
air	**udara**	[udara]
lighthouse	**mercusuar**	[mertʃusuar]
to dive (vi)	**menyelam**	[mənjelam]
to sink (ab. boat)	**karam**	[karam]
treasures	**harta karun**	[harta karun]

199. Seas' and Oceans' names

Atlantic Ocean	**Samudra Atlantik**	[samudra atlanti']
Indian Ocean	**Samudra Hindia**	[samudra hindia]

Pacific Ocean	**Samudra Pasifik**	[samudra pasifiʔ]
Arctic Ocean	**Samudra Arktik**	[samudra arktiʔ]
Black Sea	**Laut Hitam**	[laut hitam]
Red Sea	**Laut Merah**	[laut merah]
Yellow Sea	**Laut Kuning**	[laut kuniŋ]
White Sea	**Laut Putih**	[laut putih]
Caspian Sea	**Laut Kaspia**	[laut kaspia]
Dead Sea	**Laut Mati**	[laut mati]
Mediterranean Sea	**Laut Tengah**	[laut teŋah]
Aegean Sea	**Laut Aegean**	[laut aegean]
Adriatic Sea	**Laut Adriatik**	[laut adriatiʔ]
Arabian Sea	**Laut Arab**	[laut arab]
Sea of Japan	**Laut Jepang**	[laut dʒʲepaŋ]
Bering Sea	**Laut Bering**	[laut beriŋ]
South China Sea	**Laut Cina Selatan**	[laut tʃina selatan]
Coral Sea	**Laut Karang**	[laut karaŋ]
Tasman Sea	**Laut Tasmania**	[laut tasmania]
Caribbean Sea	**Laut Karibia**	[laut karibia]
Barents Sea	**Laut Barents**	[laut barents]
Kara Sea	**Laut Kara**	[laut kara]
North Sea	**Laut Utara**	[laut utara]
Baltic Sea	**Laut Baltik**	[laut baltiʔ]
Norwegian Sea	**Laut Norwegia**	[laut norwegia]

200. Mountains

mountain	**gunung**	[gunuŋ]
mountain range	**jajaran gunung**	[dʒʲadʒʲaran gunuŋ]
mountain ridge	**sisir gunung**	[sisir gunuŋ]
summit, top	**puncak**	[puntʃaʔ]
peak	**puncak**	[puntʃaʔ]
foot (~ of the mountain)	**kaki**	[kaki]
slope (mountainside)	**lereng**	[lereŋ]
volcano	**gunung api**	[gunuŋ api]
active volcano	**gunung api yang aktif**	[gunuŋ api yaŋ aktif]
dormant volcano	**gunung api yang tidak aktif**	[gunuŋ api yaŋ tidaʔ aktif]
eruption	**erupsi, letusan**	[erupsi], [letusan]
crater	**kawah**	[kawah]
magma	**magma**	[magma]

| lava | lava, lahar | [lava], [lahar] |
| molten (~ lava) | pijar | [pidʒʲar] |

canyon	kanyon	[kanjon]
gorge	jurang	[dʒʲuraŋ]
crevice	celah	[tʃelah]
abyss (chasm)	jurang	[dʒʲuraŋ]

pass, col	pass, celah	[pass], [tʃelah]
plateau	plato, dataran tinggi	[plato], [dataran tiŋgi]
cliff	tebing	[tebiŋ]
hill	bukit	[bukit]

| glacier | gletser | [gletser] |
| waterfall | air terjun | [air tərdʒʲun] |

| geyser | geiser | [geyser] |
| lake | danau | [danau] |

plain	dataran	[dataran]
landscape	landskap	[landskap]
echo	gema	[gema]

| alpinist | pendaki gunung | [pendaki gunuŋ] |
| rock climber | pemanjat tebing | [pemandʒʲat tebiŋ] |

| to conquer (in climbing) | menaklukkan | [mənakluʔkan] |
| climb (an easy ~) | pendakian | [pendakian] |

201. Mountains names

The Alps	Alpen	[alpen]
Mont Blanc	Mont Blanc	[mon blan]
The Pyrenees	Pirenia	[pirenia]

| The Carpathians | Pegunungan Karpatia | [peguŋuŋan karpatia] |
| The Ural Mountains | Pegunungan Ural | [peguŋuŋan ural] |

| The Caucasus Mountains | Kaukasus | [kaukasus] |
| Mount Elbrus | Elbrus | [elbrus] |

The Altai Mountains	Altai	[altaj]
The Tian Shan	Tien Shan	[tjen ʃan]
The Pamir Mountains	Pegunungan Pamir	[peguŋuŋan pamir]

| The Himalayas | Himalaya | [himalaja] |
| Mount Everest | Everest | [everest] |

| The Andes | Andes | [andes] |
| Mount Kilimanjaro | Kilimanjaro | [kilimandʒʲaro] |

202. Rivers

river	**sungai**	[suŋaj]
spring (natural source)	**mata air**	[mata air]
riverbed (river channel)	**badan sungai**	[badan suŋaj]
basin (river valley)	**basin**	[basin]
to flow into ...	**mengalir ke ...**	[məŋalir ke ...]
tributary	**anak sungai**	[ana' suŋaj]
bank (of river)	**tebing sungai**	[tebiŋ suŋaj]
current (stream)	**arus**	[arus]
downstream (adv)	**ke hilir**	[ke hilir]
upstream (adv)	**ke hulu**	[ke hulu]
inundation	**banjir**	[bandʒir]
flooding	**banjir**	[bandʒir]
to overflow (vi)	**membanjiri**	[membandʒiri]
to flood (vt)	**membanjiri**	[membandʒiri]
shallow (shoal)	**beting**	[betiŋ]
rapids	**jeram**	[dʒieram]
dam	**dam, bendungan**	[dam], [benduŋan]
canal	**kanal, terusan**	[kanal], [tərusan]
reservoir (artificial lake)	**waduk**	[waduʔ]
sluice, lock	**pintu air**	[pintu air]
water body (pond, etc.)	**kolam**	[kolam]
swamp (marshland)	**rawa**	[rawa]
bog, marsh	**bencah, paya**	[bentʃah], [paja]
whirlpool	**pusaran air**	[pusaran air]
stream (brook)	**selokan**	[selokan]
drinking (ab. water)	**minum**	[minum]
fresh (~ water)	**tawar**	[tawar]
ice	**es**	[es]
to freeze over (ab. river, etc.)	**membeku**	[membeku]

203. Rivers' names

Seine	**Seine**	[seine]
Loire	**Loire**	[loire]
Thames	**Thames**	[tems]
Rhine	**Rein**	[reyn]
Danube	**Donau**	[donau]

Volga	Volga	[volga]
Don	Don	[don]
Lena	Lena	[lena]

Yellow River	Suang Kuning	[suaŋ kuniŋ]
Yangtze	Yangtze	[yaŋtze]
Mekong	Mekong	[mekoŋ]
Ganges	Gangga	[gaŋga]

Nile River	Sungai Nil	[suŋaj nil]
Congo River	Kongo	[koŋo]
Okavango River	Okavango	[okavaŋo]
Zambezi River	Zambezi	[zambezi]
Limpopo River	Limpopo	[limpopo]
Mississippi River	Mississippi	[misisipi]

204. Forest

| forest, wood | hutan | [hutan] |
| forest (as adj) | hutan | [hutan] |

thick forest	hutan lebat	[hutan lebat]
grove	hutan kecil	[hutan ketʃil]
forest clearing	pembukaan hutan	[pembuka'an hutan]

| thicket | semak belukar | [sema' belukar] |
| scrubland | belukar | [belukar] |

| footpath (troddenpath) | jalan setapak | [dʒʲalan setapa'] |
| gully | parit | [parit] |

tree	pohon	[pohon]
leaf	daun	[daun]
leaves (foliage)	daun-daunan	[daun-daunan]

fall of leaves	daun berguguran	[daun berguguran]
to fall (ab. leaves)	luruh	[luruh]
top (of the tree)	puncak	[puntʃa']

branch	cabang	[tʃabaŋ]
bough	dahan	[dahan]
bud (on shrub, tree)	tunas	[tunas]
needle (of pine tree)	daun jarum	[daun dʒʲarum]
pine cone	buah pinus	[buah pinus]

hollow (in a tree)	lubang pohon	[lubaŋ pohon]
nest	sarang	[saraŋ]
burrow (animal hole)	lubang	[lubaŋ]
trunk	batang	[bataŋ]
root	akar	[akar]

bark	kulit	[kulit]
moss	lumut	[lumut]
to uproot (remove trees or tree stumps)	mencabut	[mentʃabut]
to chop down	menebang	[menebaŋ]
to deforest (vt)	deforestasi, penggundulan hutan	[deforestasi], [peŋgundulan hutan]
tree stump	tunggul	[tuŋgul]
campfire	api unggun	[api uŋgun]
forest fire	kebakaran hutan	[kebakaran hutan]
to extinguish (vt)	memadamkan	[memadamkan]
forest ranger	penjaga hutan	[pendʒaga hutan]
protection	perlindungan	[perlinduŋan]
to protect (~ nature)	melindungi	[melinduɲi]
poacher	pemburu ilegal	[pemburu ilegal]
steel trap	perangkap	[peraŋkap]
to gather, to pick (vt)	memetik	[memetiʔ]
to lose one's way	tersesat	[tersesat]

205. Natural resources

natural resources	sumber daya alam	[sumber daja alam]
minerals	bahan tambang	[bahan tambaŋ]
deposits	endapan	[endapan]
field (e.g., oilfield)	ladang	[ladaŋ]
to mine (extract)	menambang	[menambaŋ]
mining (extraction)	pertambangan	[pertambaŋan]
ore	bijih	[bidʒih]
mine (e.g., for coal)	tambang	[tambaŋ]
shaft (mine ~)	sumur tambang	[sumur tambaŋ]
miner	penambang	[penambaŋ]
gas (natural ~)	gas	[gas]
gas pipeline	pipa saluran gas	[pipa saluran gas]
oil (petroleum)	petroleum, minyak	[petroleum], [minjaʔ]
oil pipeline	pipa saluran minyak	[pipa saluran minjaʔ]
oil well	sumur minyak	[sumur minjaʔ]
derrick (tower)	menara bor minyak	[menara bor minjaʔ]
tanker	kapal tangki	[kapal taŋki]
sand	pasir	[pasir]
limestone	batu kapur	[batu kapur]
gravel	kerikil	[kerikil]
peat	gambut	[gambut]

clay	**tanah liat**	[tanah liat]
coal	**arang**	[araŋ]
iron (ore)	**besi**	[besi]
gold	**emas**	[emas]
silver	**perak**	[pera']
nickel	**nikel**	[nikel]
copper	**tembaga**	[tembaga]
zinc	**seng**	[seŋ]
manganese	**mangan**	[maŋan]
mercury	**air raksa**	[air raksa]
lead	**timbal**	[timbal]
mineral	**mineral**	[mineral]
crystal	**kristal, hablur**	[kristal], [hablur]
marble	**marmer**	[marmer]
uranium	**uranium**	[uranium]

The Earth. Part 2

206. Weather

weather	**cuaca**	[tʃuatʃa]
weather forecast	**prakiraan cuaca**	[prakiraʔan tʃuatʃa]
temperature	**temperatur, suhu**	[temperatur], [suhu]
thermometer	**termometer**	[tərmometər]
barometer	**barometer**	[barometer]
humid (adj)	**lembap**	[lembap]
humidity	**kelembapan**	[kelembapan]
heat (extreme ~)	**panas, gerah**	[panas], [gerah]
hot (torrid)	**panas terik**	[panas təriʔ]
it's hot	**panas**	[panas]
it's warm	**hangat**	[haŋat]
warm (moderately hot)	**hangat**	[haŋat]
it's cold	**dingin**	[diŋin]
cold (adj)	**dingin**	[diŋin]
sun	**matahari**	[matahari]
to shine (vi)	**bersinar**	[bərsinar]
sunny (day)	**cerah**	[tʃerah]
to come up (vi)	**terbit**	[terbit]
to set (vi)	**terbenam**	[tərbenam]
cloud	**awan**	[awan]
cloudy (adj)	**berawan**	[bərawan]
rain cloud	**awan mendung**	[awan menduŋ]
somber (gloomy)	**mendung**	[menduŋ]
rain	**hujan**	[hudʒʲan]
it's raining	**hujan turun**	[hudʒʲan turun]
rainy (~ day, weather)	**hujan**	[hudʒʲan]
to drizzle (vi)	**gerimis**	[gerimis]
pouring rain	**hujan lebat**	[hudʒʲan lebat]
downpour	**hujan lebat**	[hudʒʲan lebat]
heavy (e.g., ~ rain)	**lebat**	[lebat]
puddle	**kubangan**	[kubaŋan]
to get wet (in rain)	**kehujanan**	[kehudʒʲanan]
fog (mist)	**kabut**	[kabut]
foggy	**berkabut**	[bərkabut]

snow	**salju**	[saldʒʲu]
it's snowing	**turun salju**	[turun saldʒʲu]

207. Severe weather. Natural disasters

thunderstorm	**hujan badai**	[hudʒʲan badaj]
lightning (~ strike)	**kilat**	[kilat]
to flash (vi)	**berkilau**	[bərkilau]
thunder	**petir**	[petir]
to thunder (vi)	**bergemuruh**	[bərgemuruh]
it's thundering	**bergemuruh**	[bərgemuruh]
hail	**hujan es**	[hudʒʲan es]
it's hailing	**hujan es**	[hudʒʲan es]
to flood (vt)	**membanjiri**	[membandʒiri]
flood, inundation	**banjir**	[bandʒir]
earthquake	**gempa bumi**	[gempa bumi]
tremor, quake	**gempa**	[gempa]
epicenter	**episentrum**	[episentrum]
eruption	**erupsi, letusan**	[erupsi], [letusan]
lava	**lava, lahar**	[lava], [lahar]
twister	**puting beliung**	[putiŋ beliuŋ]
tornado	**tornado**	[tornado]
typhoon	**topan**	[topan]
hurricane	**topan**	[topan]
storm	**badai**	[badaj]
tsunami	**tsunami**	[tsunami]
cyclone	**siklon**	[siklon]
bad weather	**cuaca buruk**	[tʃuatʃa burnu?]
fire (accident)	**kebakaran**	[kebakaran]
disaster	**bencana**	[bentʃana]
meteorite	**meteorit**	[meteorit]
avalanche	**longsor**	[loŋsor]
snowslide	**salju longsor**	[saldʒʲu loŋsor]
blizzard	**badai salju**	[badaj saldʒʲu]
snowstorm	**badai salju**	[badaj saldʒʲu]

208. Noises. Sounds

silence (quiet)	**kesunyian**	[kesunjian]
sound	**bunyi**	[bunji]

noise	bising	[bisiŋ]
to make noise	membuat bising	[membuat bisiŋ]
noisy (adj)	bising	[bisiŋ]
loudly (to speak, etc.)	keras	[keras]
loud (voice, etc.)	lantang	[lantaŋ]
constant (e.g., ~ noise)	terus menerus	[terus menerus]
cry, shout (n)	teriakan	[təriakan]
to cry, to shout (vi)	berteriak	[bərteriaʔ]
whisper	bisikan	[bisikan]
to whisper (vi, vt)	berbisik	[bərbisiʔ]
barking (dog's ~)	salak	[salaʔ]
to bark (vi)	menyalak	[mənjalaʔ]
groan (of pain, etc.)	rintihan	[rintihan]
to groan (vi)	merintih	[merintih]
cough	batuk	[batuʔ]
to cough (vi)	batuk	[batuʔ]
whistle	siulan	[siulan]
to whistle (vi)	bersiul	[bərsiul]
knock (at the door)	ketukan	[ketukan]
to knock (at the door)	mengetuk	[məŋetuʔ]
to crack (vi)	retak	[retaʔ]
crack (cracking sound)	gemeretak	[gemeretaʔ]
siren	sirene	[sirene]
whistle (factory ~, etc.)	peluit	[peluit]
to whistle (ab. train)	membunyikan peluit	[membunjikan peluit]
honk (car horn sound)	klakson	[klakson]
to honk (vi)	membunyikan klakson	[membunjikan klakson]

209. Winter

winter (n)	musim dingin	[musim diŋin]
winter (as adj)	musim dingin	[musim diŋin]
in winter	pada musim dingin	[pada musim diŋin]
snow	salju	[saldʒʲu]
it's snowing	turun salju	[turun saldʒʲu]
snowfall	hujan salju	[hudʒʲan saldʒʲu]
snowdrift	timbunan salju	[timbunan saldʒʲu]
snowflake	kepingan salju	[kepiŋan saldʒʲu]
snowball	bola salju	[bola saldʒʲu]
snowman	patung salju	[patuŋ saldʒʲu]
icicle	tetes air beku	[tetes air beku]

December	**Desember**	[desember]
January	**Januari**	[dʒʲanuari]
February	**Februari**	[februari]
frost (severe ~, freezing cold)	**dingin**	[diŋin]
frosty (weather, air)	**dingin**	[diŋin]
below zero (adv)	**di bawah nol**	[di bawah nol]
first frost	**es pertama**	[es pertama]
hoarfrost	**embun beku**	[embun beku]
cold (cold weather)	**cuaca dingin**	[tʃuatʃa diŋin]
it's cold	**dingin**	[diŋin]
fur coat	**mantel bulu**	[mantel bulu]
mittens	**sarung tangan**	[saruŋ taŋan]
to get sick	**sakit, jatuh sakit**	[sakit], [dʒʲatuh sakit]
cold (illness)	**pilek, selesma**	[pilek], [selesma]
to catch a cold	**masuk angin**	[masuʔ aŋin]
ice	**es**	[es]
black ice	**es hitam**	[es hitam]
to freeze over (ab. river, etc.)	**membeku**	[membeku]
ice floe	**gumpalan es terapung**	[gumpalan es terapuŋ]
skis	**ski**	[ski]
skier	**pemain ski**	[pemajn ski]
to ski (vi)	**bermain ski**	[bermajn ski]
to skate (vi)	**berseluncur**	[berseluntʃur]

Fauna

210. Mammals. Predators

predator	predator, pemangsa	[predator], [pemaŋsa]
tiger	harimau	[harimau]
lion	singa	[siŋa]
wolf	serigala	[serigala]
fox	rubah	[rubah]
jaguar	jaguar	[dʒʲaguar]
leopard	leopard, macan tutul	[leopard], [matʃan tutul]
cheetah	cheetah	[tʃeetah]
black panther	harimau kumbang	[harimau kumbaŋ]
puma	singa gunung	[siŋa gunuŋ]
snow leopard	harimau bintang salju	[harimau bintaŋ saldʒʲu]
lynx	lynx	[links]
coyote	koyote	[koyot]
jackal	jakal	[dʒʲakal]
hyena	hiena	[hiena]

211. Wild animals

animal	binatang	[binataŋ]
beast (animal)	binatang buas	[binataŋ buas]
squirrel	bajing	[badʒiŋ]
hedgehog	landak susu	[landaʔ susu]
hare	terwelu	[tərwelu]
rabbit	kelinci	[kelintʃi]
badger	luak	[luaʔ]
raccoon	rakun	[rakun]
hamster	hamster	[hamster]
marmot	marmut	[marmut]
mole	tikus mondok	[tikus mondoʔ]
mouse	tikus	[tikus]
rat	tikus besar	[tikus besar]
bat	kelelawar	[kelelawar]
ermine	ermin	[ermin]
sable	sabel	[sabel]

marten	**marten**	[marten]
weasel	**musang**	[musaŋ]
mink	**cerpelai**	[tʃerpelaj]
beaver	**beaver**	[beaver]
otter	**berang-berang**	[bəraŋ-bəraŋ]
horse	**kuda**	[kuda]
moose	**rusa besar**	[rusa besar]
deer	**rusa**	[rusa]
camel	**unta**	[unta]
bison	**bison**	[bison]
aurochs	**aurochs**	[oroks]
buffalo	**kerbau**	[kerbau]
zebra	**kuda belang**	[kuda belaŋ]
antelope	**antelop**	[antelop]
roe deer	**kijang**	[kidʒʲaŋ]
fallow deer	**rusa**	[rusa]
chamois	**chamois**	[ʃemva]
wild boar	**babi hutan jantan**	[babi hutan dʒʲantan]
whale	**ikan paus**	[ikan paus]
seal	**anjing laut**	[andʒiŋ laut]
walrus	**walrus**	[walrus]
fur seal	**anjing laut berbulu**	[andʒiŋ laut bərbulu]
dolphin	**lumba-lumba**	[lumba-lumba]
bear	**beruang**	[bəruaŋ]
polar bear	**beruang kutub**	[bəruaŋ kutub]
panda	**panda**	[panda]
monkey	**monyet**	[monjet]
chimpanzee	**simpanse**	[simpanse]
orangutan	**orang utan**	[oraŋ utan]
gorilla	**gorila**	[gorila]
macaque	**kera**	[kera]
gibbon	**siamang, ungka**	[siamaŋ], [uŋka]
elephant	**gajah**	[gadʒʲah]
rhinoceros	**badak**	[badaʔ]
giraffe	**jerapah**	[dʒʲerapah]
hippopotamus	**kuda nil**	[kuda nil]
kangaroo	**kanguru**	[kaŋuru]
koala (bear)	**koala**	[koala]
mongoose	**garangan**	[garaŋan]
chinchilla	**chinchilla**	[tʃintʃilla]
skunk	**sigung**	[siguŋ]
porcupine	**landak**	[landaʔ]

212. Domestic animals

cat	kucing betina	[kutʃiŋ betina]
tomcat	kucing jantan	[kutʃiŋ dʒʲantan]
dog	anjing	[andʒiŋ]
horse	kuda	[kuda]
stallion (male horse)	kuda jantan	[kuda dʒʲantan]
mare	kuda betina	[kuda betina]
cow	sapi	[sapi]
bull	sapi jantan	[sapi dʒʲantan]
ox	lembu jantan	[lembu dʒʲantan]
sheep (ewe)	domba	[domba]
ram	domba jantan	[domba dʒʲantan]
goat	kambing betina	[kambiŋ betina]
billy goat, he-goat	kambing jantan	[kambiŋ dʒʲantan]
donkey	keledai	[keledaj]
mule	bagal	[bagal]
pig, hog	babi	[babi]
piglet	anak babi	[anaʔ babi]
rabbit	kelinci	[kelintʃi]
hen (chicken)	ayam betina	[ajam betina]
rooster	ayam jago	[ajam dʒʲago]
duck	bebek	[bebeʔ]
drake	bebek jantan	[bebeʔ dʒʲantan]
goose	angsa	[aŋsa]
tom turkey, gobbler	kalkun jantan	[kalkun dʒʲantan]
turkey (hen)	kalkun betina	[kalkun betina]
domestic animals	binatang piaraan	[binataŋ piaraʔan]
tame (e.g., ~ hamster)	jinak	[dʒinaʔ]
to tame (vt)	menjinakkan	[mədʒinaʔkan]
to breed (vt)	membiakkan	[membiaʔkan]
farm	peternakan	[peternakan]
poultry	unggas	[uŋgas]
cattle	ternak	[ternaʔ]
herd (cattle)	kawanan	[kawanan]
stable	kandang kuda	[kandaŋ kuda]
pigpen	kandang babi	[kandaŋ babi]
cowshed	kandang sapi	[kandaŋ sapi]
rabbit hutch	sangkar kelinci	[saŋkar kelintʃi]
hen house	kandang ayam	[kandaŋ ajam]

213. Dogs. Dog breeds

dog	anjing	[andʒiŋ]
sheepdog	anjing gembala	[andʒiŋ gembala]
German shepherd	anjing gembala jerman	[andʒiŋ gembala dʒʲerman]
poodle	pudel	[pudel]
dachshund	anjing tekel	[andʒiŋ tekel]
bulldog	buldog	[buldog]
boxer	boxer	[bokser]
mastiff	Mastiff	[mastiff]
Rottweiler	Rottweiler	[rotweyler]
Doberman	Doberman	[doberman]
basset	Basset	[basset]
bobtail	bobtail	[bobteyl]
Dalmatian	Dalmatian	[dalmatian]
cocker spaniel	Cocker Spaniel	[koker spaniel]
Newfoundland	Newfoundland	[njufaundland]
Saint Bernard	Saint Bernard	[sen bərnar]
husky	Husky	[haski]
Chow Chow	Chow Chow	[tʃau tʃau]
spitz	Spitz	[spits]
pug	Pug	[pag]

214. Sounds made by animals

barking (n)	salak	[salaʔ]
to bark (vi)	menyalak	[mənjalaʔ]
to meow (vi)	mengeong	[məŋeoŋ]
to purr (vi)	mendengkur	[məndeŋkur]
to moo (vi)	melenguh	[meleŋuh]
to bellow (bull)	menguak	[məŋuaʔ]
to growl (vi)	menggeram	[məŋgeram]
howl (n)	auman	[auman]
to howl (vi)	mengaum	[məŋaum]
to whine (vi)	merengek	[mereŋeʔ]
to bleat (sheep)	mengembik	[məŋembiʔ]
to oink, to grunt (pig)	menguik	[məŋuiʔ]
to squeal (vi)	memekik	[memekiʔ]
to croak (vi)	berdengkang	[bərdeŋkaŋ]
to buzz (insect)	mendengung	[məndeŋuŋ]
to chirp (crickets, grasshopper)	mencicit	[məntʃitʃit]

215. Young animals

cub	anak	[ana']
kitten	anak kucing	[ana' kutʃiŋ]
baby mouse	anak tikus	[ana' tikus]
puppy	anak anjing	[ana' andʒiŋ]
leveret	anak terwelu	[ana' tərwelu]
baby rabbit	anak kelinci	[ana' kelintʃi]
wolf cub	anak serigala	[ana' serigala]
fox cub	anak rubah	[ana' rubah]
bear cub	anak beruang	[ana' bəruaŋ]
lion cub	anak singa	[ana' siŋa]
tiger cub	anak harimau	[ana' harimau]
elephant calf	anak gajah	[ana' gadʒiah]
piglet	anak babi	[ana' babi]
calf (young cow, bull)	anak sapi	[ana' sapi]
kid (young goat)	anak kambing	[ana' kambiŋ]
lamb	anak domba	[ana' domba]
fawn (young deer)	anak rusa	[ana' rusa]
young camel	anak unta	[ana' unta]
snakelet (baby snake)	anak ular	[ana' ular]
froglet (baby frog)	anak katak	[ana' kata']
baby bird	anak burung	[ana' buruŋ]
chick (of chicken)	anak ayam	[ana' ajam]
duckling	anak bebek	[ana' bebe']

216. Birds

bird	burung	[buruŋ]
pigeon	burung dara	[buruŋ dara]
sparrow	burung gereja	[buruŋ geredʒia]
tit (great tit)	burung tit	[buruŋ tit]
magpie	burung murai	[buruŋ muraj]
raven	burung raven	[buruŋ raven]
crow	burung gagak	[buruŋ gaga']
jackdaw	burung gagak kecil	[buruŋ gaga' ketʃil]
rook	burung rook	[buruŋ roo']
duck	bebek	[bebe']
goose	angsa	[aŋsa]
pheasant	burung kuau	[buruŋ kuau]
eagle	rajawali	[radʒiawali]
hawk	elang	[elaŋ]

falcon	alap-alap	[alap-alap]
vulture	hering	[heriŋ]
condor (Andean ~)	kondor	[kondor]
swan	angsa	[aŋsa]
crane	burung jenjang	[buruŋ dʒʲendʒʲaŋ]
stork	bangau	[baŋau]
parrot	burung nuri	[buruŋ nuri]
hummingbird	burung kolibri	[buruŋ kolibri]
peacock	burung merak	[buruŋ meraʔ]
ostrich	burung unta	[buruŋ unta]
heron	kuntul	[kuntul]
flamingo	burung flamingo	[buruŋ flamiŋo]
pelican	pelikan	[pelikan]
nightingale	burung bulbul	[buruŋ bulbul]
swallow	burung walet	[buruŋ walet]
thrush	burung jalak	[buruŋ dʒʲalaʔ]
song thrush	burung jalak suren	[buruŋ dʒʲalaʔ suren]
blackbird	burung jalak hitam	[buruŋ dʒʲalaʔ hitam]
swift	burung apus-apus	[buruŋ apus-apus]
lark	burung lark	[buruŋ larʔ]
quail	burung puyuh	[buruŋ puyuh]
woodpecker	burung pelatuk	[buruŋ pelatuʔ]
cuckoo	burung kukuk	[buruŋ kukuʔ]
owl	burung hantu	[buruŋ hantu]
eagle owl	burung hantu bertanduk	[buruŋ hantu bertanduʔ]
wood grouse	burung murai kayu	[buruŋ muraj kaju]
black grouse	burung belibis hitam	[buruŋ belibis hitam]
partridge	ayam hutan	[ajam hutan]
starling	burung starling	[buruŋ starliŋ]
canary	burung kenari	[buruŋ kenari]
hazel grouse	ayam hutan hazel	[ajam hutan hazel]
chaffinch	burung chaffinch	[buruŋ tʃaffintʃ]
bullfinch	burung bullfinch	[buruŋ bullfintʃ]
seagull	burung camar	[buruŋ tʃamar]
albatross	albatros	[albatros]
penguin	penguin	[peŋuin]

217. Birds. Singing and sounds

to sing (vi)	menyanyi	[mənjanji]
to call (animal, bird)	berteriak	[bərteriaʔ]

to crow (rooster)	berkokok	[bərkokoʔ]
cock-a-doodle-doo	kukuruyuk	[kukuruyuʔ]
to cluck (hen)	berkotek	[bərkoteʔ]
to caw (vi)	berkaok-kaok	[bərkaoʔ-kaoʔ]
to quack (duck)	meleter	[meleter]
to cheep (vi)	berdecit	[bərdetʃit]
to chirp, to twitter	berkicau	[bərkitʃau]

218. Fish. Marine animals

bream	ikan bream	[ikan bream]
carp	ikan karper	[ikan karper]
perch	ikan tilapia	[ikan tilapia]
catfish	lais junggang	[lajs dʒʲuŋgaŋ]
pike	ikan pike	[ikan paik]
salmon	salmon	[salmon]
sturgeon	ikan sturgeon	[ikan sturdʒʲen]
herring	ikan haring	[ikan hariŋ]
Atlantic salmon	ikan salem	[ikan salem]
mackerel	ikan kembung	[ikan kembuŋ]
flatfish	ikan sebelah	[ikan sebelah]
zander, pike perch	ikan seligi tenggeran	[ikan seligi teŋgeran]
cod	ikan kod	[ikan kod]
tuna	tuna	[tuna]
trout	ikan forel	[ikan forel]
eel	belut	[belut]
electric ray	ikan pari listrik	[ikan pari listriʔ]
moray eel	belut moray	[belut morey]
piranha	ikan piranha	[ikan piranha]
shark	ikan hiu	[ikan hiu]
dolphin	lumba-lumba	[lumba-lumba]
whale	ikan paus	[ikan paus]
crab	kepiting	[kepitiŋ]
jellyfish	ubur-ubur	[ubur-ubur]
octopus	gurita	[gurita]
starfish	bintang laut	[bintaŋ laut]
sea urchin	landak laut	[landaʔ laut]
seahorse	kuda laut	[kuda laut]
oyster	tiram	[tiram]
shrimp	udang	[udaŋ]
lobster	udang karang	[udaŋ karaŋ]
spiny lobster	lobster berduri	[lobster berduri]

219. Amphibians. Reptiles

snake	ular	[ular]
venomous (snake)	berbisa	[bərbisa]
viper	ular viper	[ular viper]
cobra	kobra	[kobra]
python	ular sanca	[ular santʃa]
boa	ular boa	[ular boa]
grass snake	ular tanah	[ular tanah]
rattle snake	ular derik	[ular deriʔ]
anaconda	ular anakonda	[ular anakonda]
lizard	kadal	[kadal]
iguana	iguana	[iguana]
monitor lizard	biawak	[biawaʔ]
salamander	salamander	[salamander]
chameleon	bunglon	[buŋlon]
scorpion	kalajengking	[kaladʒiəŋkiŋ]
turtle	kura-kura	[kura-kura]
frog	katak	[kataʔ]
toad	kodok	[kodoʔ]
crocodile	buaya	[buaja]

220. Insects

insect, bug	serangga	[seraŋga]
butterfly	kupu-kupu	[kupu-kupu]
ant	semut	[semut]
fly	lalat	[lalat]
mosquito	nyamuk	[njamuʔ]
beetle	kumbang	[kumbaŋ]
wasp	tawon	[tawon]
bee	lebah	[lebah]
bumblebee	kumbang	[kumbaŋ]
gadfly (botfly)	lalat kerbau	[lalat kerbau]
spider	laba-laba	[laba-laba]
spiderweb	sarang laba-laba	[saraŋ laba-laba]
dragonfly	capung	[tʃapuŋ]
grasshopper	belalang	[belalaŋ]
moth (night butterfly)	ngengat	[ŋeŋat]
cockroach	kecoa	[ketʃoa]
tick	kutu	[kutu]

flea	**kutu loncat**	[kutu lontʃat]
midge	**agas**	[agas]
locust	**belalang**	[belalaŋ]
snail	**siput**	[siput]
cricket	**jangkrik**	[dʒʲaŋkriʔ]
lightning bug	**kunang-kunang**	[kunaŋ-kunaŋ]
ladybug	**kumbang koksi**	[kumbaŋ koksi]
cockchafer	**kumbang Cockchafer**	[kumbaŋ kokʃafer]
leech	**lintah**	[lintah]
caterpillar	**ulat**	[ulat]
earthworm	**cacing**	[tʃatʃiŋ]
larva	**larva**	[larva]

221. Animals. Body parts

beak	**paruh**	[paruh]
wings	**sayap**	[sajap]
foot (of bird)	**kaki**	[kaki]
feathers (plumage)	**bulu-bulu**	[bulu-bulu]
feather	**bulu**	[bulu]
crest	**jambul**	[dʒʲambul]
gills	**insang**	[insaŋ]
spawn	**telur ikan**	[telur ikan]
larva	**larva**	[larva]
fin	**sirip**	[sirip]
scales (of fish, reptile)	**sisik**	[sisiʔ]
fang (canine)	**taring**	[tariŋ]
paw (e.g., cat's ~)	**kaki**	[kaki]
muzzle (snout)	**moncong**	[montʃoŋ]
mouth (of cat, dog)	**mulut**	[mulut]
tail	**ekor**	[ekor]
whiskers	**kumis**	[kumis]
hoof	**tapak, kuku**	[tapak], [kuku]
horn	**tanduk**	[tanduʔ]
carapace	**cangkang**	[tʃaŋkaŋ]
shell (of mollusk)	**kerang**	[keraŋ]
eggshell	**kulit telur**	[kulit telur]
animal's hair (pelage)	**bulu**	[bulu]
pelt (hide)	**kulit**	[kulit]

222. Actions of animals

to fly (vi)	terbang	[tərbaŋ]
to fly in circles	berputar-putar	[bərputar-putar]
to fly away	terbang	[tərbaŋ]
to flap (~ the wings)	mengepakkan	[məŋepaʔkan]

to peck (vi)	mematuk	[mematuʔ]
to sit on eggs	mengeram	[məŋeram]
to hatch out (vi)	menetas	[mənetas]
to build a nest	membuat sarang	[membuat saraŋ]

to slither, to crawl	merayap, merangkak	[merajap], [meraŋkaʔ]
to sting, to bite (insect)	menyengat	[məɲeŋat]
to bite (ab. animal)	menggigit	[məŋgigit]

to sniff (vt)	mencium	[məntʃium]
to bark (vi)	menyalak	[məɲjalaʔ]
to hiss (snake)	mendesis	[məndesis]
to scare (vt)	menakuti	[mənakuti]
to attack (vt)	menyerang	[məɲjeraŋ]

to gnaw (bone, etc.)	menggerogoti	[məŋgerogoti]
to scratch (with claws)	mencakar	[məntʃakar]
to hide (vi)	bersembunyi	[bərsembunji]

to play (kittens, etc.)	bermain	[bərmajn]
to hunt (vi, vt)	berburu	[bərburu]
to hibernate (vi)	hibernasi, tidur	[hibernasi], [tidur]
to go extinct	punah	[punah]

223. Animals. Habitats

habitat	habitat	[habitat]
migration	migrasi	[migrasi]

mountain	gunung	[gunuŋ]
reef	terumbu	[tərumbu]
cliff	tebing	[tebiŋ]

forest	hutan	[hutan]
jungle	rimba	[rimba]
savanna	sabana	[sabana]
tundra	tundra	[tundra]

steppe	stepa	[stepa]
desert	gurun	[gurun]
oasis	oasis, oase	[oasis], [oase]
sea	laut	[laut]

lake	**danau**	[danau]
ocean	**samudra**	[samudra]
swamp (marshland)	**rawa**	[rawa]
freshwater (adj)	**air tawar**	[air tawar]
pond	**kolam**	[kolam]
river	**sungai**	[suŋaj]
den (bear's ~)	**goa**	[goa]
nest	**sarang**	[saraŋ]
hollow (in a tree)	**lubang pohon**	[lubaŋ pohon]
burrow (animal hole)	**lubang**	[lubaŋ]
anthill	**sarang semut**	[saraŋ semut]

224. Animal care

zoo	**kebun binatang**	[kebun binataŋ]
nature preserve	**cagar alam**	[tʃagar alam]
breeder (cattery, kennel, etc.)	**peternak, penangkar**	[peternak], [penaŋkar]
open-air cage	**kandang terbuka**	[kandaŋ tərbuka]
cage	**sangkar**	[saŋkar]
doghouse (kennel)	**rumah anjing**	[rumah andʒiŋ]
dovecot	**rumah burung dara**	[rumah buruŋ dara]
aquarium (fish tank)	**akuarium**	[akuarium]
dolphinarium	**dolfinarium**	[dolfinarium]
to breed (animals)	**mengembangbiakkan**	[məŋembaŋbia'kan]
brood, litter	**mengerami**	[məŋerami]
to tame (vt)	**menjinakkan**	[məndʒina'kan]
feed (fodder, etc.)	**pakan**	[pakan]
to feed (vt)	**memberi pakan**	[memberi pakan]
to train (animals)	**melatih**	[melatih]
pet store	**toko binatang piaraan**	[toko binataŋ piara'an]
muzzle (for dog)	**berangus**	[beraŋus]
collar (e.g., dog ~)	**kalung anjing**	[kaluŋ andʒiŋ]
name (of animal)	**nama**	[nama]
pedigree (of dog)	**silsilah, trah**	[silsilah], [trah]

225. Animals. Miscellaneous

pack (wolves)	**kawanan**	[kawanan]
flock (birds)	**kawanan**	[kawanan]
shoal, school (fish)	**kawanan**	[kawanan]
herd (horses)	**kawanan**	[kawanan]

| male (n) | jantan | [dʒantan] |
| female (n) | betina | [betina] |

hungry (adj)	lapar	[lapar]
wild (adj)	liar	[liar]
dangerous (adj)	berbahaya	[bərbahaja]

226. Horses

| horse | kuda | [kuda] |
| breed (race) | keturunan | [keturunan] |

| foal | anak kuda | [anaʔ kuda] |
| mare | kuda betina | [kuda betina] |

mustang	mustang	[mustaŋ]
pony	kuda poni	[kuda poni]
draft horse	kuda penarik	[kuda penariʔ]

| mane | surai | [suraj] |
| tail | ekor | [ekor] |

hoof	tapak, kuku	[tapak], [kuku]
horseshoe	ladam	[ladam]
to shoe (vt)	memakaikan ladam	[memakajkan ladam]
blacksmith	tukang besi	[tukaŋ besi]

saddle	pelana	[pelana]
stirrup	sanggurdi	[saŋgurdi]
bridle	kendali	[kendali]
reins	tali kendali	[tali kendali]
whip (for riding)	cemeti	[tʃemeti]

rider	penunggang	[penuŋgaŋ]
to saddle up (vt)	memelanai	[memelanaj]
to mount a horse	berpelana	[bərpelana]

gallop	congklang	[derap]
to gallop (vi)	mencongklang	[məntʃoŋlaŋ]
trot (n)	derap, drap	[derap], [drap]
to go at a trot	menderap	[mənderap]

| racehorse | kuda pacuan | [kuda patʃuan] |
| horse racing | pacuan kuda | [patʃuan kuda] |

stable	kandang kuda	[kandaŋ kuda]
to feed (vt)	memberi pakan	[memberi pakan]
hay	rumput kering	[rumput keriŋ]
to water (animals)	memberi minum	[memberi minum]
to wash (horse)	membersihkan	[membersihkan]

horse-drawn cart	**pedati**	[pedati]
to graze (vi)	**bergembala**	[bərgembala]
to neigh (vi)	**meringkuk**	[meriŋkuʔ]
to kick (about horse)	**menendang**	[mənendaŋ]

Flora

227. Trees

tree	**pohon**	[pohon]
deciduous (adj)	**daun luruh**	[daun luruh]
coniferous (adj)	**pohon jarum**	[pohon dʒʲarum]
evergreen (adj)	**selalu hijau**	[selalu hidʒʲau]
apple tree	**pohon apel**	[pohon apel]
pear tree	**pohon pir**	[pohon pir]
sweet cherry tree	**pohon ceri manis**	[pohon tʃeri manis]
sour cherry tree	**pohon ceri asam**	[pohon tʃeri asam]
plum tree	**pohon plum**	[pohon plum]
birch	**pohon berk**	[pohon bərʔ]
oak	**pohon eik**	[pohon eiʔ]
linden tree	**pohon linden**	[pohon linden]
aspen	**pohon aspen**	[pohon aspen]
maple	**pohon mapel**	[pohon mapel]
spruce	**pohon den**	[pohon den]
pine	**pohon pinus**	[pohon pinus]
larch	**pohon larch**	[pohon lartʃ]
fir tree	**pohon fir**	[pohon fir]
cedar	**pohon aras**	[pohon aras]
poplar	**pohon poplar**	[pohon poplar]
rowan	**pohon rowan**	[pohon rowan]
willow	**pohon dedalu**	[pohon dedalu]
alder	**pohon alder**	[pohon alder]
beech	**pohon nothofagus**	[pohon notofagus]
elm	**pohon elm**	[pohon elm]
ash (tree)	**pohon abu**	[pohon abu]
chestnut	**kastanye**	[kastanje]
magnolia	**magnolia**	[magnolia]
palm tree	**palem**	[palem]
cypress	**pokok cipres**	[pokoʔ sipres]
mangrove	**bakau**	[bakau]
baobab	**baobab**	[baobab]
eucalyptus	**kayu putih**	[kaju putih]
sequoia	**sequoia**	[sekuoia]

228. Shrubs

bush	**rumpun**	[rumpun]
shrub	**semak**	[sema']
grapevine	**pohon anggur**	[pohon aŋgur]
vineyard	**kebun anggur**	[kebun aŋgur]
raspberry bush	**pohon frambus**	[pohon frambus]
blackcurrant bush	**pohon blackcurrant**	[pohon ble'karen]
redcurrant bush	**pohon redcurrant**	[pohon redkaren]
gooseberry bush	**pohon arbei hijau**	[pohon arbei hidʒʲau]
acacia	**pohon akasia**	[pohon akasia]
barberry	**pohon barberis**	[pohon barberis]
jasmine	**melati**	[melati]
juniper	**pohon juniper**	[pohon dʒʲuniper]
rosebush	**pohon mawar**	[pohon mawar]
dog rose	**pohon mawar liar**	[pohon mawar liar]

229. Mushrooms

mushroom	**jamur**	[dʒʲamur]
edible mushroom	**jamur makanan**	[dʒʲamur makanan]
poisonous mushroom	**jamur beracun**	[dʒʲamur beratʃun]
cap (of mushroom)	**kepala jamur**	[kepala dʒʲamur]
stipe (of mushroom)	**batang jamur**	[bataŋ dʒʲamur]
cep (Boletus edulis)	**jamur boletus**	[dʒʲamur boletus]
orange-cap boletus	**jamur topi jingga**	[dʒʲamur topi dʒiŋga]
birch bolete	**jamur boletus berk**	[dʒʲamur boletus bər']
chanterelle	**jamur chanterelle**	[dʒʲamur tʃanterelle]
russula	**jamur rusula**	[dʒʲamur rusula]
morel	**jamur morel**	[dʒʲamur morel]
fly agaric	**jamur Amanita muscaria**	[dʒʲamur amanita mustʃaria]
death cap	**jamur topi kematian**	[dʒʲamur topi kematian]

230. Fruits. Berries

fruit	**buah**	[buah]
fruits	**buah-buahan**	[buah-buahan]
apple	**apel**	[apel]
pear	**pir**	[pir]

plum	plum	[plum]
strawberry (garden ~)	stroberi	[stroberi]
sour cherry	buah ceri asam	[buah tʃeri asam]
sweet cherry	buah ceri manis	[buah tʃeri manis]
grape	buah anggur	[buah aŋgur]
raspberry	buah frambus	[buah frambus]
blackcurrant	blackcurrant	[bleʔkaren]
redcurrant	redcurrant	[redkaren]
gooseberry	buah arbei hijau	[buah arbei hidʒʲau]
cranberry	buah kranberi	[buah kranberi]
orange	jeruk manis	[dʒʲeruʔ manis]
mandarin	jeruk mandarin	[dʒʲeruʔ mandarin]
pineapple	nanas	[nanas]
banana	pisang	[pisaŋ]
date	buah kurma	[buah kurma]
lemon	jeruk sitrun	[dʒʲeruʔ sitrun]
apricot	aprikot	[aprikot]
peach	persik	[persiʔ]
kiwi	kiwi	[kiwi]
grapefruit	jeruk Bali	[dʒʲeruʔ bali]
berry	buah beri	[buah beri]
berries	buah-buah beri	[buah-buah beri]
cowberry	buah cowberry	[buah kowberi]
wild strawberry	stroberi liar	[stroberi liar]
bilberry	buah bilberi	[buah bilberi]

231. Flowers. Plants

flower	bunga	[buŋa]
bouquet (of flowers)	buket	[buket]
rose (flower)	mawar	[mawar]
tulip	tulip	[tulip]
carnation	bunga anyelir	[buŋa anjelir]
gladiolus	bunga gladiol	[buŋa gladiol]
cornflower	cornflower	[kornflawa]
harebell	bunga lonceng biru	[buŋa lontʃeŋ biru]
dandelion	dandelion	[dandelion]
camomile	bunga margrit	[buŋa margrit]
aloe	lidah buaya	[lidah buaja]
cactus	kaktus	[kaktus]
rubber plant, ficus	pohon ara	[pohon ara]
lily	bunga lili	[buŋa lili]
geranium	geranium	[geranium]

hyacinth	bunga bakung lembayung	[buŋa bakuŋ lembajuŋ]
mimosa	putri malu	[putri malu]
narcissus	bunga narsis	[buŋa narsis]
nasturtium	bunga nasturtium	[buŋa nasturtium]
orchid	anggrek	[aŋgreʔ]
peony	bunga peoni	[buŋa peoni]
violet	bunga violet	[buŋa violet]
pansy	bunga pansy	[buŋa pansi]
forget-me-not	bunga jangan-lupakan-daku	[buŋa dʒʲaŋan-lupakan-daku]
daisy	bunga desi	[buŋa desi]
poppy	bunga madat	[buŋa madat]
hemp	rami	[rami]
mint	mint	[min]
lily of the valley	lili lembah	[lili lembah]
snowdrop	bunga tetesan salju	[buŋa tetesan saldʒʲu]
nettle	jelatang	[dʒʲelataŋ]
sorrel	daun sorrel	[daun sorrel]
water lily	lili air	[lili air]
fern	pakis	[pakis]
lichen	lichen	[litʃen]
greenhouse (tropical ~)	rumah kaca	[rumah katʃa]
lawn	halaman berumput	[halaman bərumput]
flowerbed	bedeng bunga	[bedeŋ buŋa]
plant	tumbuhan	[tumbuhan]
grass	rumput	[rumput]
blade of grass	sehelai rumput	[sehelaj rumput]
leaf	daun	[daun]
petal	kelopak	[kelopaʔ]
stem	batang	[bataŋ]
tuber	ubi	[ubi]
young plant (shoot)	tunas	[tunas]
thorn	duri	[duri]
to blossom (vi)	berbunga	[bərbuŋa]
to fade, to wither	layu	[laju]
smell (odor)	bau	[bau]
to cut (flowers)	memotong	[memotoŋ]
to pick (a flower)	memetik	[memetiʔ]

232. Cereals, grains

grain	biji-bijian	[bidʒi-bidʒian]
cereal crops	padi-padian	[padi-padian]
ear (of barley, etc.)	bulir	[bulir]

wheat	gandum	[gandum]
rye	gandum hitam	[gandum hitam]
oats	oat	[oat]
millet	jawawut	[dʒʲawawut]
barley	jelai	[dʒʲelaj]

corn	jagung	[dʒʲagun]
rice	beras	[beras]
buckwheat	buckwheat	[bakvit]

pea plant	kacang polong	[katʃaŋ poloŋ]
kidney bean	kacang buncis	[katʃaŋ buntʃis]
soy	kacang kedelai	[katʃaŋ kedelaj]
lentil	kacang lentil	[katʃaŋ lentil]
beans (pulse crops)	kacang-kacangan	[katʃaŋ-katʃaŋan]

233. Vegetables. Greens

vegetables	sayuran	[sajuran]
greens	sayuran hijau	[sajuran hidʒʲau]

tomato	tomat	[tomat]
cucumber	mentimun, ketimun	[məntimun], [ketimun]
carrot	wortel	[wortel]
potato	kentang	[kentaŋ]
onion	bawang	[bawaŋ]
garlic	bawang putih	[bawaŋ putih]

cabbage	kol	[kol]
cauliflower	kembang kol	[kembaŋ kol]
Brussels sprouts	kol Brussels	[kol brusels]
broccoli	brokoli	[brokoli]

beetroot	ubi bit merah	[ubi bit merah]
eggplant	terung, terong	[teruŋ], [teroŋ]
zucchini	labu siam	[labu siam]
pumpkin	labu	[labu]
turnip	turnip	[turnip]

parsley	peterseli	[peterseli]
dill	adas sowa	[adas sowa]
lettuce	selada	[selada]
celery	seledri	[seledri]

asparagus	**asparagus**	[asparagus]
spinach	**bayam**	[bajam]
pea	**kacang polong**	[katʃaŋ poloŋ]
beans	**kacang-kacangan**	[katʃaŋ-katʃaŋan]
corn (maize)	**jagung**	[dʒʲaguŋ]
kidney bean	**kacang buncis**	[katʃaŋ buntʃis]
pepper	**cabai**	[tʃabaj]
radish	**radis**	[radis]
artichoke	**artisyok**	[artiʃoʔ]

REGIONAL GEOGRAPHY

Countries. Nationalities

234. Western Europe

Europe	Eropa	[eropa]
European Union	Uni Eropa	[uni eropa]
European (n)	orang Eropa	[oraŋ eropa]
European (adj)	Eropa	[eropa]
Austria	Austria	[austria]
Austrian (masc.)	lelaki Austria	[lelaki austria]
Austrian (fem.)	wanita Austria	[wanita austria]
Austrian (adj)	Austria	[austria]
Great Britain	Britania Raya	[britania raja]
England	Inggris	[iŋgris]
British (masc.)	lelaki Inggris	[lelaki iŋgris]
British (fem.)	wanita Inggris	[wanita iŋgris]
English, British (adj)	Inggris	[iŋgris]
Belgium	Belgia	[belgia]
Belgian (masc.)	lelaki Belgia	[lelaki belgia]
Belgian (fem.)	wanita Belgia	[wanita belgia]
Belgian (adj)	Belgia	[belgia]
Germany	Jerman	[dʒʲerman]
German (masc.)	lelaki Jerman	[lelaki dʒʲerman]
German (fem.)	wanita Jerman	[wanita dʒʲerman]
German (adj)	Jerman	[dʒʲerman]
Netherlands	Belanda	[belanda]
Holland	Belanda	[belanda]
Dutch (masc.)	lelaki Belanda	[lelaki belanda]
Dutch (fem.)	wanita Belanda	[wanita belanda]
Dutch (adj)	Belanda	[belanda]
Greece	Yunani	[yunani]
Greek (masc.)	lelaki Yunani	[lelaki yunani]
Greek (fem.)	wanita Yunani	[wanita yunani]
Greek (adj)	Yunani	[yunani]
Denmark	Denmark	[denmarʔ]
Dane (masc.)	lelali Denmark	[lelali denmarʔ]

Dane (fem.)	wanita Denmark	[wanita denmarʔ]
Danish (adj)	Denmark	[denmarʔ]
Ireland	Irlandia	[irlandia]
Irish (masc.)	lelaki Irlandia	[lelaki irlandia]
Irish (fem.)	wanita Irlandia	[wanita irlandia]
Irish (adj)	Irlandia	[irlandia]
Iceland	Islandia	[islandia]
Icelander (masc.)	lelaki Islandia	[lelaki islandia]
Icelander (fem.)	wanita Islandia	[wanita islandia]
Icelandic (adj)	Islandia	[islandia]
Spain	Spanyol	[spanjol]
Spaniard (masc.)	lelaki Spanyol	[lelaki spanjol]
Spaniard (fem.)	wanita Spanyol	[wanita spanjol]
Spanish (adj)	Spanyol	[spanjol]
Italy	Italia	[italia]
Italian (masc.)	lelaki Italia	[lelaki italia]
Italian (fem.)	wanita Italia	[wanita italia]
Italian (adj)	Italia	[italia]
Cyprus	Siprus	[siprus]
Cypriot (masc.)	lelaki Siprus	[lelaki siprus]
Cypriot (fem.)	wanita Siprus	[wanita siprus]
Cypriot (adj)	Siprus	[siprus]
Malta	Malta	[malta]
Maltese (masc.)	lelaki Malta	[lelaki malta]
Maltese (fem.)	wanita Malta	[wanita malta]
Maltese (adj)	Malta	[malta]
Norway	Norwegia	[norwegia]
Norwegian (masc.)	lelaki Norwegia	[lelaki norwegia]
Norwegian (fem.)	wanita Norwegia	[wanita norwegia]
Norwegian (adj)	Norwegia	[norwegia]
Portugal	Portugal	[portugal]
Portuguese (masc.)	lelaki Portugis	[lelaki portugis]
Portuguese (fem.)	wanita Portugis	[wanita portugis]
Portuguese (adj)	Portugis	[portugis]
Finland	Finlandia	[finlandia]
Finn (masc.)	lelaki Finlandia	[lelaki finlandia]
Finn (fem.)	wanita Finlandia	[wanita finlandia]
Finnish (adj)	Finlandia	[finlandia]
France	Prancis	[prantʃis]
French (masc.)	lelaki Prancis	[lelaki prantʃis]
French (fem.)	wanita Prancis	[wanita prantʃis]
French (adj)	Prancis	[prantʃis]

Sweden	Swedia	[swedia]
Swede (masc.)	lelaki Swedia	[lelaki swedia]
Swede (fem.)	wanita Swedia	[wanita swedia]
Swedish (adj)	Swedia	[swedia]

Switzerland	Swiss	[swiss]
Swiss (masc.)	lelaki Swiss	[lelaki swiss]
Swiss (fem.)	wanita Swiss	[wanita swiss]
Swiss (adj)	Swiss	[swiss]

Scotland	Skotlandia	[skotlandia]
Scottish (masc.)	lelaki Skotlandia	[lelaki skotlandia]
Scottish (fem.)	wanita Skotlandia	[wanita skotlandia]
Scottish (adj)	Skotlandia	[skotlandia]

Vatican	Vatikan	[vatikan]
Liechtenstein	Liechtenstein	[lajhtensteyn]
Luxembourg	Luksemburg	[luksemburg]
Monaco	Monako	[monako]

235. Central and Eastern Europe

Albania	Albania	[albania]
Albanian (masc.)	lelaki Albania	[lelaki albania]
Albanian (fem.)	wanita Albania	[wanita albania]
Albanian (adj)	Albania	[albania]

Bulgaria	Bulgaria	[bulgaria]
Bulgarian (masc.)	lelaki Bulgaria	[lelaki bulgaria]
Bulgarian (fem.)	wanita Bulgaria	[wanita bulgaria]
Bulgarian (adj)	Bulgaria	[bulgaria]

Hungary	Hongaria	[hoŋaria]
Hungarian (masc.)	lelaki Hongaria	[lelaki hoŋaria]
Hungarian (fem.)	wanita Hongaria	[wanita hoŋaria]
Hungarian (adj)	Hongaria	[hoŋaria]

Latvia	Latvia	[latvia]
Latvian (masc.)	lelaki Latvia	[lelaki latvia]
Latvian (fem.)	wanita Latvia	[wanita latvia]
Latvian (adj)	Latvia	[latvia]

Lithuania	Lituania	[lituania]
Lithuanian (masc.)	lelaki Lituania	[lelaki lituania]
Lithuanian (fem.)	wanita Lituania	[wanita lituania]
Lithuanian (adj)	Lituania	[lituania]

Poland	Polandia	[polandia]
Pole (masc.)	lelaki Polandia	[lelaki polandia]
Pole (fem.)	wanita Polandia	[wanita polandia]

English	Indonesian	Pronunciation
Polish (adj)	Polandia	[polandia]
Romania	Romania	[romania]
Romanian (masc.)	lelaki Romania	[lelaki romania]
Romanian (fem.)	wanita Romania	[wanita romania]
Romanian (adj)	Romania	[romania]
Serbia	Serbia	[serbia]
Serbian (masc.)	lelaki Serbia	[lelaki serbia]
Serbian (fem.)	wanita Serbia	[wanita serbia]
Serbian (adj)	Serbia	[serbia]
Slovakia	Slowakia	[slowakia]
Slovak (masc.)	lelaki Slowakia	[lelaki slowakia]
Slovak (fem.)	wanita Slowakia	[wanita slowakia]
Slovak (adj)	Slowakia	[slowakia]
Croatia	Kroasia	[kroasia]
Croatian (masc.)	lelaki Kroasia	[lelaki kroasia]
Croatian (fem.)	wanita Kroasia	[wanita kroasia]
Croatian (adj)	Kroasia	[kroasia]
Czech Republic	Republik Ceko	[republiʼ tʃeko]
Czech (masc.)	lelaki Ceko	[lelaki tʃeko]
Czech (fem.)	wanita Ceko	[wanita tʃeko]
Czech (adj)	Ceko	[tʃeko]
Estonia	Estonia	[estonia]
Estonian (masc.)	lelaki Estonia	[lelaki estonia]
Estonian (fem.)	wanita Estonia	[wanita estonia]
Estonian (adj)	Estonia	[estonia]
Bosnia and Herzegovina	Bosnia-Hercegovina	[bosnia-hersegovina]
Macedonia (Republic of ~)	Makedonia	[makedonia]
Slovenia	Slovenia	[slovenia]
Montenegro	Montenegro	[montenegro]

236. Former USSR countries

Azerbaijan	Azerbaijan	[azerbajdʒʲan]
Azerbaijani (masc.)	lelaki Azerbaijan	[lelaki azerbajdʒʲan]
Azerbaijani (fem.)	wanita Azerbaijan	[wanita azerbajdʒʲan]
Azerbaijani, Azeri (adj)	Azerbaijan	[azerbajdʒʲan]
Armenia	Armenia	[armenia]
Armenian (masc.)	lelaki Armenia	[lelaki armenia]
Armenian (fem.)	wanita Armenia	[wanita armenia]
Armenian (adj)	Armenia	[armenia]
Belarus	Belarusia	[belarusia]
Belarusian (masc.)	lelaki Belarusia	[lelaki belarusia]

| Belarusian (fem.) | wanita Belarusia | [wanita belarusia] |
| Belarusian (adj) | Belarusia | [belarusia] |

Georgia	Georgia	[dʒordʒia]
Georgian (masc.)	lelaki Georgia	[lelaki dʒordʒia]
Georgian (fem.)	wanita Georgia	[wanita georgia]
Georgian (adj)	Georgia	[dʒordʒia]
Kazakhstan	Kazakistan	[kazakstan]
Kazakh (masc.)	lelaki Kazakh	[lelaki kazah]
Kazakh (fem.)	wanita Kazakh	[wanita kazah]
Kazakh (adj)	Kazakh	[kazah]

Kirghizia	Kirgizia	[kirgizia]
Kirghiz (masc.)	lelaki Kirgiz	[lelaki kirgiz]
Kirghiz (fem.)	wanita Kirgiz	[wanita kirgiz]
Kirghiz (adj)	Kirgiz	[kirgiz]

Moldova, Moldavia	Moldova	[moldova]
Moldavian (masc.)	lelaki Moldova	[lelaki moldova]
Moldavian (fem.)	wanita Moldova	[wanita moldova]
Moldavian (adj)	Moldova	[moldova]
Russia	Rusia	[rusia]
Russian (masc.)	lelaki Rusia	[lelaki rusia]
Russian (fem.)	wanita Rusia	[wanita rusia]
Russian (adj)	Rusia	[rusia]

Tajikistan	Tajikistan	[tadʒikistan]
Tajik (masc.)	lelaki Tajik	[lelaki tadʒiʔ]
Tajik (fem.)	wanitaTajik	[wanitatadʒiʔ]
Tajik (adj)	Tajik	[tadʒiʔ]

Turkmenistan	Turkmenistan	[turkmenistan]
Turkmen (masc.)	lelaki Turkmen	[lelaki turkmen]
Turkmen (fem.)	wanita Turkmen	[wanita turkmen]
Turkmenian (adj)	Turkmen	[turkmen]

Uzbekistan	Uzbekistan	[uzbekistan]
Uzbek (masc.)	lelaki Uzbek	[lelaki uzbeʔ]
Uzbek (fem.)	wanita Uzbek	[wanita uzbeʔ]
Uzbek (adj)	Uzbek	[uzbeʔ]

Ukraine	Ukraina	[ukrajna]
Ukrainian (masc.)	lelaki Ukraina	[lelaki ukrajna]
Ukrainian (fem.)	wanita Ukraina	[wanita ukrajna]
Ukrainian (adj)	Ukraina	[ukrajna]

237. Asia

| Asia | Asia | [asia] |
| Asian (adj) | Asia | [asia] |

Vietnam	**Vietnam**	[vjetnam]
Vietnamese (masc.)	**lelaki Vietnam**	[lelaki vjetnam]
Vietnamese (fem.)	**wanita Vietnam**	[wanita vjetnam]
Vietnamese (adj)	**Vietnam**	[vjetnam]
India	**India**	[india]
Indian (masc.)	**lelaki India**	[lelaki india]
Indian (fem.)	**wanita India**	[wanita india]
Indian (adj)	**India**	[india]
Israel	**Israel**	[israel]
Israeli (masc.)	**lelaki Israel**	[lelaki israel]
Israeli (fem.)	**wanita Israel**	[wanita israel]
Israeli (adj)	**Israel**	[israel]
Jew (n)	**lelaki Yahudi**	[lelaki yahudi]
Jewess (n)	**wanita Yahudi**	[wanita yahudi]
Jewish (adj)	**Yahudi**	[yahudi]
China	**Tiongkok**	[tjoŋkoʔ]
Chinese (masc.)	**lelaki Tionghoa**	[lelaki tioŋhoa]
Chinese (fem.)	**wanita Tionghoa**	[wanita tioŋhoa]
Chinese (adj)	**Tionghua**	[tjoŋhua]
Korean (masc.)	**lelaki Korea**	[lelaki korea]
Korean (fem.)	**wanita Korea**	[wanita korea]
Korean (adj)	**Korea**	[korea]
Lebanon	**Lebanon**	[lebanon]
Lebanese (masc.)	**lelaki Lebanon**	[lelaki lebanon]
Lebanese (fem.)	**wanita Lebanon**	[wanita lebanon]
Lebanese (adj)	**Lebanon**	[lebanon]
Mongolia	**Mongolia**	[moŋolia]
Mongolian (masc.)	**lelaki Mongolia**	[lelaki moŋolia]
Mongolian (fem.)	**wanita Mongolia**	[wanita moŋolia]
Mongolian (adj)	**Mongolia**	[moŋolia]
Malaysia	**Malaysia**	[malajsia]
Malaysian (masc.)	**lelaki Malaysia**	[lelaki malajsia]
Malaysian (fem.)	**wanita Malaysia**	[wanita malajsia]
Malaysian (adj)	**Melayu**	[melaju]
Pakistan	**Pakistan**	[pakistan]
Pakistani (masc.)	**lelaki Pakistan**	[lelaki pakistan]
Pakistani (fem.)	**wanita Pakistan**	[wanita pakistan]
Pakistani (adj)	**Pakistan**	[pakistan]
Saudi Arabia	**Arab Saudi**	[arab saudi]
Arab (masc.)	**lelaki Arab**	[lelaki arab]
Arab (fem.)	**wanita Arab**	[wanita arab]
Arab, Arabic (adj)	**Arab**	[arab]

Thailand	Thailand	[tajland]
Thai (masc.)	lelaki Thai	[lelaki taj]
Thai (fem.)	wanita Thai	[wanita tajwan]
Thai (adj)	Thai	[taj]

Taiwan	Taiwan	[tajwan]
Taiwanese (masc.)	lelaki Taiwan	[lelaki tajwan]
Taiwanese (fem.)	wanita Taiwan	[wanita tajwan]
Taiwanese (adj)	Taiwan	[tajwan]

Turkey	Turki	[turki]
Turk (masc.)	lelaki Turki	[lelaki turki]
Turk (fem.)	wanita Turki	[wanita turki]
Turkish (adj)	Turki	[turki]

Japan	Jepang	[dʒʲepaŋ]
Japanese (masc.)	lelaki Jepang	[lelaki dʒʲepaŋ]
Japanese (fem.)	wanita Jepang	[wanita dʒʲepaŋ]
Japanese (adj)	Jepang	[dʒʲepaŋ]

Afghanistan	Afghanistan	[afganistan]
Bangladesh	Bangladesh	[baŋladeʃ]
Indonesia	Indonesia	[indonesia]
Jordan	Yordania	[yordania]

Iraq	Irak	[iraʔ]
Iran	Iran	[iran]
Cambodia	Kamboja	[kambodʒʲa]
Kuwait	Kuwait	[kuweyt]

Laos	Laos	[laos]
Myanmar	Myanmar	[myanmar]
Nepal	Nepal	[nepal]
United Arab Emirates	Uni Emirat Arab	[uni emirat arab]

| Syria | Suriah | [suriah] |
| Palestine | Palestina | [palestina] |

| South Korea | Korea Selatan | [korea selatan] |
| North Korea | Korea Utara | [korea utara] |

238. North America

United States of America	Amerika Serikat	[amerika serikat]
American (masc.)	lelaki Amerika	[lelaki amerika]
American (fem.)	wanita Amerika	[wanita amerika]
American (adj)	Amerika	[amerika]

| Canada | Kanada | [kanada] |
| Canadian (masc.) | lelaki Kanada | [lelaki kanada] |

| Canadian (fem.) | wanita Kanada | [wanita kanada] |
| Canadian (adj) | Kanada | [kanada] |

Mexico	Meksiko	[meksiko]
Mexican (masc.)	lelaki Meksiko	[lelaki meksiko]
Mexican (fem.)	wanita Meksiko	[wanita meksiko]
Mexican (adj)	Meksiko	[meksiko]

239. Central and South America

Argentina	Argentina	[argentina]
Argentinian (masc.)	lelaki Argentina	[lelaki argentina]
Argentinian (fem.)	wanita Argentina	[wanita argentina]
Argentinian (adj)	Argentina	[argentina]

Brazil	Brasil	[brasil]
Brazilian (masc.)	lelaki Brasil	[lelaki brasil]
Brazilian (fem.)	wanita Brasil	[wanita brasil]
Brazilian (adj)	Brasil	[brasil]

Colombia	Kolombia	[kolombia]
Colombian (masc.)	lelaki Kolombia	[lelaki kolombia]
Colombian (fem.)	wanita Kolombia	[wanita kolombia]
Colombian (adj)	Kolombia	[kolombia]

Cuba	Kuba	[kuba]
Cuban (masc.)	lelaki Kuba	[lelaki kuba]
Cuban (fem.)	wanita Kuba	[wanita kuba]
Cuban (adj)	Kuba	[kuba]

Chile	Chili	[tʃili]
Chilean (masc.)	lelaki Chili	[lelaki tʃili]
Chilean (fem.)	wanita Chili	[wanita tʃili]
Chilean (adj)	Chili	[tʃili]

| Bolivia | Bolivia | [bolivia] |
| Venezuela | Venezuela | [venezuela] |

| Paraguay | Paraguay | [paraguaj] |
| Peru | Peru | [peru] |

Suriname	Suriname	[suriname]
Uruguay	Uruguay	[uruguaj]
Ecuador	Ekuador	[ekuador]

The Bahamas	Kepulauan Bahama	[kepulauan bahama]
Haiti	Haiti	[haiti]
Dominican Republic	Republik Dominika	[republiʔ dominika]
Panama	Panama	[panama]
Jamaica	Jamaika	[dʒʲamajka]

240. Africa

Egypt	Mesir	[mesir]
Egyptian (masc.)	lelaki Mesir	[lelaki mesir]
Egyptian (fem.)	wanita Mesir	[wanita mesir]
Egyptian (adj)	Mesir	[mesir]
Morocco	Maroko	[maroko]
Moroccan (masc.)	lelaki Maroko	[lelaki maroko]
Moroccan (fem.)	wanita Maroko	[wanita maroko]
Moroccan (adj)	Maroko	[maroko]
Tunisia	Tunisia	[tunisia]
Tunisian (masc.)	lelaki Tunisia	[lelaki tunisia]
Tunisian (fem.)	wanita Tunisia	[wanita tunisia]
Tunisian (adj)	Tunisia	[tunisia]
Ghana	Ghana	[gana]
Zanzibar	Zanzibar	[zanzibar]
Kenya	Kenya	[kenia]
Libya	Libia	[libia]
Madagascar	Madagaskar	[madagaskar]
Namibia	Namibia	[namibia]
Senegal	Senegal	[senegal]
Tanzania	Tanzania	[tanzania]
South Africa	Afrika Selatan	[afrika selatan]
African (masc.)	lelaki Afrika	[lelaki afrika]
African (fem.)	wanita Afrika	[wanita afrika]
African (adj)	Afrika	[afrika]

241. Australia. Oceania

Australia	Australia	[australia]
Australian (masc.)	lelaki Australia	[lelaki australia]
Australian (fem.)	wanita Australia	[wanita australia]
Australian (adj)	Australia	[australia]
New Zealand	Selandia Baru	[selandia baru]
New Zealander (masc.)	lelaki Selandia Baru	[lelaki selandia baru]
New Zealander (fem.)	wanita Selandia Baru	[wanita selandia baru]
New Zealand (as adj)	Selandia Baru	[selandia baru]
Tasmania	Tasmania	[tasmania]
French Polynesia	Polinesia Prancis	[polinesia prantʃis]

242. Cities

Amsterdam	Amsterdam	[amsterdam]
Ankara	Ankara	[ankara]
Athens	Athena	[atena]
Baghdad	Bagdad	[bagdad]
Bangkok	Bangkok	[baŋkoʔ]
Barcelona	Barcelona	[bartʃelona]

Beijing	Beijing	[beydʒiŋ]
Beirut	Beirut	[beyrut]
Berlin	Berlin	[berlin]
Mumbai (Bombay)	Mumbai	[mumbaj]
Bonn	Bonn	[bonn]

Bordeaux	Bordeaux	[bordo]
Bratislava	Bratislava	[bratislava]
Brussels	Brussel	[brusel]
Bucharest	Bukares	[bukares]
Budapest	Budapest	[budapest]

Cairo	Kairo	[kajro]
Kolkata (Calcutta)	Kolkata	[kolkata]
Chicago	Chicago	[tʃikago]
Copenhagen	Kopenhagen	[kopenhagen]

Dar-es-Salaam	Darussalam	[darussalam]
Delhi	Delhi	[delhi]
Dubai	Dubai	[dubaj]
Dublin	Dublin	[dublin]
Düsseldorf	Düsseldorf	[dyuseldorf]

Florence	Firenze	[firenze]
Frankfurt	Frankfurt	[frankfurt]
Geneva	Jenewa	[dʒʲenewa]

The Hague	Den Hague	[den hag]
Hamburg	Hamburg	[hamburg]
Hanoi	Hanoi	[hanoi]
Havana	Havana	[havana]
Helsinki	Helsinki	[helsinki]
Hiroshima	Hiroshima	[hiroʃima]
Hong Kong	Hong Kong	[hoŋ koŋ]

Istanbul	Istambul	[istambul]
Jerusalem	Yerusalem	[erusalem]
Kyiv	Kiev	[kiev]
Kuala Lumpur	Kuala Lumpur	[kuala lumpur]
Lisbon	Lisbon	[lisbon]
London	London	[london]
Los Angeles	Los Angeles	[los enzheles]

Lyons	Lyons	[lion]
Madrid	Madrid	[madrid]
Marseille	Marseille	[marseille]
Mexico City	Meksiko	[meksiko]

Miami	Miami	[miami]
Montreal	Montréal	[montreal]
Moscow	Moskow	[moskow]
Munich	Munich	[munitʃ]

Nairobi	Nairobi	[najrobi]
Naples	Napoli	[napoli]
New York	New York	[nju yorʔ]
Nice	Nice	[nitʃe]
Oslo	Oslo	[oslo]
Ottawa	Ottawa	[ottawa]

Paris	Paris	[paris]
Prague	Praha	[praha]
Rio de Janeiro	Rio de Janeiro	[rio de dʒʲaneyro]
Rome	Roma	[roma]

Saint Petersburg	Saint Petersburg	[sajnt petersburg]
Seoul	Seoul	[seoul]
Shanghai	Shanghai	[ʃanhaj]
Singapore	Singapura	[siŋapura]
Stockholm	Stockholm	[stokholm]
Sydney	Sydney	[sidni]

Taipei	Taipei	[tajpey]
Tokyo	Tokyo	[tokio]
Toronto	Toronto	[toronto]

Venice	Venesia	[venesia]
Vienna	Wina	[wina]
Warsaw	Warsawa	[warsawa]
Washington	Washington	[waʃiŋton]

243. Politics. Government. Part 1

politics	politik	[politiʔ]
political (adj)	politis	[politis]
politician	politisi, politikus	[politisi], [politikus]

state (country)	negara	[negara]
citizen	warganegara	[warganegara]
citizenship	kewarganegaraan	[kewarganegaraʔan]

| national emblem | lambang negara | [lambaŋ negara] |
| national anthem | lagu kebangsaan | [lagu kebaŋsaʔan] |

government	pemerintah	[pemerintah]
head of state	kepala negara	[kepala negara]
parliament	parlemen	[parlemen]
party	partai	[partaj]
capitalism	kapitalisme	[kapitalisme]
capitalist (adj)	kapitalis	[kapitalis]
socialism	sosialisme	[sosialisme]
socialist (adj)	sosialis	[sosialis]
communism	komunisme	[komunisme]
communist (adj)	komunis	[komunis]
communist (n)	orang komunis	[oraŋ komunis]
democracy	demokrasi	[demokrasi]
democrat	demokrat	[demokrat]
democratic (adj)	demokratis	[demokratis]
Democratic party	Partai Demokrasi	[partaj demokrasi]
liberal (n)	orang liberal	[oraŋ liberal]
liberal (adj)	liberal	[liberal]
conservative (n)	orang yang konservatif	[oraŋ yaŋ konservatif]
conservative (adj)	konservatif	[konservatif]
republic (n)	republik	[republiʔ]
republican (n)	pendukung Partai Republik	[pendukuŋ partaj republiʔ]
Republican party	Partai Republik	[partaj republiʔ]
elections	pemilu	[pemilu]
to elect (vt)	memilih	[memilih]
elector, voter	pemilih	[pemilih]
election campaign	kampanye pemilu	[kampane pemilu]
voting (n)	pemungutan suara	[pemuŋutan suara]
to vote (vi)	memberikan suara	[memberikan suara]
suffrage, right to vote	hak suara	[haʔ suara]
candidate	kandidat, calon	[kandidat], [tʃalon]
to be a candidate	mencalonkan diri	[mentʃalonkan diri]
campaign	kampanye	[kampanje]
opposition (as adj)	oposisi	[oposisi]
opposition (n)	oposisi	[oposisi]
visit	kunjungan	[kundʒʲuŋan]
official visit	kunjungan resmi	[kundʒʲuŋan resmi]
international (adj)	internasional	[internasional]
negotiations	negosiasi, perundingan	[negosiasi], [perundiŋan]
to negotiate (vi)	bernegosiasi	[bernegosiasi]

244. Politics. Government. Part 2

society	masyarakat	[maʃarakat]
constitution	Konstitusi, Undang-Undang Dasar	[konstitusi], [undaŋ-undaŋ dasar]
power (political control)	kekuasaan	[kekuasa'an]
corruption	korupsi	[korupsi]
law (justice)	hukum	[hukum]
legal (legitimate)	sah	[sah]
justice (fairness)	keadilan	[keadilan]
just (fair)	adil	[adil]
committee	komite	[komite]
bill (draft law)	rancangan undang-undang	[rantʃaŋan undaŋ-undaŋ]
budget	anggaran belanja	[aŋgaran belandʒʲa]
policy	kebijakan	[kebidʒʲakan]
reform	reformasi	[reformasi]
radical (adj)	radikal	[radikal]
power (strength, force)	kuasa	[kuasa]
powerful (adj)	adikuasa, berkuasa	[adikuasa], [bərkuasa]
supporter	pendukung	[pendukuŋ]
influence	pengaruh	[peŋaruh]
regime (e.g., military ~)	rezim	[rezim]
conflict	konflik	[konfli']
conspiracy (plot)	komplotan	[komplotan]
provocation	provokasi	[provokasi]
to overthrow (regime, etc.)	menggulingkan	[məŋguliŋkan]
overthrow (of government)	penggulingan	[peŋguliŋan]
revolution	revolusi	[revolusi]
coup d'état	kudeta	[kudeta]
military coup	kudeta militer	[kudeta militer]
crisis	krisis	[krisis]
economic recession	resesi ekonomi	[resesi ekonomi]
demonstrator (protester)	pendemo	[pendemo]
demonstration	demonstrasi	[demonstrasi]
martial law	darurat militer	[darurat militer]
military base	pangkalan militer	[paŋkalan militer]
stability	stabilitas	[stabilitas]
stable (adj)	stabil	[stabil]
exploitation	eksploitasi	[eksploitasi]
to exploit (workers)	mengeksploitasi	[məŋeksploitasi]

racism	**rasisme**	[rasisme]
racist	**rasis**	[rasis]
fascism	**fasisme**	[fasisme]
fascist	**fasis**	[fasis]

245. Countries. Miscellaneous

foreigner	**orang asing**	[oraŋ asiŋ]
foreign (adj)	**asing**	[asiŋ]
abroad (in a foreign country)	**di luar negeri**	[di luar negeri]
emigrant	**emigran**	[emigran]
emigration	**emigrasi**	[emigrasi]
to emigrate (vi)	**beremigrasi**	[bəremigrasi]
the West	**Barat**	[barat]
the East	**Timur**	[timur]
the Far East	**Timur Jauh**	[timur dʒʲauh]
civilization	**peradaban**	[peradaban]
humanity (mankind)	**umat manusia**	[umat manusia]
the world (earth)	**dunia**	[dunia]
peace	**perdamaian**	[perdamajan]
worldwide (adj)	**sedunia**	[sedunia]
homeland	**tanah air**	[tanah air]
people (population)	**rakyat**	[rakjat]
population	**populasi, penduduk**	[populasi], [penduduʔ]
people (a lot of ~)	**orang-orang**	[oraŋ-oraŋ]
nation (people)	**bangsa**	[baŋsa]
generation	**generasi**	[generasi]
territory (area)	**wilayah**	[wilajah]
region	**kawasan**	[kawasan]
state (part of a country)	**negara bagian**	[negara bagian]
tradition	**tradisi**	[tradisi]
custom (tradition)	**adat**	[adat]
ecology	**ekologi**	[ekologi]
Indian (Native American)	**orang Indian**	[oraŋ indian]
Gypsy (masc.)	**lelaki Gipsi**	[lelaki gipsi]
Gypsy (fem.)	**wanita Gipsi**	[wanita gipsi]
Gypsy (adj)	**Gipsi, Rom**	[gipsi], [rom]
empire	**kekaisaran**	[kekajsaran]
colony	**koloni, negeri jajahan**	[koloni], [negeri dʒʲadʒʲahan]
slavery	**perbudakan**	[pərbudakan]

invasion	invasi, penyerbuan	[invasi], [penerbuan]
famine	kelaparan, paceklik	[kelaparan], [patʃekliʔ]

246. Major religious groups. Confessions

religion	agama	[agama]
religious (adj)	religius	[religius]
faith, belief	keyakinan, iman	[keyakinan], [iman]
to believe (in God)	percaya	[pərtʃaja]
believer	penganut agama	[peŋanut agama]
atheism	ateisme	[ateisme]
atheist	ateis	[ateis]
Christianity	agama Kristen	[agama kristen]
Christian (n)	orang Kristen	[oraŋ kristen]
Christian (adj)	Kristen	[kristen]
Catholicism	agama Katolik	[agama katoliʔ]
Catholic (n)	orang Katolik	[oraŋ katoliʔ]
Catholic (adj)	Katolik	[katoliʔ]
Protestantism	Protestanisme	[protestanisme]
Protestant Church	Gereja Protestan	[geredʒʲa protestan]
Protestant (n)	Protestan	[protestan]
Orthodoxy	Kristen Ortodoks	[kristen ortodoks]
Orthodox Church	Gereja Kristen Ortodoks	[geredʒʲa kristen ortodoks]
Orthodox (n)	Ortodoks	[ortodoks]
Presbyterianism	Gereja Presbiterian	[geredʒʲa presbiterian]
Presbyterian Church	Gereja Presbiterian	[geredʒʲa presbiterian]
Presbyterian (n)	penganut Gereja Presbiterian	[peŋanut geredʒʲa presbiterian]
Lutheranism	Gereja Lutheran	[geredʒʲa luteran]
Lutheran (n)	pengikut Gereja Lutheran	[peŋikut geredʒʲa luteran]
Baptist Church	Gereja Baptis	[geredʒʲa baptis]
Baptist (n)	penganut Gereja Baptis	[peŋanut geredʒʲa baptis]
Anglican Church	Gereja Anglikan	[geredʒʲa aŋlikan]
Anglican (n)	penganut Anglikanisme	[peŋanut aŋlikanisme]
Mormonism	Mormonisme	[mormonisme]
Mormon (n)	Mormon	[mormon]
Judaism	agama Yahudi	[agama yahudi]
Jew (n)	orang Yahudi	[oraŋ yahudi]

Buddhism	agama Buddha	[agama budda]
Buddhist (n)	penganut Buddha	[peŋanut budda]
Hinduism	agama Hindu	[agama hindu]
Hindu (n)	penganut Hindu	[peŋanut hindu]
Islam	Islam	[islam]
Muslim (n)	Muslim	[muslim]
Muslim (adj)	Muslim	[muslim]
Shiah Islam	Syi'ah	[ʃi-a]
Shiite (n)	penganut Syi'ah	[peŋanut ʃi-a]
Sunni Islam	Sunni	[sunni]
Sunnite (n)	ahli Sunni	[ahli sunni]

247. Religions. Priests

priest	pendeta	[pendeta]
the Pope	Paus	[paus]
monk, friar	biarawan, rahib	[biarawan], [rahib]
nun	biarawati	[biarawati]
pastor	pastor	[pastor]
abbot	abbas	[abbas]
vicar (parish priest)	vikaris	[vikaris]
bishop	uskup	[uskup]
cardinal	kardinal	[kardinal]
preacher	pengkhotbah	[peŋhotbah]
preaching	khotbah	[hotbah]
parishioners	ahli paroki	[ahli paroki]
believer	penganut agama	[peŋanut agama]
atheist	ateis	[ateis]

248. Faith. Christianity. Islam

Adam	Adam	[adam]
Eve	Hawa	[hawa]
God	Tuhan	[tuhan]
the Lord	Tuhan	[tuhan]
the Almighty	Yang Maha Kuasa	[yaŋ maha kuasa]
sin	dosa	[dosa]
to sin (vi)	berdosa	[bərdosa]
sinner (masc.)	pedosa lelaki	[pedosa lelaki]

sinner (fem.)	**pedosa wanita**	[pedosa wanita]
hell	**neraka**	[neraka]
paradise	**surga**	[surga]

| Jesus | **Yesus** | [yesus] |
| Jesus Christ | **Yesus Kristus** | [yesus kristus] |

the Holy Spirit	**Roh Kudus**	[roh kudus]
the Savior	**Juru Selamat**	[dʒʲuru selamat]
the Virgin Mary	**Perawan Maria**	[pərawan maria]

the Devil	**Iblis**	[iblis]
devil's (adj)	**setan**	[setan]
Satan	**setan**	[setan]
satanic (adj)	**setan**	[setan]

angel	**malaikat**	[malajkat]
guardian angel	**malaikat pelindung**	[malajkat pelinduŋ]
angelic (adj)	**malaikat**	[malajkat]

apostle	**rasul**	[rasul]
archangel	**malaikat utama**	[malajkat utama]
the Antichrist	**Antikristus**	[antikristus]

Church	**Gereja**	[geredʒʲa]
Bible	**Alkitab**	[alkitab]
biblical (adj)	**Alkitab**	[alkitab]

Old Testament	**Perjanjian Lama**	[pərdʒʲandʒian lama]
New Testament	**Perjanjian Baru**	[pərdʒʲandʒian baru]
Gospel	**Injil**	[indʒil]
Holy Scripture	**Kitab Suci**	[kitab sutʃi]
Heaven	**Surga**	[surga]

Commandment	**Perintah Allah**	[pərintah allah]
prophet	**nabi**	[nabi]
prophecy	**ramalan**	[ramalan]

Allah	**Allah**	[alah]
Mohammed	**Muhammad**	[muhammad]
the Koran	**Al Quran**	[al kurʔan]

mosque	**masjid**	[masdʒid]
mullah	**mullah**	[mullah]
prayer	**sembahyang, doa**	[sembahjaŋ], [doa]
to pray (vi, vt)	**bersembahyang, berdoa**	[bərsembahjaŋ], [bərdoa]

pilgrimage	**ziarah**	[ziarah]
pilgrim	**peziarah**	[peziarah]
Mecca	**Mekah**	[mekah]
church	**gereja**	[geredʒʲa]
temple	**kuil, candi**	[kuil], [tʃandi]

cathedral	katedral	[katedral]
Gothic (adj)	Gotik	[gotiʔ]
synagogue	sinagoga, kanisah	[sinagoga], [kanisah]
mosque	masjid	[masdʒid]
chapel	kapel	[kapel]
abbey	keabbasan	[keabbasan]
convent	biara	[biara]
monastery	biara	[biara]
bell (church ~s)	lonceng	[lontʃeŋ]
bell tower	menara lonceng	[mənara lontʃeŋ]
to ring (ab. bells)	berbunyi	[bərbunji]
cross	salib	[salib]
cupola (roof)	kubah	[kubah]
icon	ikon	[ikon]
soul	jiwa	[dʒiwa]
fate (destiny)	takdir	[takdir]
evil (n)	kejahatan	[kedʒ'ahatan]
good (n)	kebaikan	[kebajkan]
vampire	vampir	[vampir]
witch (evil ~)	tukang sihir	[tukaŋ sihir]
demon	iblis	[iblis]
spirit	roh	[roh]
redemption (giving us ~)	penebusan	[penebusan]
to redeem (vt)	menebus	[mənebus]
church service, mass	misa	[misa]
to say mass	menyelenggarakan misa	[mənjeleŋgarakan misa]
confession	pengakuan dosa	[peŋakuan dosa]
to confess (vi)	mengaku dosa	[məŋaku dosa]
saint (n)	santo	[santo]
sacred (holy)	suci, kudus	[sutʃi], [kudus]
holy water	air suci	[air sutʃi]
ritual (n)	ritus	[ritus]
ritual (adj)	ritual	[ritual]
sacrifice	pengorbanan	[peŋorbaŋan]
superstition	takhayul	[tahajul]
superstitious (adj)	bertakhayul	[bərtahajul]
afterlife	akhirat	[ahirat]
eternal life	hidup abadi	[hidup abadi]

# MISCELLANEOUS

249. Various useful words

background (green ~)	**latar belakang**	[latar belakaŋ]
balance (of situation)	**keseimbangan**	[keseimbaŋan]
barrier (obstacle)	**rintangan**	[rintaŋan]
base (basis)	**basis, dasar**	[basis], [dasar]
beginning	**permulaan**	[pərmulaʔan]

category	**kategori**	[kategori]
cause (reason)	**sebab**	[sebab]
choice	**pilihan**	[pilihan]
coincidence	**kebetulan**	[kebetulan]

comfortable (~ chair)	**nyaman**	[njaman]
comparison	**perbandingan**	[pərbandiŋan]
compensation	**kompensasi, ganti rugi**	[kompensasi], [ganti rugi]
degree (extent, amount)	**tingkat**	[tiŋkat]
development	**perkembangan**	[pərkembaŋan]

difference	**perbedaan**	[pərbedaʔan]
effect (e.g., of drugs)	**efek, pengaruh**	[efek], [peŋaruh]
effort (exertion)	**usaha**	[usaha]
element	**unsur**	[unsur]
end (finish)	**akhir**	[ahir]

example (illustration)	**contoh**	[tʃontoh]
fact	**fakta**	[fakta]
frequent (adj)	**kerap, sering**	[kerap], [seriŋ]
growth (development)	**pertumbuhan**	[pərtumbuhan]

help	**bantuan**	[bantuan]
ideal	**ideal**	[ideal]
kind (sort, type)	**jenis**	[dʒʲenis]
labyrinth	**labirin**	[labirin]
mistake, error	**kesalahan**	[kesalahan]

moment	**saat, waktu**	[saʔat], [waktu]
object (thing)	**objek**	[obdʒʲeʔ]
obstacle	**rintangan**	[rintaŋan]
original (original copy)	**orisinal, dokumen asli**	[orisinal], [dokumen asli]
part (~ of sth)	**bagian**	[bagian]

particle, small part	**partikel, bagian kecil**	[partikel], [bagian ketʃil]
pause (break)	**istirahat**	[istirahat]

position	**posisi**	[posisi]
principle	**prinsip**	[prinsip]
problem	**masalah**	[masalah]

process	**proses**	[proses]
progress	**kemajuan**	[kemadʒʲuan]
property (quality)	**sifat**	[sifat]
reaction	**reaksi**	[reaksi]
risk	**risiko**	[risiko]

secret	**rahasia**	[rahasia]
series	**rangkaian**	[raŋkajan]
shape (outer form)	**bentuk, rupa**	[bentuk], [rupa]
situation	**situasi**	[situasi]
solution	**solusi, penyelesaian**	[solusi], [penjelesajan]

standard (adj)	**standar**	[standar]
standard (level of quality)	**standar**	[standar]
stop (pause)	**perhentian**	[pərhentian]
style	**gaya**	[gaja]

system	**sistem**	[sistem]
table (chart)	**tabel**	[tabel]
tempo, rate	**tempo, laju**	[tempo], [ladʒʲu]
term (word, expression)	**istilah**	[istilah]

thing (object, item)	**barang**	[baraŋ]
truth (e.g., moment of ~)	**kebenaran**	[kebenaran]
turn (please wait your ~)	**giliran**	[giliran]
type (sort, kind)	**jenis**	[dʒʲenis]
urgent (adj)	**segera**	[segera]

urgently (adv)	**segera**	[segera]
utility (usefulness)	**kegunaan**	[keguna'an]
variant (alternative)	**varian**	[varian]
way (means, method)	**cara**	[tʃara]
zone	**zona**	[zona]

250. Modifiers. Adjectives. Part 1

additional (adj)	**tambahan**	[tambahan]
ancient (~ civilization)	**kuno**	[kuno]
artificial (adj)	**buatan**	[buatan]
back, rear (adj)	**belakang**	[belakaŋ]
bad (adj)	**buruk, jelek**	[buruk], [dʒʲele']

beautiful (~ palace)	**cantik**	[tʃanti']
beautiful (person)	**cantik**	[tʃanti']
big (in size)	**besar**	[besar]

bitter (taste)	**pahit**	[pahit]
blind (sightless)	**buta**	[buta]
calm, quiet (adj)	**tenang**	[tenaŋ]
careless (negligent)	**ceroboh**	[tʃeroboh]
caring (~ father)	**penuh perhatian**	[penuh pərhatian]
central (adj)	**sentral**	[sentral]
cheap (low-priced)	**murah**	[murah]
cheerful (adj)	**riang, gembira**	[riaŋ], [gembira]
children's (adj)	**kanak-kanak**	[kanaʔ-kanaʔ]
civil (~ law)	**sipil**	[sipil]
clandestine (secret)	**rahasia, diam-diam**	[rahasia], [diam-diam]
clean (free from dirt)	**bersih**	[bərsih]
clear (explanation, etc.)	**jelas**	[dʒʲelas]
clever (smart)	**pandai, pintar**	[pandaj], [pintar]
close (near in space)	**dekat**	[dekat]
closed (adj)	**tertutup**	[tərtutup]
cloudless (sky)	**tak berawan**	[taʔ berawan]
cold (drink, weather)	**dingin**	[diŋin]
compatible (adj)	**serasi, cocok**	[serasi], [tʃotʃoʔ]
contented (satisfied)	**puas**	[puas]
continuous (uninterrupted)	**kontinu, terus menerus**	[kontinu], [tərus menerus]
cool (weather)	**sejuk**	[sedʒʲuʔ]
dangerous (adj)	**berbahaya**	[bərbahaja]
dark (room)	**gelap**	[gelap]
dead (not alive)	**mati**	[mati]
dense (fog, smoke)	**pekat**	[pekat]
destitute (extremely poor)	**papa, sangat miskin**	[papa], [saŋat miskin]
different (not the same)	**berbeda**	[bərbeda]
difficult (decision)	**sukar, sulit**	[sukar], [sulit]
difficult (problem, task)	**rumit**	[rumit]
dim, faint (light)	**redup**	[redup]
dirty (not clean)	**kotor**	[kotor]
distant (in space)	**jauh**	[dʒʲauh]
dry (clothes, etc.)	**kering**	[keriŋ]
easy (not difficult)	**mudah**	[mudah]
empty (glass, room)	**kosong**	[kosoŋ]
even (e.g., ~ surface)	**rata, datar**	[rata], [datar]
exact (amount)	**tepat**	[tepat]
excellent (adj)	**sangat baik**	[saŋat baiʔ]
excessive (adj)	**berlebihan**	[bərlebihan]
expensive (adj)	**mahal**	[mahal]
exterior (adj)	**luar**	[luar]
far (the ~ East)	**jauh**	[dʒʲauh]

fast (quick)	cepat	[tʃepat]
fatty (food)	berlemak	[bərlemaʔ]
fertile (land, soil)	subur	[subur]

flat (~ panel display)	datar	[datar]
foreign (adj)	asing	[asiŋ]
fragile (china, glass)	rapuh	[rapuh]
free (at no cost)	gratis	[gratis]
free (unrestricted)	bebas	[bebas]

fresh (~ water)	tawar	[tawar]
fresh (e.g., ~ bread)	segar	[segar]
frozen (food)	beku	[beku]
full (completely filled)	penuh	[penuh]
gloomy (house, forecast)	suram	[suram]

good (book, etc.)	baik	[bajʔ]
good, kind (kindhearted)	baik hati	[bajʔ hati]
grateful (adj)	berterima kasih	[bərterima kasih]
happy (adj)	bahagia	[bahagia]
hard (not soft)	keras	[keras]

heavy (in weight)	berat	[berat]
hostile (adj)	bermusuhan	[bərmusuhan]
hot (adj)	panas	[panas]
huge (adj)	sangat besar	[saŋat besar]

humid (adj)	lembap	[lembap]
hungry (adj)	lapar	[lapar]
ill (sick, unwell)	sakit	[sakit]
immobile (adj)	tak bergerak	[taʔ bərgeraʔ]

important (adj)	penting	[pentiŋ]
impossible (adj)	mustahil	[mustahil]
incomprehensible	tak dapat dimengerti	[taʔ dapat dimeŋerti]
indispensable (adj)	tak tergantikan	[taʔ tərgantikan]

inexperienced (adj)	tak berpengalaman	[taʔ bərpeŋalaman]
insignificant (adj)	kecil	[ketʃil]
interior (adj)	dalam	[dalam]
joint (~ decision)	bersama	[bərsama]
last (e.g., ~ week)	lalu	[lalu]

last (final)	terakhir	[tərahir]
left (e.g., ~ side)	kiri	[kiri]
legal (legitimate)	sah	[sah]
light (in weight)	ringan	[riŋan]
light (pale color)	muda	[muda]

limited (adj)	terbatas	[tərbatas]
liquid (fluid)	cair	[tʃair]
long (e.g., ~ hair)	panjang	[pandʒʲaŋ]

loud (voice, etc.)	**lantang**	[lantaŋ]
low (voice)	**lirih**	[lirih]

251. Modifiers. Adjectives. Part 2

main (principal)	**utama**	[utama]
matt, matte	**kusam**	[kusam]
meticulous (job)	**cermat**	[tʃermat]
mysterious (adj)	**misterius**	[misterius]
narrow (street, etc.)	**sempit**	[sempit]
native (~ country)	**asli**	[asli]
nearby (adj)	**dekat**	[dekat]
nearsighted (adj)	**rabun jauh**	[rabun dʒʲauh]
needed (necessary)	**perlu**	[perlu]
negative (~ response)	**negatif**	[negatif]
neighboring (adj)	**tetangga**	[tetaŋga]
nervous (adj)	**gugup, grogi**	[gugup], [grogi]
new (adj)	**baru**	[baru]
next (e.g., ~ week)	**depan**	[depan]
nice (kind)	**baik**	[baj']
nice (voice)	**indah**	[indah]
normal (adj)	**normal**	[normal]
not big (adj)	**tidak besar**	[tida' besar]
not difficult (adj)	**tidak sukar**	[tida' sukar]
obligatory (adj)	**wajib**	[wadʒib]
old (house)	**tua**	[tua]
open (adj)	**terbuka**	[terbuka]
opposite (adj)	**bertentangan**	[bertentaŋan]
ordinary (usual)	**biasa**	[biasa]
original (unusual)	**orisinal, asli**	[orisinal], [asli]
past (recent)	**lalu**	[lalu]
permanent (adj)	**tetap**	[tetap]
personal (adj)	**pribadi**	[pribadi]
polite (adj)	**sopan**	[sopan]
poor (not rich)	**miskin**	[miskin]
possible (adj)	**mungkin**	[muŋkin]
present (current)	**sekarang ini, saat ini**	[sekaraŋ ini], [sa'at ini]
previous (adj)	**sebelumnya**	[sebelumnja]
principal (main)	**utama**	[utama]
private (~ jet)	**pribadi**	[pribadi]
probable (adj)	**mungkin**	[muŋkin]
prolonged (e.g., ~ applause)	**panjang**	[pandʒʲaŋ]

public (open to all)	**umum**	[umum]
punctual (person)	**tepat waktu**	[tepat waktu]
quiet (tranquil)	**sunyi**	[sunji]
rare (adj)	**jarang**	[dʒʲaraŋ]
raw (uncooked)	**mentah**	[məntah]
right (not left)	**kanan**	[kanan]
right, correct (adj)	**benar**	[benar]
ripe (fruit)	**masak**	[masaʔ]
risky (adj)	**riskan**	[riskan]
sad (~ look)	**sedih**	[sedih]
sad (depressing)	**sedih**	[sedih]
safe (not dangerous)	**aman**	[aman]
salty (food)	**asin**	[asin]
satisfied (customer)	**puas**	[puas]
second hand (adj)	**bekas**	[bekas]
shallow (water)	**dangkal**	[daŋkal]
sharp (blade, etc.)	**tajam**	[tadʒʲam]
short (in length)	**pendek**	[pendeʔ]
short, short-lived (adj)	**sebentar**	[sebentar]
significant (notable)	**signifikan, luar biasa**	[signifikan], [luar biasa]
similar (adj)	**mirip**	[mirip]
simple (easy)	**mudah, sederhana**	[mudah], [sederhana]
skinny	**ramping**	[rampiŋ]
small (in size)	**kecil**	[ketʃil]
smooth (surface)	**rata, halus**	[rata], [halus]
soft (~ toys)	**empuk**	[empuʔ]
solid (~ wall)	**kuat, kukuh**	[kuat], [kukuh]
sour (flavor, taste)	**masam**	[masam]
spacious (house, etc.)	**lapang, luas**	[lapaŋ], [luas]
special (adj)	**khusus**	[husus]
straight (line, road)	**lurus**	[lurus]
strong (person)	**kuat**	[kuat]
stupid (foolish)	**bodoh**	[bodoh]
suitable (e.g., ~ for drinking)	**sesuai**	[sesuaj]
sunny (day)	**cerah**	[tʃerah]
superb, perfect (adj)	**cemerlang**	[tʃemerlaŋ]
swarthy (adj)	**berkulit hitam**	[bərkulit hitam]
sweet (sugary)	**manis**	[manis]
tan (adj)	**hitam terbakar matahari**	[hitam tərbakar matahari]
tasty (delicious)	**enak**	[enaʔ]
tender (affectionate)	**lembut**	[lembut]
the highest (adj)	**tertinggi**	[tərtiŋgi]
the most important	**paling penting**	[paliŋ pentiŋ]

the nearest	**terdekat**	[tərdekat]
the same, equal (adj)	**sama, serupa**	[sama], [serupa]
thick (e.g., ~ fog)	**tebal**	[tebal]
thick (wall, slice)	**tebal**	[tebal]
thin (person)	**kurus**	[kurus]
tight (~ shoes)	**ketat**	[ketat]
tired (exhausted)	**lelah**	[lelah]
tiring (adj)	**melelahkan**	[melelahkan]
transparent (adj)	**transparan**	[transparan]
unclear (adj)	**tidak jelas**	[tidaʔ dʒʲelas]
unique (exceptional)	**unik**	[uniʔ]
various (adj)	**berbagai**	[bərbagaj]
warm (moderately hot)	**hangat**	[haŋat]
wet (e.g., ~ clothes)	**basah**	[basah]
whole (entire, complete)	**seluruh**	[seluruh]
wide (e.g., ~ road)	**lebar**	[lebar]
young (adj)	**muda**	[muda]

MAIN 500 VERBS

252. Verbs A-C

to accompany (vt)	menemani	[mənemani]
to accuse (vt)	menuduh	[mənuduh]
to acknowledge (admit)	mengakui	[məŋakui]
to act (take action)	bertindak	[bərtinda?]

to add (supplement)	menambah	[mənambah]
to address (speak to)	memanggil	[memaŋgil]
to admire (vi)	mengagumi	[məŋagumi]
to advertise (vt)	mengiklankan	[məŋiklankan]

to advise (vt)	menasihati	[mənasihati]
to affirm (assert)	menegaskan	[mənegaskan]
to agree (say yes)	setuju	[setudʒʲu]
to aim (to point a weapon)	membidik	[membidi?]

to allow (sb to do sth)	membenarkan	[membenarkan]
to amputate (vt)	mengamputasi	[məŋamputasi]
to answer (vi, vt)	menjawab	[məndʒʲawab]
to apologize (vi)	meminta maaf	[meminta ma?af]

to appear (come into view)	muncul	[muntʃul]
to applaud (vi, vt)	bertepuk tangan	[bərtepu? taŋan]
to appoint (assign)	melantik	[melanti?]
to approach (come closer)	mendekati	[məndekati]

to arrive (ab. train)	datang	[dataŋ]
to ask (~ sb to do sth)	meminta	[meminta]
to aspire to ...	bercita-cita ...	[bərtʃita-tʃita ...]
to assist (help)	membantu	[membantu]

to attack (mil.)	menyerang	[mənjeraŋ]
to attain (objectives)	mencapai	[məntʃapaj]
to avenge (get revenge)	membalas dendam	[membalas dendam]
to avoid (danger, task)	mengelak	[məŋela?]

to award (give medal to)	menganugerahi	[məŋanugerahi]
to battle (vi)	bertempur	[bərtempur]
to be (~ a teacher)	ialah, adalah	[ialah], [adalah]
to be (~ on a diet)	sedang	[sedaŋ]

to be a cause of ...	menyebabkan ...	[mənebabkan ...]
to be afraid	takut	[takut]

to be angry (with ...)	marah (dengan ...)	[marah (deŋan ...)]
to be at war	berperang	[bərperaŋ]
to be based (on ...)	berdasarkan ...	[bərdasarkan ...]
to be bored	bosan	[bosan]
to be convinced	yakin	[yakin]
to be enough	cukup	[ʧukup]
to be envious	iri	[iri]
to be indignant	marah	[marah]
to be interested in ...	menaruh minat pada ...	[mənaruh minat pada ...]
to be lost in thought	termenung	[tərmenuŋ]
to be lying (~ on the table)	terletak	[tərleta']
to be needed	dibutuhkan	[dibutuhkan]
to be perplexed (puzzled)	bingung	[biŋuŋ]
to be preserved	diawetkan	[diawetkan]
to be required	dibutuhkan	[dibutuhkan]
to be surprised	heran	[heran]
to be worried	khawatir	[hawatir]
to beat (to hit)	memukul	[memukul]
to become (e.g., ~ old)	menjadi	[mənʤadi]
to behave (vi)	berkelakuan	[bərkelakuan]
to believe (think)	percaya	[pərʧaja]
to belong to ...	kepunyaan ...	[kepunja'an ...]
to berth (moor)	merapat	[merapat]
to blind (other drivers)	menyilaukan	[mənjilaukan]
to blow (wind)	meniup	[məniup]
to blush (vi)	tersipu	[tərsipu]
to boast (vi)	membual	[membual]
to borrow (money)	meminjam	[memindʒam]
to break (branch, toy, etc.)	memecahkan	[meməʧahkan]
to breathe (vi)	bernapas	[bərnapas]
to bring (sth)	membawa	[membawa]
to burn (paper, logs)	membakar	[membakar]
to buy (purchase)	membeli	[membeli]
to call (~ for help)	memanggil	[memaŋgil]
to call (yell for sb)	memanggil	[memaŋgil]
to calm down (vt)	menenangkan	[mənenaŋkan]
can (v aux)	bisa	[bisa]
to cancel (call off)	membatalkan	[membatalkan]
to cast off (of a boat or ship)	bertolak	[bərtola']
to catch (e.g., ~ a ball)	menangkap	[mənaŋkap]
to change (~ one's opinion)	mengubah	[məŋubah]

to change (exchange)	menukar	[mənukar]
to charm (vt)	memesona	[memesona]
to choose (select)	memilih	[memilih]
to chop off (with an ax)	memotong	[memotoŋ]
to clean (e.g., kettle from scale)	membersihkan	[membersihkan]
to clean (shoes, etc.)	membersihkan	[membersihkan]

to clean up (tidy)	membereskan	[membereskan]
to close (vt)	menutup	[mənutup]
to comb one's hair	bersisir, menyisir	[bərsisir], [menjisir]
to come down (the stairs)	turun	[turun]

to come out (book)	terbit	[terbit]
to compare (vt)	membandingkan	[membandiŋkan]
to compensate (vt)	mengganti rugi	[məŋanti rugi]
to compete (vi)	bersaing	[bərsajŋ]

to compile (~ a list)	menyusun	[mənyusun]
to complain (vi, vt)	mengeluh	[məŋeluh]
to complicate (vt)	memperumit	[memperumit]
to compose (music, etc.)	menggubah	[məŋgubah]

| to compromise (reputation) | mencemarkan | [mentʃemarkan] |
| to concentrate (vi) | berkonsentrasi | [bərkonsentrasi] |

| to confess (criminal) | mengaku salah | [məŋaku salah] |
| to confuse (mix up) | bingung membedakan | [biŋuŋ membedakan] |

| to congratulate (vt) | mengucapkan selamat | [məɲutʃapkan selamat] |
| to consult (doctor, expert) | berkonsultasi dengan | [bərkonsultasi deŋan] |

| to continue (~ to do sth) | meneruskan | [mənəruskan] |
| to control (vt) | mengontrol | [məŋontrol] |

| to convince (vt) | meyakinkan | [meyakinkan] |
| to cooperate (vi) | bekerja sama | [bekerdʒia sama] |

| to coordinate (vt) | mengoordinasikan | [məŋoordinasikan] |
| to correct (an error) | mengoreksi | [məŋoreksi] |

| to cost (vt) | berharga | [bərharga] |
| to count (money, etc.) | menghitung | [məŋhituŋ] |

| to count on ... | mengharapkan ... | [məŋharapkan ...] |
| to crack (ceiling, wall) | retak | [reta'] |

| to create (vt) | menciptakan | [mentʃiptakan] |
| to crush, to squash (~ a bug) | menghancurkan | [məŋhantʃurkan] |

| to cry (weep) | menangis | [mənaɲis] |
| to cut off (with a knife) | memotong | [memotoŋ] |

253. Verbs D-G

to dare (~ to do sth)	berani	[bərani]
to date from ...	berasal dari tahun ...	[bərasal dari tahun ...]
to deceive (vi, vt)	menipu	[mənipu]
to decide (~ to do sth)	memutuskan	[məmutuskan]
to decorate (tree, street)	menghiasi	[məɲhiasi]
to dedicate (book, etc.)	mendedikasikan	[məndedikasikan]
to defend (a country, etc.)	membela	[membela]
to defend oneself	membela diri	[membela diri]
to demand (request firmly)	menuntut	[mənuntut]
to denounce (vt)	mengadukan	[məŋadukan]
to deny (vt)	memungkiri	[məmuŋkiri]
to depend on ...	tergantung pada ...	[tərgantuŋ pada ...]
to deprive (vt)	merampas	[merampas]
to deserve (vt)	patut	[patut]
to design (machine, etc.)	mendesain	[məndesajn]
to desire (want, wish)	menghendaki	[məɲhendaki]
to despise (vt)	benci, membenci	[bentʃi], [membentʃi]
to destroy (documents, etc.)	menghancurkan	[məɲhantʃurkan]
to differ (from sth)	berbeza	[bərbeza]
to dig (tunnel, etc.)	menggali	[məŋgali]
to direct (point the way)	mengarahkan	[məŋarahkan]
to disappear (vi)	menghilang	[məɲhilaŋ]
to discover (new land, etc.)	menemukan	[mənemukan]
to discuss (vt)	membicarakan	[membitʃarakan]
to distribute (leaflets, etc.)	mengedarkan	[məŋedarkan]
to disturb (vt)	mengganggu	[məŋgaŋgu]
to dive (vi)	menyelam	[məɲjelam]
to divide (math)	membagi	[membagi]
to do (vt)	membuat	[membuat]
to do the laundry	mencuci	[məntʃutʃi]
to double (increase)	menggandakan	[məŋgandakan]
to doubt (have doubts)	ragu-ragu	[ragu-ragu]
to draw a conclusion	menarik kesimpulan	[mənariʔ kesimpulan]
to dream (daydream)	bermimpi	[bərmimpi]
to dream (in sleep)	bermimpi	[bərmimpi]
to drink (vi, vt)	minum	[minum]
to drive a car	menyetir mobil	[mənjetir mobil]
to drive away (scare away)	mengusir	[məŋusir]
to drop (let fall)	menjatuhkan	[məndʒatuhkan]

to drown (ab. person)	tenggelam	[teŋgelam]
to dry (clothes, hair)	mengeringkan	[məŋeriŋkan]
to eat (vi, vt)	makan	[makan]
to eavesdrop (vi)	mencuri dengar	[məntʃuri deŋar]
to emit (diffuse - odor, etc.)	memancarkan	[memantʃarkan]
to enjoy oneself	bersukaria	[bərsukaria]
to enter (on the list)	mendaftarkan	[məndaftarkan]
to enter (room, house, etc.)	masuk, memasuki	[masuk], [memasuki]
to entertain (amuse)	menghibur	[məŋhibur]
to equip (fit out)	memperlengkapi	[memperleŋkapi]
to examine (proposal)	mempertimbangkan	[mempertimbaŋkan]
to exchange (sth)	bertukar	[bərtukar]
to excuse (forgive)	memaafkan	[memaʔafkan]
to exist (vi)	ada	[ada]
to expect (anticipate)	mengharapkan	[məŋharapkan]
to expect (foresee)	menduga	[mənduga]
to expel (from school, etc.)	memecat	[memetʃat]
to explain (vt)	menjelaskan	[məndʒʲelaskan]
to express (vt)	mengungkapkan	[məŋuŋkapkan]
to extinguish (a fire)	memadamkan	[memadamkan]
to fall in love (with ...)	jatuh cinta (dengan ...)	[dʒʲatuh tʃinta (deŋan ...)]
to feed (provide food)	memberi makan	[memberi makan]
to fight (against the enemy)	berjuang	[bərdʒʲuaŋ]
to fight (vi)	berkelahi	[bərkelahi]
to fill (glass, bottle)	memenuhi	[memenuhi]
to find (~ lost items)	menemukan	[mənemukan]
to finish (vt)	mengakhiri	[məŋahiri]
to fish (angle)	memancing	[memantʃiŋ]
to fit (ab. dress, etc.)	pas, cocok	[pas], [tʃotʃoʔ]
to flatter (vt)	menyanjung	[mənjandʒʲuŋ]
to fly (bird, plane)	terbang	[tərbaŋ]
to follow ... (come after)	mengikuti ...	[məŋikuti ...]
to forbid (vt)	melarang	[melaraŋ]
to force (compel)	memaksa	[memaksa]
to forget (vi, vt)	melupakan	[melupakan]
to forgive (pardon)	memaafkan	[memaʔafkan]
to form (constitute)	membentuk	[membentuʔ]
to get dirty (vi)	kena kotor	[kena kotor]
to get infected (with ...)	terinfeksi, tertular ...	[tərinfeksi], [tərtular ...]
to get irritated	jengkel	[dʒʲeŋkel]

to get married	menikah, beristri	[mənikah], [bəristri]
to get rid of ...	terhindar dari ...	[tərhindar dari ...]
to get tired	lelah	[lelah]
to get up (arise from bed)	bangun	[baŋun]
to give (vt)	memberi	[memberi]
to give a bath (to bath)	memandikan	[memandikan]
to give a hug, to hug (vt)	memeluk	[memeluʔ]
to give in (yield to)	mengalah	[məŋalah]
to glimpse (vt)	memperhatikan	[memperhatikan]
to go (by car, etc.)	naik	[naiʔ]
to go (on foot)	berjalan	[bərdʒʲalan]
to go for a swim	berenang	[bərenaŋ]
to go out (for dinner, etc.)	keluar	[keluar]
to go to bed (go to sleep)	tidur	[tidur]
to greet (vt)	menyambut	[mənjambut]
to grow (plants)	menanam	[mənanam]
to guarantee (vt)	menjamin	[məndʒʲamin]
to guess (the answer)	menerka	[mənerka]

254. Verbs H-M

to hand out (distribute)	membagi-bagikan	[membagi-bagikan]
to hang (curtains, etc.)	menggantungkan	[məŋgantuŋkan]
to have (vt)	mempunyai	[mempunjaj]
to have a try	mencoba	[mentʃoba]
to have breakfast	sarapan	[sarapan]
to have dinner	makan malam	[makan malam]
to have lunch	makan siang	[makan siaŋ]
to head (group, etc.)	memimpin	[memimpin]
to hear (vt)	mendengar	[məndeŋar]
to heat (vt)	memanaskan	[memanaskan]
to help (vt)	membantu	[membantu]
to hide (vt)	menyembunyikan	[mənjembunjikan]
to hire (e.g., ~ a boat)	menyewa	[mənjewa]
to hire (staff)	mempekerjakan	[mempekerdʒʲakan]
to hope (vi, vt)	berharap	[bərharap]
to hunt (for food, sport)	berburu	[bərburu]
to hurry (vi)	tergesa-gesa	[tərgesa-gesa]
to imagine (to picture)	membayangkan	[membajaŋkan]
to imitate (vt)	meniru	[məniru]
to implore (vt)	memohon	[memohon]
to import (vt)	mengimpor	[məŋimpor]
to increase (vi)	bertambah	[bərtambah]

to increase (vt)	**menambah**	[mənambah]
to infect (vt)	**menulari**	[mənulari]
to influence (vt)	**memengaruhi**	[memeŋaruhi]
to inform (e.g., ~ the police about)	**memberi tahu**	[memberi tahu]
to inform (vt)	**menginformasikan**	[məŋinformasikan]
to inherit (vt)	**mewarisi**	[mewarisi]
to inquire (about …)	**menanyakan**	[mənanjakan]
to insert (put in)	**menyisipkan**	[mənjisipkan]
to insinuate (imply)	**mengisyaratkan**	[məɲiʃaratkan]
to insist (vi, vt)	**mendesak**	[mendesaʔ]
to inspire (vt)	**mengilhami**	[məŋilhami]
to instruct (teach)	**mengajari**	[məŋadʒʲari]
to insult (offend)	**menghina**	[məŋhina]
to interest (vt)	**menimbulkan minat**	[mənimbulkan minat]
to intervene (vi)	**campur tangan**	[tʃampur taŋan]
to introduce (sb to sb)	**memperkenalkan**	[memperkenalkan]
to invent (machine, etc.)	**menemukan**	[mənemukan]
to invite (vt)	**mengundang**	[mənundaŋ]
to iron (clothes)	**menyeterika**	[mənjeterika]
to irritate (annoy)	**menjengkelkan**	[məndʒʲeŋkelkan]
to isolate (vt)	**mengisolasi**	[məɲisolasi]
to join (political party, etc.)	**ikut, bergabung**	[ikut], [bərgabuŋ]
to joke (be kidding)	**bergurau**	[bərgurau]
to keep (old letters, etc.)	**menyimpan**	[mənjimpan]
to keep silent	**diam**	[diam]
to kill (vt)	**membunuh**	[membunuh]
to knock (at the door)	**mengetuk**	[məŋetuʔ]
to know (sb)	**kenal**	[kenal]
to know (sth)	**tahu**	[tahu]
to laugh (vi)	**tertawa**	[tərtawa]
to launch (start up)	**meluncurkan**	[meluntʃurkan]
to leave (~ for Mexico)	**pergi**	[pergi]
to leave (forget sth)	**meninggalkan**	[məniŋgalkan]
to leave (spouse)	**meninggalkan**	[məniŋgalkan]
to liberate (city, etc.)	**membebaskan**	[membebaskan]
to lie (~ on the floor)	**berbaring**	[bərbariŋ]
to lie (tell untruth)	**berbohong**	[bərbohoŋ]
to light (campfire, etc.)	**menyalakan**	[mənjalakan]
to light up (illuminate)	**menyinari**	[mənjinari]
to like (I like …)	**suka**	[suka]
to limit (vt)	**membatasi**	[membatasi]
to listen (vi)	**mendengarkan**	[mendeŋarkan]
to live (~ in France)	**tinggal**	[tiŋgal]

to live (exist)	hidup	[hidup]
to load (gun)	mengisi	[məɲisi]
to load (vehicle, etc.)	memuat	[memuat]
to look (I'm just ~ing)	melihat	[melihat]
to look for ... (search)	mencari ...	[məntʃari ...]
to look like (resemble)	menyerupai, mirip	[mənerupaj], [mirip]
to lose (umbrella, etc.)	kehilangan	[kehilaŋan]
to love (e.g., ~ dancing)	suka	[suka]
to love (sb)	mencintai	[məntʃintaj]
to lower (blind, head)	menurunkan	[mənurunkan]
to make (~ dinner)	memasak	[memasaʔ]
to make a mistake	salah	[salah]
to make angry	membuat marah	[membuat marah]
to make easier	meringankan	[meriŋankan]
to make multiple copies	memperbanyak	[memperbanjaʔ]
to make the acquaintance	berkenalan	[bərkenalan]
to make use (of ...)	menggunakan ...	[məŋgunakan ...]
to manage, to run	memimpin	[memimpin]
to mark (make a mark)	menandai	[mənandaj]
to mean (signify)	berarti	[bərarti]
to memorize (vt)	menghafalkan	[məɲhafalkan]
to mention (talk about)	menyebut	[məɲjebut]
to miss (school, etc.)	absen	[absen]
to mix (combine, blend)	mencampur	[məntʃampur]
to mock (make fun of)	mencemooh	[məntʃemooh]
to move (to shift)	memindahkan	[memindahkan]
to multiply (math)	mengalikan	[məŋalikan]
must (v aux)	harus	[harus]

255. Verbs N-R

to name, to call (vt)	menamakan	[mənamakan]
to negotiate (vi)	bernegosiasi	[bərnegosiasi]
to note (write down)	mencatat	[məntʃatat]
to notice (see)	memperhatikan	[memperhatikan]
to obey (vi, vt)	mematuhi	[mematuhi]
to object (vi, vt)	berkeberatan	[bərkebəratan]
to observe (see)	mengamati	[məŋamati]
to offend (vt)	menyinggung	[məɲiŋguŋ]
to omit (word, phrase)	menghilangkan	[meniŋgalkan]
to open (vt)	membuka	[membuka]
to order (in restaurant)	memesan	[memesan]
to order (mil.)	memerintahkan	[memerintahkan]

to organize (concert, party)	mengatur	[məŋatur]
to overestimate (vt)	menilai terlalu tinggi	[mənilaj tərlalu tiŋgi]
to own (possess)	memiliki	[memiliki]
to participate (vi)	turut serta	[turut serta]
to pass through (by car, etc.)	melewati	[melewati]
to pay (vi, vt)	membayar	[membajar]
to peep, spy on	mencuri lihat	[mentʃuri lihat]
to penetrate (vt)	menyusup	[məɲusup]
to permit (vt)	mengizinkan	[məŋizinkan]
to pick (flowers)	memetik	[memetiʔ]
to place (put, set)	menempatkan	[mənempatkan]
to plan (~ to do sth)	merencanakan	[merentʃanakan]
to play (actor)	berperan	[bərperan]
to play (children)	bermain	[bərmajn]
to point (~ the way)	menunjuk	[mənundʒʲuʔ]
to pour (liquid)	menuangkan	[mənuaŋkan]
to pray (vi, vt)	bersembahyang, berdoa	[bərsembahjaŋ], [bərdoa]
to prefer (vt)	lebih suka	[lebih suka]
to prepare (~ a plan)	menyiapkan	[məɲiapkan]
to present (sb to sb)	memperkenalkan	[memperkenalkan]
to preserve (peace, life)	melestarikan	[melestarikan]
to prevail (vt)	mendominasi	[məndominasi]
to progress (move forward)	maju	[madʒʲu]
to promise (vt)	berjanji	[bərdʒʲandʒi]
to pronounce (vt)	melafalkan	[melafalkan]
to propose (vt)	mengusulkan	[məŋusulkan]
to protect (e.g., ~ nature)	melindungi	[melinduŋi]
to protest (vi)	memprotes	[memprotes]
to prove (vt)	membuktikan	[membuktikan]
to provoke (vt)	memicu	[memitʃu]
to pull (~ the rope)	menarik	[mənariʔ]
to punish (vt)	menghukum	[məŋhukum]
to push (~ the door)	mendorong	[məndoroŋ]
to put away (vt)	membenahi	[membenahi]
to put in order	membereskan	[membereskan]
to put, to place	meletakkan	[meletaʔkan]
to quote (cite)	mengutip	[məŋutip]
to reach (arrive at)	mencapai	[mentʃapaj]
to read (vi, vt)	membaca	[membatʃa]
to realize (a dream)	melaksanakan	[melaksanakan]
to recognize (identify sb)	mengenali	[məŋenali]

to recommend (vt)	merekomendasi	[merekomendasi]
to recover (~ from flu)	sembuh	[sembuh]
to redo (do again)	mengulangi	[məŋulaŋi]
to reduce (speed, etc.)	mengurangi	[məŋuraŋi]
to refuse (~ sb)	menolak	[mənolaʔ]
to regret (be sorry)	menyesal	[mənjesal]
to reinforce (vt)	mengukuhkan	[məŋukuhkan]
to remember (Do you ~ me?)	ingat	[iŋat]
to remember (I can't ~ her name)	mengingat	[məŋiŋat]
to remind of ...	mengingatkan ...	[məŋiŋatkan ...]
to remove (~ a stain)	menghapuskan	[məŋhapuskan]
to remove (~ an obstacle)	menyingkirkan	[mənjiŋkirkan]
to rent (sth from sb)	menyewa	[mənjewa]
to repair (mend)	memperbaiki	[memperbajki]
to repeat (say again)	mengulangi	[məŋulaŋi]
to report (make a report)	melaporkan	[melaporkan]
to reproach (vt)	menegur	[mənegur]
to reserve, to book	memesan	[memesan]
to restrain (hold back)	menahan	[mənahan]
to return (come back)	kembali	[kembali]
to risk, to take a risk	merisikokan	[merisikokan]
to rub out (erase)	menghapuskan	[məŋhapuskan]
to run (move fast)	berlari	[bərlari]
to rush (hurry sb)	menggesa-gesakan	[məŋgesa-gesakan]

256. Verbs S-W

to satisfy (please)	memuaskan	[memuaskan]
to save (rescue)	menyelamatkan	[mənjelamatkan]
to say (~ thank you)	berkata	[berkata]
to scold (vt)	memarahi, menegur	[memarahi], [menegur]
to scratch (with claws)	mencakar	[mentʃakar]
to select (to pick)	memilih	[memilih]
to sell (goods)	menjual	[məndʒʲual]
to send (a letter)	mengirim	[məŋirim]
to send back (vt)	mengirim kembali	[məŋirim kembali]
to sense (~ danger)	merasa	[merasa]
to sentence (vt)	menjatuhkan hukuman	[məndʒatuhkan hukuman]
to serve (in restaurant)	melayani	[melajani]
to settle (a conflict)	menyelesaikan	[mənjelesajkan]
to shake (vt)	mengguncang	[məŋguntʃaŋ]

to shave (vi)	bercukur	[bertʃukur]
to shine (gleam)	bersinar	[bersinar]
to shiver (with cold)	menggigil	[məŋgigil]
to shoot (vi)	menembak	[mənembaʔ]
to shout (vi)	berteriak	[berteriaʔ]
to show (to display)	menunjukkan	[mənundʒ'uʔkan]
to shudder (vi)	tersentak	[tərsentaʔ]
to sigh (vi)	mendesah	[məndesah]
to sign (document)	menandatangani	[mənandataŋani]
to signify (mean)	berarti	[bərarti]
to simplify (vt)	menyederhanakan	[mənjederhanakan]
to sin (vi)	berdosa	[bərdosa]
to sit (be sitting)	duduk	[duduʔ]
to sit down (vi)	duduk	[duduʔ]
to smell (emit an odor)	berbau	[berbau]
to smell (inhale the odor)	mencium	[məntʃium]
to smile (vi)	tersenyum	[tərsenyum]
to snap (vi, ab. rope)	putus	[putus]
to solve (problem)	menyelesaikan	[mənjelesajkan]
to sow (seed, crop)	menanam	[mənanam]
to spill (liquid)	menumpahkan	[mənumpahkan]
to spill out, scatter (flour, etc.)	tercecer	[tərtʃetʃer]
to spit (vi)	meludah	[meludah]
to stand (toothache, cold)	menahan	[mənahan]
to start (begin)	memulai	[memulaj]
to steal (money, etc.)	mencuri	[məntʃuri]
to stop (for pause, etc.)	berhenti	[bərhenti]
to stop (please ~ calling me)	menghentikan	[məŋhentikan]
to stop talking	berhenti berbicara	[bərhenti berbitʃara]
to stroke (caress)	mengusap	[məŋusap]
to study (vt)	mempelajari	[mempeladʒ'ari]
to suffer (feel pain)	menderita	[mənderita]
to support (cause, idea)	mendukung	[məndukuŋ]
to suppose (assume)	menduga	[mənduga]
to surface (ab. submarine)	timbul ke permukaan air	[timbul ke permukaʔan air]
to surprise (amaze)	mengherankan	[məŋherankan]
to suspect (vt)	mencurigai	[məntʃurigaj]
to swim (vi)	berenang	[bərenaŋ]
to take (get hold of)	mengambil	[məŋambil]
to take a bath	mandi	[mandi]
to take a rest	beristirahat	[bəristirahat]

to take away (e.g., about waiter)	membawa pulang	[membawa pulaŋ]
to take off (airplane)	lepas landas	[lepas landas]
to take off (painting, curtains, etc.)	mengangkat	[məŋaŋkat]
to take pictures	memotret	[memotret]
to talk to ...	bebicara dengan ...	[bebitʃara deŋan ...]
to teach (give lessons)	mengajar	[məŋadʒʲar]
to tear off, to rip off (vt)	merobek	[merobeʔ]
to tell (story, joke)	menceritakan	[mentʃeritakan]
to thank (vt)	mengucapkan terima kasih	[məŋutʃapkan tərima kasih]
to think (believe)	yakin	[yakin]
to think (vi, vt)	berpikir	[bərpikir]
to threaten (vt)	mengancam	[məŋantʃam]
to throw (stone, etc.)	melemparkan	[melemparkan]
to tie to ...	mengikat ke ...	[məŋikat ke ...]
to tie up (prisoner)	mengikat	[məŋikat]
to tire (make tired)	melelahkan	[melelahkan]
to touch (one's arm, etc.)	menyentuh	[mənjentuh]
to tower (over ...)	mejulang tinggi ...	[medʒʲulaŋ tiŋgi ...]
to train (animals)	melatih	[melatih]
to train (sb)	melatih	[melatih]
to train (vi)	berlatih	[bərlatih]
to transform (vt)	mengubah	[məɲubah]
to translate (vt)	menerjemahkan	[mənerdʒʲemahkan]
to treat (illness)	merawat	[merawat]
to trust (vt)	mempercayai	[mempertʃajaj]
to try (attempt)	mencoba	[məntʃoba]
to turn (e.g., ~ left)	membelok, berbelok	[membelok], [bərbeloʔ]
to turn away (vi)	berpaling	[bərpaliŋ]
to turn off (the light)	mematikan	[mematikan]
to turn on (computer, etc.)	menyalakan	[mənjalakan]
to turn over (stone, etc.)	membalikkan	[membaliʔkan]
to underestimate (vt)	meremehkan	[meremehkan]
to underline (vt)	menggaris bawahi	[məŋgaris bawahi]
to understand (vt)	mengerti	[məŋerti]
to undertake (vt)	mengusahakan	[məɲusahakan]
to unite (vt)	menyatukan	[mənjatukan]
to untie (vt)	membuka ikatan	[membuka ikatan]
to use (phrase, word)	memakai	[memakaj]
to vaccinate (vt)	memvaksinasi	[memvaksinasi]
to vote (vi)	memberikan suara	[memberikan suara]

to wait (vt)	menunggu	[mənuŋgu]
to wake (sb)	membangunkan	[membaŋunkan]
to want (wish, desire)	mau, ingin	[mau], [iŋin]
to warn (of the danger)	memperingatkan	[memperiŋatkan]
to wash (clean)	mencuci	[mentʃutʃi]
to water (plants)	menyiram	[mənjiram]
to wave (the hand)	melambaikan	[melambajkan]
to weigh (have weight)	berbobot	[bərbobot]
to work (vi)	bekerja	[bekerdʒʲa]
to worry (make anxious)	membuat khawatir	[membuat hawatir]
to worry (vi)	khawatir	[hawatir]
to wrap (parcel, etc.)	membungkus	[membuŋkus]
to wrestle (sport)	bergulat	[bergulat]
to write (vt)	menulis	[menulis]
to write down	mencatat	[mentʃatat]

www.ingramcontent.com/pod-product-compliance
Lightning Source LLC
Chambersburg PA
CBHW071954100426
42738CB00043B/2725